CONTENTS

【本書利用上の注意】

介護保険法をはじめとする法令の改正があった問題については、問題と解説に次のような印をつけて対応していますので注意してください。

※⇒法改正等により出題当時と正誤が変更した問題。解答は、出題当時のままとし、変更後の正誤がわかるように解説をしました。

◆⇒法改正等による名称変更、制度変更・廃止などにより現在では成立しない問題。解答は出題当時のままとし、変更後の内容がわかるように解説しました。

○本書は、原則として令和 5 年 10 月現在において施行されている法令等に基づいて編集しています。

最新ケアマネ試験出題傾向分析と対策

過去の試験の出題傾向をつかむことが合格への第一歩です。ここでは、過去の出題傾向を分析し、**第27回試験で出題される可能性が高い項目**をピックアップしました。各項目ごとに、直近2回（第25回、第26回）の出題実績として、問題番号を掲載しました。また、出題頻度から重要度をつけ、出題内容について簡単にまとめました。試験に取り組む前に読んでおくと、どこに注意して学習すればよいのかがわかりやすくなります。

また、介護保険法の改正、介護報酬の改定については、特に新設されたところは出題されやすいので、しっかりチェックしておくようにしましょう。

介護支援分野

①介護保険制度の目的

介護保険法に規定される文言について、毎年出題されている。第1条、第2条、第4条、第7条と第8条は復唱できるくらいまで覚えておこう。

重要度	26回・25回の出題実績			
★★☆	26回	問題4	25回	問題1、3

②要介護認定・要支援認定

要介護認定・要支援認定は、毎年複数問出題されている重要な項目である。認定の流れ、介護認定審査会、認定の有効期間、主治医意見書の記載項目、誰が申請を代行できるのか、認定調査できるのか、確認しておく必要がある。

重要度	26回・25回の出題実績			
★★★	26回	問題18、問題19	25回	問題8、問題16～18

③事業者及び施設

各サービスの運営基準に関する内容、事業者や施設の指定や許可に係る規定、事業者や施設の開設者の要件と、事業者及び施設と関連の深い介護サービス情報の公表、介護保険等関連情報の調査及び分析もおさえておこう。

『ケアマネ試験法改正と完全予想模試 '23 年版』収録の予想問題が第 26 回本試験でズバリ的中!!しました。

コンデックス情報研究所では、長年の過去問題の分析結果にもとづき予想問題を作成しています。

その結果、第 26 回には、以下のように予想問題と同じ問題が本試験で多数出題されました。本書はその経験と研究の成果を活かして編集された書籍です。

本試験問題　18-5（要介護認定の申請について）

更新認定の申請は，有効期間満了の日の 60 日前から行うことができる。（正解は○）

完全予想模試①　問題 16-3（要介護認定について）

要介護認定を受けた被保険者は，原則として有効期間満了日の 60 日前から要介護更新認定の申請を行うことができる。（正解は○）

本試験問題　26-1

「指輪っかテスト」は，サルコペニア（筋肉減弱症）の簡便な評価法である。（正解は○）

完全予想模試③　問題 26-5

サルコペニアの簡単なスクリーニング指標に，「指輪っかテスト」がある。（正解は○）

本試験問題　58-1（成年後見制度について）

成年後見人の職務には，身上保護（身上監護）と財産管理が含まれる。（正解は○）

完全予想模試①　問題 59-1（成年後見制度について）

後見人の主な職務は，身上監護と財産管理である。（正解は○）

そのほか的中問題続出！！

本試験問題		ズバリ的中!!	完全予想模試	
本試験問題	問題 5-3		完全予想模試③	問題 5-2
本試験問題	問題 5-5		完全予想模試③	問題 5-4
本試験問題	問題 8-1		完全予想模試②	問題 7-1
本試験問題	問題 8-5		完全予想模試②	問題 7-5
本試験問題	問題 14-1		完全予想模試②	問題 12-5
本試験問題	問題 22-4		完全予想模試②	問題 19-5
本試験問題	問題 53-5		完全予想模試①	問題 53-1

他多数！

『ケアマネ試験法改正と完全予想模試 '24 年版』は 2024 年春頃に発売予定！

本書の特色と使い方

■５回分の過去問題で出題傾向をつかむ

本書は、第22回再試験（令和元年）から第26回（令和５年）に実施された介護支援専門員実務研修受講試験（ケアマネジャー試験）とその解答・解説を掲載しています。試験の出題範囲は広いですが、実際の試験で出題される内容は限られています。５回分の問題に取り組むことで、よく出る問題は何かをつかみましょう。

なお、直近２回分の試験問題から頻出分野をピックアップして、出題傾向と対策を簡単にまとめ、巻頭に掲載しましたので参考にしてください。

■「九訂介護支援専門員基本テキスト」と法改正に対応

解説の末尾には、原則として、その内容に対応した「九訂介護支援専門員基本テキスト」(一般財団法人長寿社会開発センター発行）の該当ページを掲載しました。より詳しい内容を確認したい場合に利用してください。

また、解説は法改正等を反映させ、法改正等のために問題の正誤が変更になったり、問題自体が成立しなくなっている場合には、その内容がわかるような解説になっていますので、第27回の試験対策に最適です。次ページの、【本書利用上の注意】をご覧のうえご利用ください。改正点は、出題頻度が高いので、解説をよく読んで、改正後の制度内容を頭に入れておくように注意しましょう。

■繰り返し学習で本番に強くなる

合格する力を身につけるには、繰り返し学習が効果的です。１回目では、どんな問題が、どのような形で出るのか、自分の力がどの程度なのかを知るつもりで取り組みましょう。解説には関連情報も含まれていますので、正解した問題でもしっかり読みましょう。正解できなかった問題の解説は、なぜ間違えたのかを考えながら読みましょう。

２回目は、時間をはかって制限時間の中で解くようにしてみましょう。１問あたりは、簡単なものは１分、事例問題などでも２分半ほどで解答できるようにしておきましょう。制限時間内に最後まで解くことができるよう日頃の学習で慣れておくとよいでしょう。

本書を上手に活用して、合格の栄冠を手にされることを願っています。

重要度	26回・25回の出題実績			
★★☆	26回	問題9、問題10、問題15	25回	問題7

④地域支援事業・地域包括支援センター

地域支援事業の構成やサービス内容が毎年出題されている。地域支援事業の全体像を理解しておこう。地域支援事業と関連の深い地域包括支援センターの人員基準やしくみ、地域ケア会議、地域共生社会の目的もおさえておこう。

重要度	26回・25回の出題実績			
★★☆	26回	問題13、問題14	25回	問題11、問題12

⑤介護保険財政・介護保険給付

介護保険財政、介護保険給付は、毎年出題されている。被保険者の保険料、公費負担の割合や、調整交付金、財政安定化基金、社会保険診療報酬支払基金などの財政と給付のしくみを理解しておこう。現物給付、住所地特例、利用者負担の減免、区分支給限度基準額についてもおさえておこう。

重要度	26回・25回の出題実績			
★★★	26回	問題8、問題12	25回	問題9、問題10

⑥居宅介護支援・介護支援専門員の基本姿勢・責務

居宅介護支援は、「指定居宅介護支援等の事業の人員及び運営に関する基準」から、介護支援専門員の基本姿勢、責務は介護保険法から、毎年出題されている重要な項目である。介護報酬の改定点を中心におさえておこう。

重要度	26回・25回の出題実績			
★★★	26回	問題20	25回	問題19～21

⑦居宅サービス計画、施設サービス計画、介護予防サービス計画

いずれかの計画から１～２問出題されている。計画書の様式、内容に目を通しておこう。

重要度	26回・25回の出題実績			
★★☆	26回	問題21、問題22	25回	問題22

保健医療サービスの知識等

①高齢者の疾病

高齢者の疾病は、高齢期の特徴、口腔、栄養、薬剤から毎年複数問出題されている。頻出される検査、バイタルサイン、応急処置、感染予防、リハビリテーションとともに、過去問を繰り返し解いておこう。

重要度

26回・25回の出題実績

26回 問題26～29、32、35、37、38　25回 問題26～28、問題31、34、36、38

②認知症高齢者の介護とケア・支援

認知症高齢者の介護とケア・支援では、疾患そのものに関する問題と、ケア・支援対策に関する問題から、毎年1～2問出題されている。BPSD、中核症状、老年期うつ病との違い、認知症施策推進大綱の目的、認知症初期集中支援チーム、認知症ケアパスの内容などをおさえておこう。

重要度

26回・25回の出題実績

26回 問題31　25回 問題32

③居宅サービスと介護老人保健施設・介護医療院（保健医療）

保健医療サービス分野の居宅サービスは、訪問看護と訪問リハビリテーションか通所リハビリテーション、看護小規模多機能型居宅介護、定期巡回随時対応型訪問介護看護から複数問、介護老人保健施設または介護医療院から1～2問出題されている。各サービスの人員・運営基準をしっかりおさえておく必要がある。

重要度

26回・25回の出題実績

26回 問題41～45　25回 問題41～45

④在宅医療管理・ターミナルケア

在宅医療管理とターミナルケアは毎年出題されている。経管栄養や在宅酸素療法などの在宅医療実施上の留意点と居宅療養管理指導をおさえておこう。ターミナルケアでは、リビングウィルなどの意思決定支援と、入退院時の介護支援専門員の役割についても理解しておこう。

重要度

26回・25回の出題実績

26回 問題36、問題40　25回 問題37、問題40

福祉サービスの知識等

①相談援助技術・ソーシャルワーク

相談面接技術は、毎年1～2問出題されている。相談援助者の基本姿勢、インテーク面接におけるコミュニケーション、支援困難な高齢者への対応方法と、ソーシャルワークでは、個別援助、集団援助、地域援助の違いをおさえておこう。

重要度	26回・25回の出題実績			
★★☆	26回	問題46～49	25回	問題46～49

②居宅サービス（福祉）

福祉サービス分野の居宅サービスは、訪問介護、訪問入浴介護、通所介護や短期入所生活介護、福祉用具貸与、住宅改修など、テキストからひと通り、毎年複数問出題されている。過去問を繰り返し解いておこう。

重要度	26回・25回の出題実績			
★★★	26回	問題50～54	25回	問題50～54

③介護老人福祉施設

介護老人福祉施設は、毎年1問出題されている。運営基準の規定内容が出題されることが多くなっているので、規定内容をしっかりとおさえておこう。

重要度	26回・25回の出題実績			
★★☆	26回	問題57	25回	問題57

④地域密着型サービス

地域密着型サービスは、毎年1～2問出題されている。各サービスの特徴的な部分、管理者の要件、定員、計画作成者を確認しておこう。

重要度	26回・25回の出題実績			
★★☆	26回	問題55、問題56	25回	問題55、問題56

⑤成年後見制度・生活保護制度

関連制度からは成年後見制度と生活保護制度から毎年1問ずつ出題されている。成年後見制度では、成年後見制度の利用の促進に関する法律の条文を、生活保護制度では、生活保護法と生活困窮者自立支援法の条文をおさえておこう。

重要度	26回・25回の出題実績			
★★☆	26回	問題58、問題60	25回	問題58、問題59

ケアマネジャー試験
ガイダンス

※本書に記載されている試験情報の記述は、変更になる可能性があります。受験される方は必ず各都道府県の試験実施部署等で最新の情報をご確認ください。

1. 受験資格

「ケアマネジャー試験」の正式な名称は、「介護支援専門員実務研修受講試験」です。受験資格は下記の通りです。ただし変更される場合がありますので、受験の際は、必ず最新の受験要領を見て、ご自身で確認してください。

(1) 受験資格を持つ人の分類

①特定の国家資格等の所持者	医師、歯科医師、薬剤師、保健師、助産師、看護師、准看護師、理学療法士、作業療法士、社会福祉士、介護福祉士、視能訓練士、義肢装具士、歯科衛生士、言語聴覚士、あん摩マッサージ指圧師、はり師・きゅう師、柔道整復師、栄養士（管理栄養士を含む)、精神保健福祉士
②生活相談員*	生活相談員として、(地域密着型）介護老人福祉施設・(地域密着型）特定施設入居者生活介護（介護予防を含む）において、要介護者等の日常生活の自立に関する相談援助業務に従事
③支援相談員*	支援相談員として、介護老人保健施設において、要介護者等の日常生活の自立に関する相談援助業務に従事
④相談支援専門員*	障害者総合支援法第５条第18項及び児童福祉法第６条の２の２第７項に規定する事業の従事者として従事
⑤主任相談支援員*	生活困窮者自立支援法第３条第２項に規定する事業の従事者として従事

(2) 必要な従事期間と従事日数

資格と業務の分類	従事期間
①	保健・医療・福祉に関する資格に係る業務に従事した期間が5年以上かつ従事した日数が900日以上
②～⑤	相談援助業務を特定の施設において従事した期間が5年以上かつ従事した日数が900日以上

《注意》
＊受験資格は非常に細かく規定されていますので、ご自身が受験資格を有しているかどうかについては、各都道府県の担当部署にお問い合わせの上、必ずご自身でご確認ください。

2. 受験地の条件（第26回〔令和5年〕の場合）

試験の期日、出題内容は全国共通ですが、試験は都道府県ごとに実施され、受験地は次のように勤務地又は住所地に限られています。

勤務地での受験	受験申込みの時点で、受験資格に該当する業務に従事している勤務地がある都道府県
住所地での受験	無職又は受験資格は持っているものの現在は他の業務に従事しているときには住所地のある都道府県

3. 出題範囲（第26回〔令和5年〕の場合）

出題範囲と試験方式

出題範囲は次のA～Cの3つに分かれています。出題方式は、五肢複択方式で、出題数は合わせて60問です。形式はマークシート方式です。

A	介護支援分野（25問）
B	保健医療サービスの知識等（20問）
C	福祉サービスの知識等（15問）

BとCを合わせて「保健医療福祉サービス分野」となります。

出題区分について、これまで保健医療サービスの知識等は基礎（15問）と総合（5問）に分かれていましたが、第21回より基礎と総合の区分はなくなりました。ただし、これまで出題内容に大きな影響はありません。

4. 合格率

ケアマネジャー試験の合格率は、試験開始当初は30％以上と高く推移していましたが、ここ数年は10～20％程度で推移しています。過去問題を繰り返し解き、正しい知識を身に付けて試験に臨むことが求められます。

■本試験では、法令等その他名称について以下のとおり定めています。

1　文中の「市町村」は、「市町村及び特別区」の意味となります。

2　本問題の選択肢のうち以下の厚生労働省令で定める事項に関するものは、当該省令の定める内容によります。

・指定居宅サービス等の事業の人員、設備及び運営に関する基準（平成11年厚生省令第37号）

・指定介護予防サービス等の事業の人員、設備及び運営並びに指定介護予防サービス等に係る介護予防のための効果的な支援の方法に関する基準（平成18年厚生労働省令第35号）

・指定地域密着型サービスの事業の人員、設備及び運営に関する基準（平成18年厚生労働省令第34号）

・指定地域密着型介護予防サービスの事業の人員、設備及び運営並びに指定地域密着型介護予防サービスに係る介護予防のための効果的な支援の方法に関する基準（平成18年厚生労働省令第36号）

・指定居宅介護支援等の事業の人員及び運営に関する基準（平成11年厚生省令第38号）

・指定介護予防支援等の事業の人員及び運営並びに指定介護予防支援等に係る介護予防のための効果的な支援の方法に関する基準（平成18年厚生労働省令第37号）

・指定介護老人福祉施設の人員、設備及び運営に関する基準（平成11年厚生省令第39号）

・介護老人保健施設の人員、施設及び設備並びに運営に関する基準（平成11年厚生省令第40号）

・介護医療院の人員、施設及び設備並びに運営に関する基準（平成30年厚生労働省令第5号）

3　「障害者総合支援法」は、「障害者の日常生活及び社会生活を総合的に支援するための法律（平成17年法律第123号）」のことをいいます。

4　「高齢者虐待防止法」は、「高齢者虐待の防止、高齢者の養護者に対する支援等に関する法律（平成17年法律第24号）」のことをいいます。

ケアマネジャー試験

第26回
（令和5年度）

介護支援分野	問題 1 ～問題 25
保健医療サービスの知識等	問題 26 ～問題 45
福祉サービスの知識等	問題 46 ～問題 60

解答・解説 …………………………… 別冊 p.1
解答一覧 ………………………………… 別冊 p.122

※試験時間：120 分
※ p.175 の解答用紙をコピーしてご利用ください。

第 26 回（令和 5 年度）合格基準

分　　野	問題数	合格基準
1. 介護支援分野	25 問	17 点
2. 保健医療福祉サービス分野	35 問	24 点

（注）配点は 1 問 1 点である。

問題 1　高齢化について正しいものはどれか。**2つ**選べ。

1　2025（令和 7）年には、いわゆる団塊の世代が 85 歳に到達する。

2　2021（令和 3）年国民生活基礎調査によると、65 歳以上の者のいる世帯では「三世代世帯」の割合が一番多い。

3　国立社会保障・人口問題研究所の「日本の世帯数の将来推計（全国推計）」（平成 30 年推計）によると、世帯主が 65 歳以上の世帯数は 2040（令和 22）年まで増加し続ける。

4　国立社会保障・人口問題研究所の「日本の将来推計人口」（平成 29 年推計）によると、前期高齢者の人口は、2015（平成 27）年と比べて 2045（令和 27）年では倍増する。

5　2019（令和元）年度末における 85 歳以上の介護保険の被保険者に占める要介護又は要支援と認定された者の割合は、50％を超えている。

問題 2　地域福祉や地域共生社会について正しいものはどれか。**3つ**選べ。

1　市町村は、包括的な支援体制を整備するため重層的支援体制整備事業を実施しなければならない。

2　市町村は、市町村地域福祉計画を策定するよう努めるものとする。

3　地域共生社会とは、子供・高齢者・障害者などすべての人々が地域、暮らし、生きがいをともに創り、高め合うことができる社会のことである。

4　介護保険法に基づく地域支援事業等を提供する事業者が解決が困難な地域生活課題を把握したときは、その事業者が自ら課題を解決しなければならない。

5　高齢者と障害児・者が同一の事業所でサービスを受けやすくするための共生型サービスは、介護保険制度と障害福祉制度の両方に位置付けられている。

問題3　社会保険について正しいものはどれか。**2つ**選べ。

1　雇用保険は、含まれない。

2　自営業者は、介護保険の被保険者にならない。

3　医療保険は、労働者災害補償保険法の業務災害以外の疾病、負傷等を保険事故とする。

4　年金保険は、基本的に任意加入である。

5　財源は、加入者や事業主が払う保険料が中心であるが、国・地方公共団体や利用者も負担している。

問題4　介護保険法第2条に示されている保険給付の基本的考え方として正しいものはどれか。**3つ**選べ。

1　要介護状態等の軽減又は悪化の防止に資するよう行われなければならない。

2　被保険者の置かれている環境に配慮せず提供されなければならない。

3　可能な限り、被保険者の有する能力に応じ自立した日常生活を営むことができるように配慮されなければならない。

4　医療との連携に十分配慮して行われなければならない。

5　介護支援専門員の選択に基づき、サービス提供が行われなければならない。

問題 5 介護保険制度における住所地特例の適用があるものはどれか。**3つ**選べ。

1 介護老人福祉施設

2 地域密着型介護老人福祉施設

3 有料老人ホーム

4 介護老人保健施設

5 認知症対応型共同生活介護

問題 6 65 歳以上の者であって、介護保険の被保険者とならないものはどれか。**2 つ**選べ。

1 老人福祉法に規定する養護老人ホームの入所者

2 児童福祉法に規定する医療型障害児入所施設の入所者

3 生活保護法に規定する更生施設の入所者

4 生活保護法に規定する救護施設の入所者

5 児童福祉法に規定する母子生活支援施設の入所者

問題 7

介護保険と他制度との関係について正しいものはどれか。**3つ**選べ。

1　労働者災害補償保険法の療養給付は、介護保険給付に優先する。

2　労働者災害補償保険法の介護補償給付は、介護保険の給付に相当する給付が受けられる限りにおいて、介護保険に優先する。

3　介護保険の訪問看護は、原則として、医療保険の訪問看護に優先する。

4　生活保護の被保護者は、介護保険給付を受給できない。

5　障害者総合支援法の給付を受けている障害者は、要介護認定を受けることができない。

問題 8

介護保険法において現物給付化されている保険給付として正しいものはどれか。**2つ**選べ。

1　居宅介護サービス計画費の支給

2　特定入所者介護サービス費の支給

3　居宅介護福祉用具購入費の支給

4　高額介護サービス費の支給

5　高額医療合算介護サービス費の支給

問題9

介護保険法に定める指定居宅サービス事業者の責務として正しいものはどれか。**3つ**選べ。

1 医師の診断書に基づき居宅サービス計画を作成しなければならない。

2 要介護者のため忠実に職務を遂行しなければならない。

3 自らサービスの質の評価を行うこと等により常に利用者の立場に立ってサービスを提供するように努めなければならない。

4 利用者が居宅において心身ともに健やかに養護されるよう、利用者の保護者を支援しなければならない。

5 法令遵守に係る義務の履行が確保されるよう、業務管理体制を整備しなければならない。

問題10

介護保険法に規定する介護保険等関連情報の調査及び分析について正しいものはどれか。**3つ**選べ。

1 市町村は、介護保険等関連情報を分析した上で、その分析の結果を勘案して、市町村介護保険事業計画を作成するよう努めるものとする。

2 都道府県は、都道府県介護保険事業支援計画を作成するに当たって、介護保険等関連情報を分析する必要はない。

3 都道府県は、介護サービス事業者に対し、介護給付等に要する費用の額に関する地域別、年齢別又は要介護認定及び要支援認定別の状況に関する情報を提供しなければならない。

4 厚生労働大臣は、被保険者の要介護認定及び要支援認定における調査に関する状況について調査及び分析を行い、その結果を公表するものとする。

5 厚生労働大臣は、特定介護予防・日常生活支援総合事業を行う者に対し、介護保険等関連情報を提供するよう求めることができる。

問題 11 地域における医療及び介護の総合的な確保の促進に関する法律に規定する基金（地域医療介護総合確保基金）について正しいものはどれか。**3 つ**選べ。

1 医療及び介護の総合的な確保に関する目標を達成するために必要な事業に要する費用を支弁するため、都道府県が設ける。

2 公的介護施設等の整備に関する事業は、支弁の対象とならない。

3 医療従事者の確保に関する事業は、支弁の対象となる。

4 介護従事者の確保に関する事業は、支弁の対象となる。

5 国が負担する費用の財源は、所得税及び法人税である。

問題 12 社会保険診療報酬支払基金の介護保険関係業務として正しいものはどれか。**2 つ**選べ。

1 医療保険者から介護給付費・地域支援事業支援納付金を徴収する。

2 第 1 号被保険者の保険料に係る特別徴収を行う。

3 都道府県に対し介護給付費交付金を交付する。

4 市町村に対し地域支援事業支援交付金を交付する。

5 介護保険サービスに関する苦情への対応を行う。

問題 13 地域支援事業の包括的支援事業として正しいものはどれか。**2つ**選べ。

1 家族介護支援事業

2 一般介護予防事業

3 在宅医療・介護連携推進事業

4 保健福祉事業

5 生活支援体制整備事業

問題 14 地域ケア会議の機能として正しいものはどれか。**3つ**選べ。

1 個別課題の解決

2 地域づくり・資源開発

3 政策の形成

4 地域包括支援センターから提出された事業計画書の評価

5 日常生活自立支援事業の生活支援員の指名

問題 15 介護サービス情報の公表制度において、介護サービスの提供開始時に事業者が都道府県知事へ報告すべき情報として規定されているものはどれか。**3つ**選べ。

1 従業者の個人情報保護等のために講じる措置

2 従業者の教育訓練の実施状況

3 年代別の従業者の数

4 従業者の労働時間

5 従業者の健康診断の実施状況

問題 16 介護保険審査会への審査請求が認められるものとして正しいものはどれか。**2つ**選べ。

1 介護支援専門員の資格に関する処分

2 指定居宅サービス事業者の指定の取消しに関する処分

3 財政安定化基金拠出金への拠出額に関する処分

4 要介護認定に関する処分

5 被保険者証の交付の請求に関する処分

問題 17

介護保険法における消滅時効について正しいものはどれか。**3つ**選べ。

1 償還払い方式による介護給付費の請求権の時効は、10年である。

2 法定代理受領方式による介護給付費の請求権の時効は、2年である。

3 滞納した介護保険料の徴収権が時効によって消滅した場合には、保険給付の減額対象とならない。

4 介護保険料の督促は、時効の更新の効力を生ずる。

5 介護保険審査会への審査請求は、時効の更新に関しては、裁判上の請求とみなされる。

問題 18

要介護認定の申請について正しいものはどれか。**2つ**選べ。

1 被保険者は、介護認定審査会に申請しなければならない。

2 地域包括支援センターは、申請に関する手続を代行することができる。

3 介護保険施設は、入所者の更新認定の申請に限って代行することができる。

4 要介護状態区分の変更申請には、医師の診断書を添付しなければならない。

5 更新認定の申請は、有効期間満了の日の60日前から行うことができる。

問題 19 要介護認定について正しいものはどれか。**2つ**選べ。

1 認定調査は申請者と面接して行わなければならないと、介護保険法に規定されている。

2 申請者が遠隔地に居住する場合には、認定調査を他の市町村に嘱託することができる。

3 新規認定の調査は、指定市町村事務受託法人に委託することができない。

4 一次判定は、認定調査票の基本調査の結果及び特記事項と主治医意見書に基づいて行う。

5 審査及び判定の基準は、市町村が定める。

問題 20 指定居宅介護支援について正しいものはどれか。**3つ**選べ。

1 介護支援専門員は、居宅サービス計画書の作成に当たっては、地域の住民による自発的な活動によるサービス等の利用も含めて居宅サービス計画上に位置付けるよう努めなければならない。

2 事業者は、利用者の人権の擁護、虐待の防止等のため必要な体制の整備を行わなければならない。

3 指定居宅介護支援の提供に当たっては、公正中立に行われなければならない。

4 介護支援専門員の連絡調整の対象は、指定居宅サービス事業者に限定される。

5 事業者の連携の対象には、障害者総合支援法の指定特定相談支援事業者は含まれない。

問題 21　居宅サービス計画の作成について適切なものはどれか。**3つ**選べ。

1　課題分析の結果は、居宅サービス計画書に記載しない。

2　総合的な援助の方針は、利用者及び家族を含むケアチームが確認、検討の上、居宅サービス計画書に記載する。

3　居宅サービス計画の長期目標は、基本的に個々の解決すべき課題に対応して設定するものである。

4　週間サービス計画表には、提供されるサービス以外に主な日常生活上の活動も記載する。

5　サービス担当者会議の要点には、出席できないサービス担当者に対して行った照会の内容について記載しなくてよい。

問題 22　指定介護老人福祉施設の施設サービス計画について正しいものはどれか。**2つ**選べ。

1　モニタリングは、少なくとも月に 1 回行わなければならない。

2　アセスメントは、入所者及びその家族に面接して行わなければならない。

3　計画の交付は、家族に行えばよい。

4　地域の住民による自発的な活動によるサービス等の利用も含めて位置付けるよう努めなければならない。

5　介護支援専門員以外の者も作成できる。

問題 23 Aさん（72歳、男性、要介護2、認知症高齢者の日常生活自立度Ⅱa）は、妻（63歳）と二人暮らしで、小規模多機能型居宅介護事業所に登録し、週2回の通いサービスと週3回の訪問サービスを利用している。Aさんは、若い頃より散歩が趣味であったが、最近、散歩に出かけると自宅に戻れなくなることが増え、警察に保護されることがあった。妻は日中就労（週5日）のため、見守ることができずに困っている。この時点における計画作成担当者である介護支援専門員の対応として、より適切なものはどれか。**3つ**選べ。

1 徘徊感知機器の情報を収集し、Aさんと妻に情報提供を行う。

2 Aさんや妻の同意を得ないで、Aさんの立ち寄りそうな店舗などに、Aさんの写真と妻の携帯電話番号を掲示してもらう。

3 Aさんの心身の状況や自宅周辺の環境をアセスメントし、自宅に戻れなかった理由を探る。

4 通いサービスの利用日以外は外出をしないように、Aさんを説得する。

5 近隣住民等による見守り体制が取れるかどうか民生委員に相談する。

問題 24 Aさん（80歳、女性）は、最近、閉じこもりがちになり、体力が低下してきた。同居する娘は心配になって市役所に相談し、要支援1の認定を受けた。地域包括支援センターから委託を受けて、介護支援専門員が訪問したところ、娘は「母にはいつまでも元気でいてもらいたいが特に希望するサービスはない」と言う。介護支援専門員の対応として、より適切なものはどれか。**2つ**選べ。

1 特に希望するサービスがないので、今のところ支援の必要がないと考え、しばらく様子を見るよう娘に伝える。

2 指定訪問介護の生活援助を紹介する。

3 指定認知症対応型共同生活介護を紹介する。

4 Aさんの社会参加の状況や対人関係を把握する。

5 地域ケア会議などにおいて生活機能の改善のために必要な支援を検討する。

問題 25 特別養護老人ホームに入所しているAさん（80歳、女性、要介護4）は、がんの末期で余命1か月程度と医師から告げられている。Aさんは自宅で最期を迎えたいと希望している。自宅で一人暮らしをしている夫は、Aさんの希望に沿いたいと考えているが、自宅での介護や看取りに不安を抱いている。Aさんの居宅介護支援の依頼を受けた介護支援専門員がAさんや夫との面談を進めるに当たっての対応として、より適切なものはどれか。**3つ**選べ。

1 夫が何を不安に感じているのかを聴き取る。

2 施設の嘱託医に居宅療養管理指導を依頼する。

3 夫の負担を考慮し、施設での看取りを依頼する。

4 Aさんが自宅でどのように過ごしたいのかを聴き取る。

5 Aさんの自宅がある地域で看取りに対応している診療所の情報を収集する。

問題 26　次の記述のうち適切なものはどれか。**3 つ**選べ。

1 「指輪っかテスト」は、サルコペニア（筋肉減弱症）の簡便な評価法である。

2 フレイルとは、健康な状態と介護を要する状態の中間的な状態である。

3 ロコモティブシンドロームとは、認知機能の低下によって起こるフレイルである。

4 要支援と認定された者では、介護が必要となった原因の第 1 位は認知症である。

5 配偶者との死別による心理的苦痛を和らげるには、ソーシャルサポートが有効である。

問題 27　次の記述のうち正しいものはどれか。**3 つ**選べ。

1 脈拍数と心拍数は、常に一致する。

2 高体温とは、体温が 36.5 度以上である場合をいう。

3 一般的に動脈壁にかかる圧力を血圧という。

4 血圧には日内変動がある。

5 ジャパン・コーマ・スケール（JCS）は、意識レベルの評価に用いられる。

問題 28　検査について適切なものはどれか。**3つ**選べ。

1　腹囲が男性 85cm 以上、女性 90cm 以上の場合は、メタボリックシンドロームの診断において腹部型の肥満とされる。

2　AST（GOT）は、肝臓以外の臓器の疾患でも上昇する。

3　ヘモグロビン A1c は、採血時の血糖レベルを評価するのに適している。

4　尿検査は、尿路感染症の診断に有効である。

5　CRP（C 反応性たんぱく質）は、体内で炎症が起きているときに低下する。

問題 29　褥瘡について適切なものはどれか。**3つ**選べ。

1　しびれや麻痺は、原因となる。

2　細菌感染の原因となる。

3　寝たきりになると腹部にできやすい。

4　予防方法の一つに、栄養管理がある。

5　寝返りができない人に、体位変換は不要である。

問題30 リハビリテーションについて適切なものはどれか。**3つ**選べ。

1 多職種が連携して行う。

2 高齢者のケアは、リハビリテーション後置主義にのっとっている。

3 運動に伴って低血糖発作が起こることがある。

4 急性期病床は、急性期リハビリテーションの提供の場である。

5 回復が見込めない要介護高齢者に対しては、実施しない。

問題31 認知症について適切なものはどれか。**3つ**選べ。

1 認知症施策推進大綱においては、発症を遅らせることを目指している。

2 運動不足の改善は、認知症の予防につながらない。

3 自分の意思で決定できるように支援することが大切である。

4 MCI（軽度認知障害）は、すべて認知症に移行する。

5 前頭側頭型認知症の症状の一つとして、物品の名前が出てこない意味性認知症の症状がある。

問題 32　次の記述のうち、より適切なものはどれか。**3 つ**選べ。

1　高齢者は、急激な環境の変化があっても、環境への適応力は高い。

2　せん妄の有病率は、年齢とともに上昇する。

3　せん妄については、その発症に至ったきっかけで除去可能な要因がないか検討する。

4　身体疾患の治療薬の中には、うつなどの精神症状を引き起こすものがある。

5　統合失調症の陰性症状とは、妄想や幻覚をいう。

問題 33　傷病に関する次の記述のうち、より適切なものはどれか。**3 つ**選べ。

1　診察や検査は、医師の負担が少ないものから行う。

2　診断は、医師又は歯科医師が行う。

3　患者は、自分の傷病の内容を知り、どのような治療を受けるか、自己決定する権利を有している。

4　予後に関する説明では、患者の理解力なども考慮し、必要に応じて家族の立ちあいを求める。

5　介護サービスの選択を助言するに当たり、予後は考慮しなくてよい。

問題 34　次の記述のうち適切なものはどれか。**3 つ**選べ

1　介護支援専門員は、利用者の入院時に、退院後の利用者・家族の生活について医療機関に伝えることが重要である。

2　退院後の居宅サービス計画の立案に役立つ情報には、入院期間中に介護支援専門員に共有される情報が含まれる。

3　退院前カンファレンスに家族が参加する場合もある。

4　退院後の訪問看護は、介護支援専門員が指示する。

5　退院当日は、介護保険サービスを利用できない。

問題 35　高齢者の栄養・食生活について適切なものはどれか。**3 つ**選べ。

1　低栄養状態では、筋力の低下により転倒しやすい。

2　男性では、加齢とともに低栄養傾向の者の割合は減少する。

3　骨粗鬆症予防には、アルコールを摂取することが大切である。

4　使用している薬剤によっては、摂取してはならない食品がある。

5　一方的な指導ではなく、双方向的なコミュニケーションを重視した相談の場を設ける。

問題 36 次の記述のうち適切なものはどれか。**2つ**選べ。

1 重症の糖尿病性ケトアシドーシスの患者では、異常な呼吸がみられることがある。

2 起座呼吸は、気管支喘息の患者にもみられる。

3 高齢者の肺活量の低下の一因として、肺の残気量の低下がある。

4 在宅酸素療法において、携帯用酸素ボンベの使用に慣れれば、介護支援専門員の判断で酸素流量を設定してよい。

5 簡易酸素マスクで酸素流量が不足する場合は、鼻カニューレに交換する。

問題 37 感染症と主な感染経路の組合せについて、より適切なものはどれか。**3つ**選べ。

1 季節性インフルエンザ ―― 飛沫感染

2 腸管出血性大腸菌感染症 ―― 接触感染

3 結核 ―― 空気感染

4 疥癬 ―― 飛沫感染

5 MRSA（メチシリン耐性黄色ブドウ球菌）感染症 ―― 空気感染

問題 38 高齢者に起こりやすい急変や急変時の対応について適切なものはどれか。**3つ**選べ。

1 衣類の下の皮膚をやけどしたときは、衣類を脱がしてから冷やすようにする。

2 異物をのどに詰まらせたときは、前かがみにさせて背中を強く叩くと排出することがある。

3 心肺蘇生時の胸骨圧迫は、1分間に60回を目安に行う。

4 寝たきりの高齢者が嘔吐した場合には、側臥位にする方がよい。

5 せん妄の原因の一つに薬剤の投与がある。

問題 39 次の記述のうち適切なものはどれか。**3つ**選べ。

1 筋力トレーニングは、糖尿病の予防につながる。

2 大きな負荷で行う筋力トレーニングは、息を止めて行うと安全である。

3 冬の寒い時期の運動中は、汗をかかなくても水分補給が必要である。

4 疾病によるたんぱく質摂取に制限のない高齢者では、その摂取の目標量は1日30gである。

5 喫煙は、脳卒中のリスク因子である。

問題 40　ターミナルケアについて、より適切なものはどれか。**3つ**選べ。

1　人生の最終段階を穏やかに過ごすことができる環境の整備は、法律に基づく政府の努力義務とされている。

2　介護保険の特定施設は、看取りの場となり得る。

3　看護師は、死亡診断書を作成することができる。

4　痛みの訴えは、身体的な要因によるものであるため、医療処置で対応できる。

5　グリーフケアとは、遺族の悲嘆への配慮や対応を行うことである。

問題 41　指定通所リハビリテーションについて正しいものはどれか。**3つ**選べ。

1　要介護認定を受けた若年性認知症患者は、利用できる。

2　通所リハビリテーション計画は、介護支援専門員が作成しなければならない。

3　介護職員は、リハビリテーション会議の構成員になれない。

4　介護老人保健施設は、提供することができる。

5　心身機能の維持回復を図り、日常生活の自立を助けるために行われる。

問題 42　指定短期入所療養介護について正しいものはどれか。**2つ**選べ。

1　検査、投薬、注射、処置等は、利用者の病状に照らして妥当適切に行うものとされている。

2　おむつ代は、利用者が負担するものとされている。

3　胃ろうがある場合には、利用できない。

4　日帰りの利用はできない。

5　短期入所療養介護計画は、既に居宅サービス計画が作成されている場合は、当該計画の内容に沿って作成しなければならない。

問題 43　指定看護小規模多機能型居宅介護について正しいものはどれか。**3つ**選べ。

1　居宅で生活している要支援者も利用できる。

2　看護小規模多機能型居宅介護計画の作成に当たっては、利用者の多様な活動が確保されるものとなるように努めなければならない。

3　看護サービスの提供開始時は、主治の医師による指示を口頭で受けなければならない。

4　サテライト型指定看護小規模多機能型居宅介護事業所の登録定員は、18 人以下である。

5　看護小規模多機能型居宅介護費は、月単位で設定されている。

問題 44　介護老人保健施設について正しいものはどれか。**3つ**選べ。

1　入所者は、病状が安定し入院治療の必要がない要介護３以上の認定を受けた者である。

2　保健医療サービス又は福祉サービスを提供する者との密接な連携に努めなければならない。

3　口腔衛生の管理体制を整備し、各入所者の状態に応じた口腔衛生の管理を計画的に行わなければならない。

4　理学療法士、作業療法士又は言語聴覚士を置かなければならない。

5　看取り等を行う際のターミナルケア加算は、算定できない。

問題 45　介護医療院について適切なものはどれか。**2つ**選べ。

1　住まいと生活を医療が支える新たなモデルとして創設された。

2　開設者は、医療法人でなければならない。

3　療養床には、Ⅰ型療養床とⅡ型療養床がある。

4　併設型小規模介護医療院の入所定員は、25 人以下である。

5　療養室入所者１人当たりの床面積は、5.0m^2 以上とされている。

問題 46 面接場面におけるコミュニケーション技術について、より適切なものはどれか。**3つ**選べ。

1 面接を行う部屋の雰囲気や相談援助者の服装などの外的条件は、円滑なコミュニケーションのために重要である。

2 相談援助者とクライエントの双方が事態を明確にしていくことが必要である。

3 クライエントが長く沈黙している場合には、話し始めるまで待たなければならない。

4 面接の焦点を的確に定めることは、面接を効果的に実施する上で重要である。

5 傾聴とは、クライエントの支援計画を立てることである。

問題 47 ソーシャルワークに関する次の記述のうち、より適切なものはどれか。**2つ**選べ。

1 個人の問題解決力や対処能力を強化する役割がある。

2 支援の終結と事後評価の後のアフターケアが含まれる。

3 ラポールとは、特定領域の専門家から助言・指導を受けることである。

4 アドボカシーとは、クライエントが相談した機関では必要な援助ができないとき、他機関へ紹介することである。

5 送致とは、自己の権利を表明することが困難なクライエントに代わり、援助者が代理としてその権利獲得を行うことである。

問題 48

ソーシャルワークにおける相談援助者の基本姿勢として、より適切なものはどれか。**3つ**選べ。

1 統制された情緒的関与とは、個々の人間の状況は独自なものであり、一つとして同じ問題はないと捉え、支援することである。

2 サービスについて様々な情報提供を行い、利用するサービスや事業者をクライエントが決定できるようにする。

3 非審判的態度で関わる必要がある。

4 クライエントを画一的に分類して、援助計画を立てることが必要である。

5 意図的な感情表出とは、クライエントが感情を自由に表現できるように、意識してクライエントに接することである。

問題 49

ソーシャルワークにおける集団援助について、より適切なものはどれか。**2つ**選べ。

1 グループで生じるメンバーの相互作用を意図的に活用する。

2 プログラム活動は、ソーシャルワーカーの興味や関心事から開始して、そのリーダーシップの下で展開する。

3 メンバーの個別課題と結びつけて支援するよりも、メンバーに共通する課題の解決を優先する。

4 他のメンバーの行動を観察することは、自分の問題について新たな見方を獲得する機会にはならない。

5 生きがいを喪失しているような心理的ニーズの高い高齢者に対しては、セルフヘルプグループのミーティングを活用することも効果的である。

問題 50 介護保険における訪問介護について正しいものはどれか。**3つ**選べ。

1 掃除の際に特別な手間をかけて行う床のワックスがけは、生活援助として算定できる。

2 手助けや声かけ及び見守りしながら、利用者と一緒に行うシーツ交換は、身体介護として算定できる。

3 夏服と冬服を入れ替えるなどの衣類の整理は、生活援助として算定できる。

4 訪問介護員が車いす等での移動介助を行って店に行き、利用者本人が自ら品物を選べるようにする援助は、身体介護として算定できる。

5 安否確認を主たる目的とする訪問は、生活援助として算定できる。

問題 51 介護保険における訪問入浴介護について正しいものはどれか。**2つ**選べ。

1 訪問入浴介護従業者として、看護職員又は介護職員のうち1人以上は、常勤でなければならない。

2 指定訪問入浴介護事業者は、機能訓練指導員を配置しなければならない。

3 サービスの提供の責任者は、看護職員でなければならない。

4 サービスの提供方法等の説明には、入浴方法等の内容、作業手順、入浴後の留意点などが含まれる。

5 指定訪問入浴介護事業者は、協力医療機関を事業の通常の実施地域内と実施地域外に、それぞれ定めなければならない。

問題52

介護保険における通所介護について正しいものはどれか。**2つ**選べ。

1　管理者は、社会福祉主事任用資格を有するものでなければならない。

2　看護職員は、看護職員としての業務に従事していない時間帯において、機能訓練指導員として勤務することができる。

3　外部のリハビリテーション専門職が事業所を訪問せず、テレビ電話を用いて利用者の状態を把握することは認められていない。

4　生活相談員の確保すべき勤務延時間数には、利用者の地域生活を支える取組のために必要な時間を含めることはできない。

5　指定通所介護事業者は、非常災害に関し定期的に避難、救出その他必要な訓練を行わなければならない。

問題53

介護保険における短期入所生活介護について正しいものはどれか。**3つ**選べ。

1　指定短期入所生活介護は、利用者の家族の身体的及び精神的負担の軽減を図るものでなければならない。

2　指定短期入所生活介護事業所に介護支援専門員の資格を有する者がいる場合、その者が短期入所生活介護計画のとりまとめを行うことが望ましい。

3　夕食時間は、午後５時以前が望ましい。

4　食事の提供に関する業務は、指定短期入所生活介護事業者自らが行うことが望ましい。

5　いかなる場合も、利用定員を超えてサービスを行うことは認められない。

問題 54 介護保険における住宅改修について正しいものはどれか。**3つ**選べ。

1 同一の住宅に複数の被保険者が居住する場合においては、住宅改修費の支給限度額の管理は被保険者ごとに行われる。

2 リフト等動力により段差を解消する機器を設置する工事は、住宅改修費の支給対象となる。

3 洋式便器等への便器の取替えには、既存の便器の位置や向きを変更する場合も含まれる。

4 浴室内すのこを置くことによる段差の解消は、住宅改修費の支給対象となる。

5 手すりの取付けのための壁の下地補強は、住宅改修費の支給対象となる。

問題 55 介護保険における小規模多機能型居宅介護について正しいものはどれか。**3つ**選べ。

1 サテライト型ではない指定小規模多機能型居宅介護事業所の管理者は、介護支援専門員に小規模多機能型居宅介護計画の作成を担当させるものとする。

2 養護老人ホームの入所者が、指定小規模多機能型居宅介護を利用することは想定されていない。

3 登録定員は、12 人以下としなければならない。

4 おおむね 6 月に 1 回以上、運営推進会議に活動状況を報告し、評価を受けなければならない。

5 指定小規模多機能型居宅介護事業所は、住宅地又は住宅地と同程度に利用者の家族や地域住民との交流の機会が確保される地域にあるようにしなければならない。

問題 56

介護保険における認知症対応型通所介護について正しいものはどれか。**3つ**選べ。

1 共用型指定認知症対応型通所介護の利用定員は、1施設1日当たり12人以下としなければならない。

2 サービスの提供方法等の説明には、利用日の行事及び日課等も含まれる。

3 認知症の原因となる疾患が急性の状態にある者は、対象とはならない。

4 単独型・併設型指定認知症対応型通所介護の場合、生活相談員、看護職員又は介護職員のうち2人以上は、常勤でなければならない。

5 あん摩マッサージ指圧師は、単独型・併設型指定認知症対応型通所介護事業所の機能訓練指導員になることができる。

問題 57

指定介護老人福祉施設について正しいものはどれか。**3つ**選べ。

1 可能な限り、居宅での生活への復帰を念頭に置いて、入所者がその有する能力に応じ自立した日常生活を営むことができるようにすることを目指さなければならない。

2 家庭的な雰囲気を保つため、廊下幅は1.6m以下としなければならない。

3 入所者が可能な限り離床して、食堂で食事を摂るよう支援しなければならない。

4 常勤の生活相談員を配置しなければならない。

5 食事の提供又は機能訓練に支障がない広さがあっても、食堂と機能訓練室を同一の場所とすることはできない。

問題 58

成年後見制度について正しいものはどれか。**3つ**選べ。

1　成年後見人の職務には、身上保護（身上監護）と財産管理が含まれる。

2　後見開始の申立は、本人の所在地を管轄する地方裁判所に対し行わなければならない。

3　成年後見制度の利用の促進に関する法律では、国の責務が定められている。

4　法定後見制度は、本人の判断能力の程度に応じて、後見と補助の2類型に分かれている。

5　成年後見制度利用促進基本計画では、権利擁護支援の地域連携ネットワークづくりが必要とされている。

問題 59

高齢者虐待防止法について正しいものはどれか。**3つ**選べ。

1　「高齢者」とは、75歳以上の者をいう。

2　養護者が高齢者本人の財産を不当に処分することは、経済的虐待に該当する。

3　養護者が高齢者に対して著しく拒絶的な対応をすることは、心理的虐待に該当しない。

4　養介護施設には、介護老人保健施設も含まれる。

5　都道府県知事は、毎年度、養介護施設従事者等による高齢者虐待の状況等について公表するものとする。

問題 60 生活保護制度について正しいものはどれか。**3つ**選べ。

1 保護は、要保護者の年齢別、性別、健康状態等を考慮して行うものとする。

2 実施機関は、都道府県知事、市長及び福祉事務所を管理する町村長である。

3 生活保護費は、最低生活費に被保護者の収入額を加算して支給される。

4 福祉用具の利用は、生活扶助の対象である。

5 生活保護の申請は、要保護者、その扶養義務者又はその他の同居の親族が行うことができる。

ケアマネジャー試験

第25回

（令和4年度）

介護支援分野	問題 1 ～問題 25
保健医療サービスの知識等	問題 26 ～問題 45
福祉サービスの知識等	問題 46 ～問題 60

解答・解説 ……………………………… 別冊 p.23
解答一覧 ………………………………… 別冊 p.123

※試験時間：120 分
※ p.175 の解答用紙をコピーしてご利用ください。

第 25 回（令和 4 年度）合格基準

分　　野	問題数	合格基準
1. 介護支援分野	25 問	18 点
2. 保健医療福祉サービス分野	35 問	26 点

（注）配点は 1 問 1 点である。

問題 1 介護保険制度の考え方として適切なものはどれか。**3つ**選べ。

1 要介護者の尊厳を保持し、自立した日常生活を営むことを目指す。

2 高齢者の介護を社会全体で支える。

3 認知症高齢者の施設入所を促進する。

4 要介護者へのサービスを画一的な内容にする。

5 保険給付は、多様な事業者又は施設から、総合的かつ効率的にサービスが提供されるよう配慮する。

問題 2 社会福祉法における「重層的支援体制整備事業」について正しいものはどれか。**3つ**選べ。

1 都道府県が行う。

2 地域生活課題を抱える地域住民の社会参加のための支援が含まれる。

3 地域づくりに向けた支援が含まれる。

4 地域生活課題を抱える地域住民の家族に対する包括的な相談支援が含まれる。

5 介護保険の居宅介護支援が含まれる。

問題3　介護保険法第5条に規定されている「国及び地方公共団体の責務」として正しいものはどれか。**3つ**選べ。

1　国は、保健医療サービス及び福祉サービスを提供する体制の確保に関する施策を講じなければならない。

2　国及び地方公共団体は、障害者その他の者の福祉に関する施策との有機的な連携を図るように努めなければならない。

3　都道府県は、介護保険事業の運営が健全かつ円滑に行われるように、必要な助言及び適切な援助をしなければならない。

4　市町村は、要介護者等の医療に要する費用の適正化を図るための施策を実施しなければならない。

5　市町村は、地域において医療及び介護が総合的に確保されるよう指針を定めなければならない。

問題4　2019（令和元）年度の第1号被保険者の状況について正しいものはどれか。**2つ**選べ。

1　前期高齢者数は、後期高齢者数の3倍を超えている。

2　3,000万人を超えている。

3　要介護及び要支援の認定者が占める割合は、40％を超えている。

4　要介護及び要支援の認定者のうち、要介護3以上の者が占める割合は、50％を超えている。

5　保険給付費のうち、居宅サービス及び地域密着型サービスが占める割合は、50％を超えている。

問題 5 介護保険の被保険者資格の取得及び喪失について正しいものはどれか。**2 つ**選べ。

1 医療保険加入者が 40 歳に達したとき、住所を有する市町村の被保険者資格を取得する。

2 第 1 号被保険者が生活保護の被保護者となった場合は、被保険者資格を喪失する。

3 入所前の住所地とは別の市町村に所在する養護老人ホームに措置入所した者は、その養護老人ホームが所在する市町村の被保険者となる。

4 居住する市町村から転出した場合は、その翌日から、転出先の市町村の被保険者となる。

5 被保険者が死亡した場合は、その翌日から、被保険者資格を喪失する。

問題 6 介護支援専門員について正しいものはどれか。**3 つ**選べ。

1 登録を受けている者が死亡した場合には、その相続人はその旨を届け出なければならない。

2 登録の申請の 10 年前に居宅サービスにおいて不正な行為をした者は、登録を受けることができない。

3 都道府県知事は、信用を傷つけるような行為をした介護支援専門員の登録を消除することができる。

4 介護支援専門員証の交付を受けていなくても、業務に従事することができる。

5 更新研修を受けた者は、介護支援専門員証の有効期間を更新することができる。

問題 7　介護保険施設について正しいものはどれか。**2 つ**選べ。

1　介護老人福祉施設の入所定員は、50 人以上でなければならない。

2　介護老人保健施設の管理者となる医師は、都道府県知事の承認を受けなければならない。

3　2024（令和 6）年 3 月 31 日までは、新たに指定介護療養型医療施設の指定を受けることができる。

4　入所者ごとに施設サービス計画を作成しなければならない。

5　地域密着型介護老人福祉施設は、含まれる。

問題 8　要介護認定の仕組みについて正しいものはどれか。**3 つ**選べ。

1　介護保険の被保険者証が交付されていない第 2 号被保険者が申請するときは、医療保険被保険者証等を提示する。

2　市町村は新規認定の調査について、指定市町村事務受託法人に委託することができる。

3　主治医がいない場合には、介護認定審査会が指定する医師が主治医意見書を作成する。

4　要介護者が他市町村に所在する介護老人福祉施設に入所する場合には、その施設所在地の市町村の認定を改めて受ける必要はない。

5　介護保険料を滞納している者は、認定を受けることができない。

問題 9　介護保険財政について正しいものはどれか。**3つ**選べ。

1　国は、介護給付及び予防給付に要する費用の30%を負担する。

2　国は、介護保険の財政の調整を行うため、市町村に対して調整交付金を交付する。

3　都道府県は、介護保険事業に要する費用に充てるため、保険料を徴収しなければならない。

4　地域支援事業支援交付金は、社会保険診療報酬支払基金が医療保険者から徴収する納付金をもって充てる。

5　第1号被保険者の保険料の賦課期日は、当該年度の初日である。

問題 10　介護保険における第1号被保険者の保険料について正しいものはどれか。**3つ**選べ。

1　政令で定める基準に従い市町村が条例で定める。

2　保険料率は、おおむね5年を通じ財政の均衡を保つことができるものでなければならない。

3　普通徴収の方法によって徴収する保険料については、世帯主に連帯納付義務がある。

4　普通徴収の方法によって徴収する保険料の納期は、政令で定める。

5　条例で定めるところにより、特別の理由がある者に対し、保険料を減免し、又はその徴収を猶予することができる。

問題 11

介護予防・生活支援サービス事業について正しいものはどれか。**2つ**選べ。

1　居宅要支援被保険者は、利用できる。

2　利用者の負担額は、都道府県が設定する。

3　住所地特例適用被保険者に係る費用は、施設所在地の市町村が負担する。

4　介護老人保健施設の入所者は、利用できない。

5　第２号被保険者は、利用できない。

問題 12

包括的支援事業の各事業において配置することとされている者として正しいものはどれか。**3つ**選べ。

1　生活支援コーディネーター（地域支え合い推進員）

2　介護サービス相談員

3　認知症地域支援推進員

4　チームオレンジコーディネーター

5　福祉用具専門相談員

問題13 介護保険法で定める国民健康保険団体連合会が行う業務として正しいものはどれか。**3つ**選べ。

1 介護給付費交付金の交付

2 市町村から委託を受けて行う介護予防・日常生活支援総合事業に関する費用の審査及び支払

3 介護給付費等審査委員会の設置

4 指定居宅介護支援事業所への強制権限を伴う立入検査

5 市町村から委託を受けて行う第三者行為求償事務

問題14 介護サービス情報の公表制度について正しいものはどれか。**3つ**選べ。

1 原則として、介護サービス事業者は、毎年、介護サービス情報を報告する。

2 指定居宅介護支援事業者は、介護サービス情報をその事業所の所在地の市町村長に報告する。

3 介護サービス情報の公表は、事業所又は施設の所在地の国民健康保険団体連合会が行う。

4 職種別の従業者の数は、公表すべき事項に含まれる。

5 指定居宅サービス事業者が報告内容の是正命令に従わないときには、指定を取り消されることがある。

問題 15

介護サービスに関する苦情処理について正しいものはどれか。**3つ**選べ。

1　利用者が国民健康保険団体連合会に苦情を申し立てる場合、指定居宅介護支援事業者は、利用者に対して必要な援助を行わなくてもよい。

2　国民健康保険団体連合会は、都道府県から委託を受けて苦情処理を行う。

3　国民健康保険団体連合会は、事業者に対する必要な指導及び助言を行う。

4　指定訪問看護事業者は、受け付けた苦情の内容等を記録しなければならない。

5　指定訪問介護事業者は、苦情受付窓口の設置等の必要な措置を講じなければならない。

問題 16

要介護認定に係る主治医意見書における「認知症の中核症状」の項目として正しいものはどれか。**2つ**選べ。

1　自分の意思の伝達能力

2　徘徊

3　幻視・幻聴

4　短期記憶

5　妄想

問題 17　介護保険における特定疾病として正しいものはどれか。**3 つ**選べ。

1　関節リウマチ

2　慢性肝疾患

3　潰瘍性大腸炎

4　脳血管疾患

5　骨折を伴う骨粗鬆症

問題 18　要介護認定について正しいものはどれか。**2 つ**選べ。

1　要介護認定等基準時間は、実際の介護時間とは異なる。

2　要介護認定等基準時間は、同居家族の有無によって異なる。

3　要介護認定等基準時間の算出根拠は、1 分間タイムスタディである。

4　指定居宅介護支援事業者は、新規認定の調査を行える。

5　認定調査票の特記事項は、一次判定で使用する。

問題 19

指定居宅介護支援等の事業の人員及び運営に関する基準第13条の具体的取扱方針のうち、介護支援専門員に係るものとして正しいものはどれか。**3つ**選べ。

1 利用者の心身又は家族の状況等に応じ、継続的かつ計画的に指定居宅サービス等の利用が行われるようにしなければならない。

2 その地域における指定居宅サービス事業者等に関するサービスの内容、利用料等の情報を適正に利用者又はその家族に対して提供するものとする。

3 居宅サービス計画の原案の内容について利用者やその家族に対して説明し、口頭で利用者の同意を得るものとする。

4 作成した居宅サービス計画は、利用者から求めがなければ、利用者に交付しなくてもよい。

5 介護保険施設等から退院又は退所しようとする要介護者から依頼があった場合には、あらかじめ、居宅サービス計画の作成等の援助を行うものとする。

問題 20

指定居宅介護支援事業者の記録の整備について正しいものはどれか。**3つ**選べ。

1 居宅介護支援台帳は、書面による記録と電磁的記録の両方を整備しなければならない。

2 事故の状況及び事故に際して採った処置についての記録を整備しなければならない。

3 従業者に関する記録を整備しておかなければならない。

4 会計に関する記録を整備しておかなければならない。

5 サービス担当者会議等の記録は、その完結の日から5年間保存しなければならない。

問題 21

指定居宅介護支援に係るモニタリングについて正しいものはどれか。**3つ**選べ。

1　利用者についての継続的なアセスメントは、含まれる。

2　目標の達成度の把握は、含まれる。

3　指定居宅サービス事業者等との連絡を継続的に行う。

4　少なくとも1月に1回、主治の医師に意見を求めなければならない。

5　地域ケア会議に結果を提出しなければならない。

問題 22

介護予防サービス計画について正しいものはどれか。**3つ**選べ。

1　地域の住民による自発的な活動によるサービス等の利用も含めて位置付けるよう努めなければならない。

2　計画に位置付けた指定介護予防サービス事業者から、利用者の状態等に関する報告を少なくとも3月に1回、聴取しなければならない。

3　介護予防福祉用具貸与を位置付ける場合には、貸与が必要な理由を記載しなければならない。

4　計画に位置付けた期間が終了するときは、当該計画の目標の達成状況について評価しなければならない。

5　介護予防通所リハビリテーションを位置付ける場合には、理学療法士の指示が必要である。

問題 23 Aさん（58歳、男性）は、会社の管理職をしていたが、仕事中に突然怒り出すことが多くなり、受診の結果、若年性認知症と診断された。Aさんは、まだ働けるという認識はあったが、退職せざるを得なくなった。夫婦二人暮らしで、妻（55歳）はパートで働いている。Aさんは要介護1の認定を受け、通所介護を週2回利用することとなった。サービス利用開始1か月後に介護支援専門員がAさん夫婦と面談したところ、Aさんは、高齢者ばかりの環境に馴染めないことと、妻のために我慢して通っていることが分かった。介護支援専門員の対応として、より適切なものはどれか。**3つ**選べ。

1　妻からAさんに我慢して通所介護に通うよう説得してもらう。

2　通所介護の場でAさんが役割を実感できるように、通所介護事業所に通所介護計画を再検討してもらう。

3　地域の中でAさんが参加したいと思うような活動や場所を探す。

4　通所介護の利用をやめて、Aさんが一人で自宅で過ごすことを夫婦に勧める。

5　若年性認知症に対応する社会資源開発を地域ケア会議で提案する。

問題 24 Aさん（80歳、女性、要介護2）は、長女（50歳、障害支援区分3）との二人暮らしである。Aさんは、変形性股関節症の悪化に伴い、自宅の浴槽で入浴することが難しくなり、通所介護での入浴を希望している。しかし、長女はAさんの姿が見えなくなると不穏になるので、「長女を一人にするのが不安だ」とAさんから介護支援専門員に相談があった。この時点における介護支援専門員の対応として、より適切なものはどれか。**3つ**選べ。

1 Aさんと長女の同意を得て、長女を担当する相談支援専門員に現状を伝える。

2 浴室の改修のため、直ちに施工業者を訪問させる。

3 Aさんと長女が一緒に通所利用できる共生型サービス事業所の情報を収集する。

4 Aさんがすぐに入所できる特別養護老人ホームを探す。

5 Aさんの変形性股関節症の症状の改善の可能性について、本人の同意を得て主治医に意見を求める。

問題 25 一人暮らしのＡさん（84 歳、男性、要介護１）は、訪問介護を週１回利用している。認知症と診断されており、片付けができなくなったことに加え、先日は外出先で道に迷って警察に保護された。遠方に住む妹からは、「迷惑をかけるようなら施設に入るよう説得してほしい」との要望があった。Ａさんは、「このまま家で気楽に暮らし続けたいが、銀行手続等の金銭管理が不安なので、介護支援専門員に管理をお願いしたい」と話している。この時点における介護支援専門員の対応として、より適切なものはどれか。**３つ**選べ。

1　Ａさんとの信頼関係を大切にするため、金銭管理を引き受ける。

2　Ａさんと妹の同意を得て、民生委員にＡさんの最近の状況を説明し、見守りに関する対応を相談する。

3　Ａさんに日常生活自立支援事業についての情報提供を行う。

4　妹の要望に応え、施設サービスの利用手続を始める。

5　Ａさんの認知症の状態や生活状況についての再アセスメントを行う。

問題 26 次の疾病の特徴として、より適切なものはどれか。**３つ**選べ。

1　狭心症では、前胸部の圧迫感が生じることはない。

2　心不全による呼吸困難時には、起座位にすると症状が改善することがある。

3　慢性腎不全では、水分やカリウムの摂取量に注意する必要がある。

4　高齢者の糖尿病では、口渇、多飲、多尿の症状が出現しにくい。

5　帯状疱疹は、細菌性感染症である。

問題 27 高齢者の精神障害について、より適切なものはどれか。**2 つ**選べ。

1 老年期うつ病では、妄想の症状が発現することはない。

2 老年期うつ病では、自死を図ることはない。

3 高齢者の妄想性障害への対応では、共感が大切な要素である。

4 神経症は、病気ではなく、気のもちようである。

5 アルコール依存症のケアには、自助グループなどの地域の社会資源の活用も有用である。

問題 28 次の記述のうち適切なものはどれか。**3 つ**選べ。

1 起立性低血圧は、降圧薬、利尿薬などの薬剤の使用も原因になる。

2 加齢とともに血管の弾力が失われるため、収縮期血圧が低くなる傾向がある。

3 橈骨(とうこつ)動脈で脈が触れない場合には、頸動脈や股動脈で脈拍をみる。

4 重度の徐脈は、失神を伴うことがある。

5 昏睡とは、刺激がないと眠ってしまう状態である。

問題 29 検査項目について適切なものはどれか。**3 つ**選べ。

1 BMI（Body Mass Index）は、身長（m）を体重（kg）の 2 乗で除したものである。

2 血清アルブミンの値は、高齢者の長期にわたる栄養状態をみる指標として有用である。

3 AST（GOT）・ALT（GPT）の値は、肝・胆道疾患の指標となる。

4 血清クレアチニンの値は、腎機能の指標となる。

5 ヘモグロビン A1c の値は、過去 1 週間の平均的な血糖レベルを反映する。

問題 30 次の記述のうち適切なものはどれか。**3 つ**選べ。

1 介護を行うときには、利用者の残存能力をできる限り活かす。

2 入浴は、全身の保清を図り、血液循環や新陳代謝を促進する。

3 清拭をするときには、その部屋の温度を確認する。

4 尿失禁とは、尿を全部出しきれず、膀胱の中に尿が残ることをいう。

5 ボディメカニクスとは、起床、食事、排泄など、利用者の生活リズムを取り戻すことをいう。

問題 31　次の記述のうち適切なものはどれか。**3つ**選べ。

1　味覚は、舌や口蓋等にある味蕾（みらい）が刺激されて起こる。

2　誤嚥とは、飲食物や唾液、胃の内容物が気管内に入ることをいう。

3　薬のPTP包装シート（プラスチックにアルミなどを貼り付けたもの）を誤って飲み込んだ場合、排泄されるため心配はない。

4　認知症と口腔環境とは、無関係である。

5　口腔内・口腔周囲を動かすことは、オーラルフレイル予防につながる。

問題 32　認知症について適切なものはどれか。**2つ**選べ。

1　BPSD（認知症の行動・心理症状）は、住環境などの環境因子の影響は受けない。

2　若年性認知症は、うつ病など、他の精神疾患と疑われることがある。

3　前頭側頭型認知症では、リアルな幻視やパーキンソニズムが特徴である。

4　パーソン・センタード・ケアは、介護者本位で効率よく行うケアである。

5　介護支援専門員が、利用者本人の同意を得て、心身の変化などを主治医に伝えることは、よりよい医療につながる。

問題 33　リハビリテーションについて、より適切なものはどれか。**3つ**選べ。

1　代償的アプローチには、残存機能の活用が含まれる。

2　急性期リハビリテーションは、一般に、廃用症候群の予防と早期からのセルフケアの自立を目標とする。

3　回復期リハビリテーション病棟では、多職種による集中的なリハビリテーションが提供される。

4　終末期にある者は、対象とならない。

5　指定訪問リハビリテーションは、バス等の公共交通機関への乗降の支援を対象としない。

問題 34　次の記述のうち適切なものはどれか。**3つ**選べ。

1　薬剤師は、薬剤を処方してはならない。

2　介護職員は、服薬介助を行ってはならない。

3　医療用医薬品と健康食品の併用による有害な相互作用の可能性について注意が必要である。

4　薬の変更や中止で重篤な症状が起こることはない。

5　内服薬は、通常、水又はぬるま湯で飲む。

問題 35 次の記述のうち適切なものはどれか。**3つ**選べ。

1 居宅介護支援事業所から病院への情報提供のため、入院時情報提供書が使われることがある。

2 エビデンス・ベースド・メディスン（Evidence Based Medicine：EBM）は、根拠に基づく医療のことである。

3 介護支援専門員は、患者自身が治療法を選択する際に、第三者的な立場から助言してはならない。

4 介護支援専門員は、退院前カンファレンスに参加することが望ましい。

5 チームアプローチでは、住民によるボランティア活動を含まない。

問題 36 高齢者の栄養・食生活について適切なものはどれか。**3つ**選べ。

1 必要な栄養を食事では摂りきれない場合でも、間食で補うことは適当でない。

2 咀嚼能力や唾液分泌の低下などから、摂食・嚥下障害を起こしやすい。

3 食事中に口から食べ物をこぼす場合、口腔・嚥下機能評価を行うとよい。

4 食べることを通じて尊厳ある自己実現を目指す。

5 食事支援では、介護する家族の状況を考える必要はない。

問題 37　次の記述のうち適切なものはどれか。**3 つ**選べ。

1　中心静脈栄養法では、静脈炎にならないように末梢静脈を用いる。

2　経鼻胃管の種類には、バルーン型とバンパー型がある。

3　血液透析のためのシャントは、動脈と静脈をつなぎ合わせた部位のことである。

4　ネブライザーは、気道を加湿して痰を出しやすくするために用いる機器である。

5　パルスオキシメーターは、血液中の酸素飽和度を測定する機器である。

問題 38　次の記述のうち、より適切なものはどれか。**3 つ**選べ。

1　手の甲の皮膚をつまみ上げて離したとき、すぐには元に戻らない場合は、脱水を疑う。

2　薬の服用時間における食間とは、食事中に服用することである。

3　言葉が出てこない、又はろれつが回らないという症状が突然生じた場合は、脳卒中の可能性がある。

4　転倒による頭部打撲後、すぐに意識障害が起こらなければ問題はない。

5　前立腺肥大症の場合、尿意を感じたら、早めにトイレに行くよう心がける。

問題 39　次の記述のうち適切なものはどれか。**3つ**選べ。

1　健康日本21（第二次）では、健康寿命を延ばすことを目指している。

2　就労、ボランティアなどの社会参加は、フレイル予防に役立たない。

3　パーキンソン病の場合、転倒しやすいため、運動療法は禁忌である。

4　膝関節症による痛みや腫脹を抑えるには、定期的な運動が効果的である。

5　高齢者においては、無症状であっても骨粗鬆症の検査を受けることが推奨される。

問題 40　臨死期について適切なものはどれか。**3つ**選べ。

1　家族に対して、今後予想される状況に即した病状説明が行われるよう配慮する。

2　在宅で看取る場合、呼吸停止の瞬間に、医師が立ち会う必要がある。

3　呼吸をするたびに、喉元でゴロゴロと音がする状態（死前喘鳴）になることがある。

4　臨終が近づき、応答がなくなった場合には、本人への語りかけをやめる。

5　死後のケアであるエンゼルケアは、身体を清潔にし、その人らしい外見に整えるためのものである。

問題 41　訪問看護について正しいものはどれか。**3つ**選べ。

1　急性増悪時に主治医から特別指示書が交付された場合、介護保険から給付が行われる。

2　介護保険の指定訪問看護ステーションの管理者は、原則として、常勤の保健師又は看護師でなければならない。

3　提供に当たっては、常に利用者の病状、心身の状況及びその置かれている環境の的確な把握に努める。

4　保険医療機関の指定を受けている病院は、介護保険の指定訪問看護事業者とみなされる。

5　24時間365日、サービスを提供しなければならない。

問題 42　指定通所リハビリテーションについて正しいものはどれか。**3つ**選べ。

1　利用者の生活機能の維持又は向上を目指し、心身の機能の維持回復を図るものでなければならない。

2　介護老人福祉施設で提供される。

3　事業所には、生活相談員を配置しなければならない。

4　通所リハビリテーション計画は、医師及び理学療法士、作業療法士等の従業者が、共同して作成する。

5　通所リハビリテーション計画の進捗状況を定期的に評価し、必要に応じて当該計画を見直す。

問題43 指定短期入所療養介護について正しいものはどれか。**3つ**選べ。

1 家族の身体的及び精神的な負担軽減を図るために利用できる。

2 看護、医学的管理の下における介護及び機能訓練その他必要な医療並びに日常生活上の世話を行う。

3 居宅サービス計画において、あらかじめ位置付けられていない場合には、利用することができない。

4 短期入所療養介護計画は、おおむね4日以上連続して利用する場合に作成する必要がある。

5 ターミナルケアは、行われない。

問題44 指定定期巡回・随時対応型訪問介護看護について正しいものはどれか。**3つ**選べ。

1 利用者が尊厳を保持し、可能な限りその居宅において、その有する能力に応じ自立した日常生活を営むことができるよう援助を行う。

2 要支援者も利用できる。

3 利用者の心身の状況にかかわらず、毎日、訪問しなければならない。

4 随時対応サービスについては、利用者のみならずその家族等からの在宅介護における相談等にも適切に対応する。

5 介護・医療連携推進会議は、おおむね6月に1回以上、開催しなければならない。

問題 45　介護老人保健施設について正しいものはどれか。**2 つ**選べ。

1　社会福祉法人は、開設できる。

2　ユニット型では、一のユニットの定員は、15 人を超えることが認められている。

3　入所定員が 100 人以上の場合には、栄養士又は管理栄養士を置かなければならない。

4　処置室を設けなければならない。

5　全国では、全入所者のうち要介護 4 及び要介護 5 の者が占める割合は、80% 以上である。

問題 46　面接場面におけるコミュニケーション技術について、より適切なものはどれか。**3 つ**選べ。

1　イラストや写真などの表現方法の利用は、クライエントを混乱させるので控える。

2　直面化とは、クライエントが否認していることによって生じている話の矛盾点を指摘することをいう。

3　援助者は、クライエントの主訴の把握に当たっては、言語的な手段だけでなく、非言語的な手段も用いることが望ましい。

4　共感とは、クライエントの言動に対して、援助者自身の過去の重要な人との関係を投影することをいう。

5　クローズドクエスチョンは、明確な回答を得たいときに用いる。

問題 47　インテーク面接について、より適切なものはどれか。**3 つ**選べ。

1　地域援助技術の一つである。

2　支援過程の後期に実施する面接である。

3　面接の終わりには、問題解決に向けて一定の方向性を確認することが重要である。

4　必ずしも 1 回で終了させる必要はない。

5　クライエントが訪れた支援機関の機能や提供可能なサービスを説明する。

問題 48　ソーシャルワークに関する次の記述のうち、より適切なものはどれか。**2 つ**選べ。

1　クライエントの視点から、人生観や価値観等についての理解をより深めることが重要である。

2　家族や地域住民は、アウトリーチの対象に含まれない。

3　利用できる社会資源が不足している場合、新たな社会資源の開発が求められる。

4　不衛生な環境に居住している認知症高齢者が、サービスの利用を拒否したため、本人の意向に従い、支援を中止する。

5　「無断で家族に年金をすべて使われている」と高齢者からの訴えがあったが、家族間の問題であるため、「支援できない」と本人に伝える。

問題 49 ソーシャルワークにおける集団援助として、より適切なものはどれか。**3つ**選べ。

1 地域包括支援センターの主任介護支援専門員による認知症高齢者の家族を対象とした交流活動

2 民生委員による地域の認知症高齢者の見守り活動

3 医療機関で行われる、難病の当事者による分かち合いの場の体験

4 社会福祉協議会によるヤングケアラー支援のための地域ネットワークの構築

5 養護老人ホームの生活相談員による入所者グループに対するプログラム活動

問題 50 介護保険における訪問介護について正しいものはどれか。**3つ**選べ。

1 訪問介護計画の作成は、管理者の業務として位置付けられている。

2 利用回数が少ない利用者であっても、訪問介護計画を作成しなければならない。

3 サービス提供責任者は、居宅介護支援事業者に対し、サービス提供に当たり把握した利用者の心身の状態及び生活の状況について必要な情報の提供を行うものとする。

4 指定訪問介護事業者は、利用者が不正な行為によって保険給付を受けたときは、遅滞なく、市町村に通知しなければならない。

5 指定訪問介護事業者は、法定代理受領サービスに該当しないサービスの利用料の支払を受けた場合には、サービス提供証明書を交付しなくてよい。

問題 51 介護保険における通所介護について正しいものはどれか。**3 つ**選べ。

1 利用者の社会的孤立感の解消を図ることは、指定通所介護の事業の基本方針に含まれている。

2 通所介護計画作成後に居宅サービス計画が作成された場合、その通所介護計画が居宅サービス計画に沿ったものであるか、確認する必要はない。

3 通所介護計画の目標及び内容については、利用者又は家族に説明を行うとともに、その実施状況や評価についても説明を行うものとする。

4 利用者は、利用日ごとに異なる提供時間数のサービスを受けることができる。

5 指定通所介護事業者は、指定通所介護事業所ごとに、経理を区分しなくてもよい。

問題 52 介護保険における訪問入浴介護について正しいものはどれか。**2 つ**選べ。

1 指定訪問入浴介護事業所ごとに、医師を 1 人以上置かなければならない。

2 管理者は、看護師又は准看護師でなければならない。

3 サービス提供時に使用する浴槽は、事業者が備えなければならない。

4 利用者が小規模多機能型居宅介護を利用している場合でも、訪問入浴介護費を算定できる。

5 事業者は、サービスの利用に当たっての留意事項を運営規程に定めておかなければならない。

問題 53

介護保険における短期入所生活介護について正しいものはどれか。**2つ**選べ。

1　家族の冠婚葬祭や出張を理由とした利用はできない。

2　災害等のやむを得ない事情がある場合でも、利用定員を超えることは認められない。

3　短期入所生活介護計画の作成は、既に居宅サービス計画が作成されている場合には、当該計画の内容に沿って作成されなければならない。

4　一の居室の定員は、4人以下でなければならない。

5　居宅サービス計画上、区分支給限度基準額の範囲内であれば、利用できる日数に制限はない。

問題 54

介護保険における福祉用具について正しいものはどれか。**3つ**選べ。

1　使用目的は、利用者の自立した日常生活の支援であり、介護者の負担軽減ではない。

2　貸与する際には、福祉用具専門相談員は、具体的なサービス内容等を記載した福祉用具貸与計画を作成しなければならない。

3　複数の福祉用具を貸与する場合には、通常の貸与価格から減額して貸与することができる。

4　入浴用いすなどの入浴補助用具は、特定福祉用具販売の対象となる。

5　取付工事の有無にかかわらず、手すりは福祉用具貸与の対象となる。

問題 55

介護保険における小規模多機能型居宅介護について正しいものはどれか。**3つ**選べ。

1 通いサービス、宿泊サービスごとに、1日当たりの同時にサービス提供を受ける利用定員の上限が定められている。

2 一の宿泊室の定員は、利用者の処遇上必要と認められる場合は、2人とすることができる。

3 訪問サービスでは、身体介護の提供に限られる。

4 宿泊サービスでは、利用者1人につき1月当たりの日数の上限が定められている。

5 指定小規模多機能型居宅介護事業所の登録者に対しては、その事業所の介護支援専門員が、居宅サービス計画を作成しなければならない。

問題 56

介護保険における認知症対応型共同生活介護について正しいものはどれか。**3つ**選べ。

1 入居の際には、主治の医師の診断書等により申込者が認知症である者であることの確認をしなければならない。

2 居間及び食堂は、同一の場所とすることができる。

3 管理者は、認知症である者の介護に3年以上従事した経験を有する者であって、所定の研修を修了しているものでなければならない。

4 事業者は、利用者の食材料費、理美容代、おむつ代を負担しなければならない。

5 各事業所に設けることができる共同生活住居の数は、1以上5以下である。

問題 57　指定介護老人福祉施設について正しいものはどれか。**3つ**選べ。

1　明るく家庭的な雰囲気を有し、地域や家庭との結び付きを重視した運営を行うよう努めなければならない。

2　市町村長が指定する。

3　入所者の負担により、当該施設の従業者以外の者による介護を受けさせてはならない。

4　褥瘡の発生を予防するための体制を整備しなければならない。

5　入所者のためのレクリエーション行事を行うのであれば、教養娯楽設備等は備えなくてもよい。

問題 58　生活保護制度について正しいものはどれか。**3つ**選べ。

1　被保護者の収入として認定されるものには、地代や家賃等の財産収入が含まれる。

2　要保護者が急迫した状況にあるときは、保護の申請がなくても、必要な保護を行うことができる。

3　介護施設入所者基本生活費は、介護扶助として給付される。

4　教育扶助は、原則として、現物給付によって行われる。

5　介護扶助は、介護保険制度の保険給付の対象となる介護サービスと同等のサービスを、要保護者に対し保障する。

問題 59　成年後見制度について正しいものはどれか。**2つ**選べ。

1　任意後見制度では、判断能力を喪失した人に、保佐人や補助人をつけることができる。

2　都道府県知事は、65 歳以上の者につき、その福祉を図るため特に必要があると認めるときは、後見開始の審判の請求をすることができる。

3　本人と任意後見受任者の同意があれば、公正証書以外の方法でも任意後見契約が成立する。

4　成年後見制度の利用の促進に関する法律に定められた基本理念には、成年被後見人等の意思決定の支援と身上の保護が適切に行われるべきことが含まれる。

5　成年被後見人の法律行為は、原則として、取り消すことができる。

問題 60　障害者総合支援法について正しいものはどれか。**3つ**選べ。

1　その支援には、自立支援給付と地域生活支援事業が含まれる。

2　自立支援医療とは、育成医療、更生医療及び精神通院医療である。

3　補装具費の支給は、地域生活支援事業の一つである。

4　対象とする障害者には、難病の者も含まれる。

5　サービスの利用を希望する者は、都道府県に対して支給申請を行う。

ケアマネジャー試験

第24回
(令和3年度)

介護支援分野	問題 1 〜問題 25
保健医療サービスの知識等	問題 26 〜問題 45
福祉サービスの知識等	問題 46 〜問題 60

解答・解説 ………………………… 別冊 p.50
解答一覧 ……………………………… 別冊 p.124

※試験時間：120 分
※ p.175 の解答用紙をコピーしてご利用ください。

第 24 回(令和 3 年度)合格基準

分　　野	問題数	合格基準
1. 介護支援分野	25 問	14 点
2. 保健医療福祉サービス分野	35 問	25 点

(注)配点は 1 問 1 点である。

問題 1 2020（令和 2）年の介護保険法改正について正しいものはどれか。**2 つ**選べ。

1 国及び地方公共団体は、地域住民が相互に人格と個性を尊重し合いながら、参加し、共生する地域社会の実現に資するよう努めなければならないこととされた。

2 市町村は、地域ケア会議を置くように努めなければならないこととされた。

3 高齢者と障害児・者が同一の事業所でサービスを受けやすくするための共生型サービスが創設された。

4 厚生労働大臣は、要介護者等に提供されるサービスの内容について調査及び分析を行い、その結果を公表するよう努めるものとされた。

5 一定以上の所得がある第 1 号被保険者の介護給付及び予防給付の利用者負担割合が 3 割とされた。

問題 2 2018（平成 30）年度の介護保険給付（介護給付及び予防給付）の状況として正しいものはどれか。**3 つ**選べ。

1 給付費は、約 14 兆円となっている。

2 給付費は、前年度に比べて増加している。

3 居宅サービス、地域密着型サービス及び施設サービスのうち、施設サービスに係る給付費が最も多い。

4 地域密着型サービスに係る給付費は、居宅サービスに係る給付費よりも少ない。

5 第 1 号被保険者 1 人当たりの給付費は、平均約 26 万円である。

問題 3　社会保険方式の特徴として正しいものはどれか。**3 つ**選べ。

1　国民の参加意識や権利意識を確保し、加入者に受給権を保障する仕組みである。

2　リスク分散の考え方に立つことで、社会保障の対象を一定の困窮者から国民全体に拡大した普遍的な制度となっている。

3　社会保険制度の財源は、原則として公費である。

4　保険料を納付しない者や制度への加入手続をとらない者は、給付を受けられないことがある。

5　給付は、受給者があらゆる資産を活用することを要件として行われる。

問題 4　介護保険の第 2 号被保険者について正しいものはどれか。**2 つ**選べ。

1　第 2 号被保険者は、市町村の区域内に住所を有する 40 歳以上 65 歳未満の者すべてである。

2　第 2 号被保険者のうち保険給付の対象者は、特定疾病を原因として要支援・要介護状態になった者である。

3　第 2 号被保険者の保険料は、被保険者が住所を有する市町村が徴収する。

4　第 2 号被保険者の保険料は、地域支援事業のうちの任意事業の財源には充当されない。

5　第 2 号被保険者は、要介護 3 以上であっても、指定介護老人福祉施設には入所できない。

問題 5

「国民の努力及び義務」として介護保険法第４条に規定されているものはどれか。**３つ**選べ。

1 介護保険事業に要する費用を公平に負担する。

2 加齢に伴って生ずる心身の変化を自覚して常に健康の保持増進に努める。

3 可能な限り、住み慣れた地域でその有する能力に応じ自立した日常生活を営む。

4 要介護状態となった場合においても、その有する能力の維持向上に努める。

5 認知症に対する理解を深めるよう努める。

問題 6

介護保険法において市町村が条例で定めることとされている事項として正しいものはどれか。**３つ**選べ。

1 保健福祉事業

2 区分支給限度基準額の上乗せ

3 市町村特別給付

4 指定介護老人福祉施設に係る入所定員の人数

5 地域包括支援センターの職員の員数

問題 7 区分支給限度基準額が適用されるサービスとして正しいものはどれか。**3つ**選べ。

1 福祉用具貸与

2 小規模多機能型居宅介護

3 居宅療養管理指導

4 地域密着型介護老人福祉施設入所者生活介護

5 定期巡回・随時対応型訪問介護看護

問題 8 共生型サービスの指定の対象となる介護保険サービスとして正しいものはどれか。**3つ**選べ。

1 地域密着型通所介護

2 介護予防短期入所生活介護

3 通所リハビリテーション

4 訪問介護

5 定期巡回・随時対応型訪問介護看護

問題 9　都道府県知事が指定する事業者が行うサービスとして正しいものはどれか。**2つ**選べ。

1　特定福祉用具販売

2　認知症対応型共同生活介護

3　介護予防支援

4　介護予防短期入所療養介護

5　看護小規模多機能型居宅介護

問題 10　介護支援専門員について正しいものはどれか。**3つ**選べ。

1　その業務を行うに当たり、関係者から請求があったときは、介護支援専門員証を提示しなければならない。

2　他の都道府県へ登録を移転する場合には、移転先の都道府県知事が実施する介護支援専門員実務研修を受講しなければならない。

3　介護支援専門員証の有効期間は、5年である。

4　その業務のために正当な理由がある場合に限り、その名義を他人に使用させることができる。

5　介護支援専門員であった者は、退職後においても、正当な理由なしに、その業務に関して知り得た人の秘密を漏らしてはならない。

問題 11　財政安定化基金について正しいものはどれか。**2つ**選べ。

1　市町村は、財政安定化基金を設けるものとする。

2　その財源の負担割合は、国2分の1、都道府県4分の1、市町村4分の1である。

3　財政安定化基金から生ずる収入は、すべて財政安定化基金に充てなければならない。

4　その財源には、第2号被保険者の保険料も充当する。

5　給付費の増大により市町村の介護保険財政に不足が見込まれる場合には、必要な額を貸し付ける。

問題 12　介護保険の費用の負担について正しいものはどれか。**3つ**選べ。

1　介護給付及び予防給付に要する費用の50%は、公費により賄われる。

2　施設等給付に係る都道府県の負担割合は、17.5%である。

3　調整交付金は、国が全額負担する。

4　普通調整交付金は、すべての市町村に一律に交付される。

5　特別調整交付金は、第1号被保険者総数に占める後期高齢者の加入割合などにより、市町村ごとに算定される。

問題 13 介護保険法上、市町村介護保険事業計画において定めるべき事項として正しいものはどれか。**3つ**選べ。

1 介護保険施設等における生活環境の改善を図るための事業に関する事項

2 地域密着型介護老人福祉施設入所者生活介護に係る必要利用定員総数の見込み

3 介護給付等対象サービスの種類ごとの量の見込み

4 地域支援事業に関する過去の実績

5 介護給付等に要する費用の適正化に関し、市町村が取り組むべき施策に関する事項

問題 14 介護予防・日常生活支援総合事業について正しいものはどれか。**3つ**選べ。

1 要支援者は、介護予防・生活支援サービス事業の対象となる。

2 要介護の第１号被保険者は、一般介護予防事業の対象となる。

3 介護方法の指導など要介護被保険者を現に介護する者の支援のための事業は、介護予防・生活支援サービス事業に含まれる。

4 地域支援事業の一部である。

5 包括的支援事業の一部である。

問題 15

介護サービス情報の公表制度における居宅介護支援に係る公表項目として正しいものはどれか。**3つ**選べ。

1　サービス担当者会議の開催等の状況

2　入退院に当たっての支援のための取組の状況

3　ターミナルケアの質の確保のための取組の状況

4　利用者のプライバシーの保護のための取組の状況

5　身体的拘束等の排除のための取組の状況

問題 16

要介護認定の認定調査について正しいものはどれか。**3つ**選べ。

1　認定調査は、介護保険法に基づき都道府県に委託することができる。

2　新規認定の調査は、市町村の担当職員が行う。

3　更新認定の調査は、介護支援専門員に委託することができる。

4　被保険者が正当な理由なく認定調査に応じない場合には、市町村は申請を却下することができる。

5　要介護認定の申請後、認定調査の前に受けた介護サービスは、保険給付の対象にならない。

問題 17　要介護認定の更新認定について正しいものはどれか。**2つ**選べ。

1　更新認定の申請ができるのは、原則として、有効期間満了の日の 30 日前からである。

2　被保険者は、地域包括支援センターに更新認定の申請手続きを代わって行わせることができる。

3　更新認定の調査は、介護保険施設に委託できない。

4　更新認定の有効期間は、原則として、12 月間である。

5　更新認定の効力は、更新のための認定調査を受けた日から生じる。

問題 18　要介護認定について正しいものはどれか。**3つ**選べ。

1　一次判定は市町村が行い、二次判定は都道府県が行う。

2　介護認定審査会は、都道府県が定める基準に従い、審査判定を行う。

3　一次判定で非該当となった者についても、二次判定を行う。

4　第 2 号被保険者の二次判定では、要介護状態の原因である身体上又は精神上の障害が特定疾病によって生じたものかどうかも審査する。

5　介護認定審査会は、被保険者の要介護状態の軽減又は悪化の防止のために必要な療養について、市町村に意見を述べることができる。

問題 19　指定居宅介護支援事業について正しいものはどれか。**2つ**選べ。

1　利用者の数が 20 人の場合には、常勤の介護支援専門員を 1 人以上置かなければならない。

2　通常の事業の実施地域を越えて、指定居宅介護支援を行ってはならない。

3　サービス担当者会議には、利用者及びその家族を必ず参加させなければならない。

4　提供した指定居宅介護支援の質の評価に関する事項を保険者に報告しなければならない。

5　サービス担当者会議において利用者の個人情報を用いる場合には、あらかじめ本人の同意を文書により得ておかなければならない。

問題 20　指定居宅介護支援におけるアセスメントについて正しいものはどれか。**2つ**選べ。

1　利用者との初回面接から居宅サービス計画の作成・交付までの一連の流れを指す。

2　現在利用しているサービスの状況について、介護保険給付以外のものを含めて把握する。

3　いかなる場合であっても必ず利用者の居宅を訪問し、利用者及びその家族に面接して行わなければならない。

4　課題分析標準項目には、地域の社会資源に関する項目が含まれる。

5　アセスメントの結果の記録は、2 年間保存しなければならない。

問題 21 居宅サービス計画の作成について適切なものはどれか。**2つ**選べ。

1 地域におけるサービス提供体制にかかわらず、利用者が希望するサービスを最優先に位置付ける。

2 地域の住民による自発的な活動によるサービスは含めない。

3 生活全般の解決すべき課題を記載する。

4 被保険者証に認定審査会意見の記載がある場合には、これに沿って作成する。

5 利用者の選択を求めることなく、同一事業主体が提供する複数のサービスのみを組み合わせる。

問題 22 施設サービス計画書の記載について適切なものはどれか。**3つ**選べ。

1 「目標」は、実際に解決が可能と見込まれるものでなくてはならない。

2 目標の「期間」については、「認定の有効期間」は考慮しない。

3 サービス実施の「頻度」には、週に1回、1日に1回のように一定期間内での回数、実施曜日等を記載する。

4 「利用者及び家族の生活に対する意向」には、利用者及びその家族の生活に対する意向が異なる場合には、利用者の意向のみを記載する。

5 「サービス内容」には、「短期目標」の達成に必要であって最適なサービス内容とその方針を記載する。

問題 23 生活保護世帯のＡさん（78 歳、要介護 3）は、夫（84 歳、要支援 2）との二人暮らしである。Ａさんは日常的に居宅サービスを利用しているが、夫自身は介護保険のサービスの利用を望んでいない。Ａさんから電話があり、「自宅での生活が厳しくなってきたので、二人で施設に入所したいのですが、福祉事務所のケースワーカーからは夫の介護度では二人一緒の入所はできないと言われてしまいました。どうしたらいいでしょうか」との相談があった。介護支援専門員の対応として、より適切なものはどれか。**3つ**選べ。

1　福祉事務所のケースワーカーに発言の意図を確認する。

2　直ちにＡさんへの居宅サービスの追加を調整する。

3　Ａさんとの面談日を調整する。

4　地域包括支援センターに、夫がサービスを利用するように説得を依頼する。

5　Ａさんが利用している居宅サービス事業所に連絡し、最近のＡさんの様子等に関する情報を収集する。

問題 24 要介護１の認定を受けた一人暮らしのＡさん（80 歳、女性）から依頼を受け、アセスメントのために訪問した。Ａさんの希望は、区分支給限度基準額の範囲内で、気の合う友人が利用するＢデイサービスに一緒に通うこと、及び、腰や膝の痛みで掃除や買い物などが面倒になってきたのでなるべく多く訪問介護を使うことであり、アセスメントは必要ないと拒絶されてしまった。自立支援・重度化防止の観点に立った介護支援専門員の対応として、より適切なものはどれか。**２つ**選べ。

1　十分なアセスメントなしではケアプランを作成できないので、ケアプランの依頼を断る。

2　Ａさんの希望どおり、Ｂデイサービスを利用する目標を「友人と楽しく過ごすことができる」として、ケアプランを作成する。

3　Ｂデイサービスの体験利用を提案するなど、アセスメントが行えるようＡさんとの関係性の構築に努める。

4　腰や膝の痛みについて主治の医師と相談して適切な対応を検討しようとＡさんに提案する。

5　区分支給限度基準額の上限までのサービス利用が保険者に認められるよう、理由を一緒に考えたいとＡさんに伝える。

問題 25 夫（75 歳）と二人暮らしの A さん（72 歳、要介護 4、パーキンソン病）について、最近、夫が「妻は他人が来ると具合が悪いふりをする」と話しており、夫による介護の仕方が乱暴になってきているようで心配だとの報告が訪問介護事務所からあった。この場合の介護支援専門員の対応として、より適切なものはどれか。**3 つ**選べ。

1 改めて A さんの状態についてアセスメントを行う。

2 訪問診療を行う医師に、夫に対して A さんの病状についてより詳しく説明するように依頼する。

3 市町村に虐待案件として通報する。

4 夫の介護負担について具体的に夫から話を聞く。

5 夫が自宅で介護を続けるのは難しいので、A さんに施設入所を勧める。

問題 26 高齢者にみられる疾病・病態について適切なものはどれか。**3 つ**選べ。

1 薬疹は、薬剤服用後 1 ～ 2 か月で出ることが多い。

2 高齢者の肺炎は、再発・再燃を繰り返して難治化することがある。

3 白内障は、水晶体の混濁により視力低下をきたす。

4 脱水があっても、めまいやふらつきは生じない。

5 ナトリウムが欠乏していても、嘔気や頭痛などの自覚症状がないこともある。

問題 27　バイタルサインについて正しいものはどれか。**3 つ**選べ。

1　バイタルサインとは、体温、脈拍、血圧、意識レベル及び呼吸である。

2　感染症に罹患しても、発熱がみられないことがある。

3　1 分当たりの心拍数 60 以上を頻脈という。

4　血圧は、160/100mmHg 未満を目指すことが推奨されている。

5　口すぼめ呼吸は、慢性閉塞性肺疾患（COPD）によくみられる。

問題 28　次の記述のうち適切なものはどれか。**2 つ**選べ。

1　血清クレアチニン値は、高齢者の長期にわたる栄養状態をみる指標として用いる。

2　血清アルブミン値は、腎機能が悪化すると高値になる。

3　上腕や下腿の周囲長は、寝たきりなどで体重測定が難しい場合の低栄養の判定に使われる。

4　胸部 X 線検査は、心不全の診断にも有用である。

5　解熱せずに持続する発熱を、間欠熱という。

問題 29　排泄について適切なものはどれか。**3つ**選べ。

1　排泄のアセスメントでは、排泄場所がトイレの場合には、居室、廊下、トイレの温度や明るさを確認する。

2　排泄のアセスメントでは、排便については、1週間の回数のみを確認すればよい。

3　強い尿意とともに尿が漏れることを、腹圧性尿失禁という。

4　排泄の介助に伴い、家族は腰痛や睡眠不足などの身体的影響を受けることがある。

5　食事内容の確認は、排泄のコントロールに必要である。

問題 30　次の記述のうち適切なものはどれか。**3つ**選べ。

1　予定より早く目覚め、その後眠れなくなってしまうことを熟眠障害という。

2　唾液には、口腔内の自浄作用がある。

3　誤嚥性肺炎の発症を防ぐには、口腔内の環境を整えることが重要である。

4　本人から訴えがなくとも、義歯が合わないなど口腔に何らかの問題がある場合には、歯科受診を検討する。

5　ヒートショックとは、暑熱環境における身体適応の障害によって起こる病態である。

問題 31　認知症のケアや支援について適切なものはどれか。**3つ**選べ。

1　認知症施策推進大綱では、医療従事者等の認知症対応力向上の促進を図ることとしている。

2　認知症疾患医療センターは、地域の介護関係者等への研修は行わない。

3　認知症ケアパスとは、認知症の人の状態に応じた適切な医療や介護サービスの提供の流れを示すものである。

4　認知症初期集中支援チームは、警察と介護事業者や地域の関係団体が協力して認知症の人を捜索する仕組みである。

5　認知症地域支援推進員は、認知症の人やその家族を支援する相談支援や支援体制を構築するための取組を行う。

問題 32　高齢者の精神疾患について適切なものはどれか。**3つ**選べ。

1　精神症状は定型的でなく、訴えが多彩かつ曖昧なのが特徴である。

2　老年期の抑うつの背景要因としては、社会的役割の喪失などがある。

3　老年期うつ病は、1年後に半数以上が認知症に移行する。

4　アルコール依存症の患者数に占める高齢者の割合は、近年急速に減少している。

5　老年期のアルコール依存症には、若年発症型と老年発症型がある。

問題 33　診察や治療について、より適切なものはどれか。**2つ**選べ。

1　医学的診断のプロセスでは、主訴の前に、家族歴や既往歴の聴取を行う。

2　診察や検査は、患者の身体的負担が小さいものから行うことが原則である。

3　治療は、診断に基づいて行うことが重要である。

4　最も治療効果の高い治療法を常に選択する。

5　介護支援専門員は、医学的な立場から治療法について助言すべきである。

問題 34　高齢者にみられる疾病・病態について適切なものはどれか。**3つ**選べ。

1　誤嚥性肺炎の予防は、嚥下機能のみを維持すればよい。

2　大腿骨頸部骨折は、寝たきりの原因となりやすい。

3　薬の副作用によるふらつきにより、転倒を起こすことがある。

4　排泄物による皮膚の湿潤が加わることで、褥瘡が生じやすくなる。

5　褥瘡ができた直後から約１～２か月の時期を急性期と呼ぶ。

問題 35 栄養に関するアセスメントについて正しいものはどれか。**3つ**選べ。

1 高齢者は、若年者に比べてエネルギー摂取量が少ないことを当然の前提とする。

2 低栄養状態の徴候には、筋肉量の減少、血清たんぱく質の減少などがある。

3 低栄養状態は、フレイルや要介護状態の要因の一つである。

4 認知症高齢者については、異食、盗食などの摂食行動の有無を把握する。

5 高齢者の摂食・嚥下障害は、栄養過多を引き起こすおそれがある。

問題 36 感染予防について、より適切なものはどれか。**3つ**選べ。

1 すべての人が感染症にかかっている可能性があると考え、感染予防に努める。

2 症状のある人だけマスクを着用して感染予防に努めればよい。

3 手洗いでは、指先、指の間、親指、手首を洗い忘れないようにすることが基本となる。

4 マスクや手袋、エプロンやガウンはできるだけ節約し、使い回すように心がける。

5 高齢者は、一般的に感染症に対する抵抗力が低下していることを前提とする。

問題 37　在宅医療管理について正しいものはどれか。**3つ**選べ。

1　在宅中心静脈栄養法は、点滴栄養剤を中心静脈に直接入れる方法である。

2　在宅自己注射は、家族以外の訪問介護員も行うことができる。

3　経鼻胃管は、定期的に交換する必要はない。

4　悪性腫瘍疼痛管理では、身体的側面だけでなく、精神的側面からも考えることが重要である。

5　人工呼吸療法には、侵襲的、非侵襲的に行うものの 2 種類がある。

問題 38　高齢者の病状・病態について適切なものはどれか。**3つ**選べ。

1　喘息や心不全による呼吸困難では、起座呼吸で症状が楽になることが多い。

2　心筋梗塞の症状には、必ず強い胸痛がみられる。

3　脚の骨折で多い部位は、骨幹部（骨の中央）である。

4　寝たきりの高齢者は、吐いたものが気管や肺に入り、誤嚥性肺炎を起こすことがある。

5　急激に浮腫が出現した場合には、心不全の増悪なども考えられる。

問題 39　次の記述のうち適切なものはどれか。**3つ**選べ。

1　眼の疾患により、ふらつきを生じることはない。

2　高齢者では、若年者と異なり、薬の副作用は出ない。

3　骨粗鬆症は、骨折後に診断されることがある。

4　脳卒中は、再発すると後遺症が重くなることがある。

5　糖尿病の薬物療法を受けている患者が食事をとらない場合には、低血糖になる可能性もある。

問題 40　高齢者の臨死期のケアについて、より適切なものはどれか。**3つ**選べ。

1　つじつまの合わないことを言う場合も、それを否定せずに対応する。

2　反応がないように見えても、いつもどおりの声かけをする。

3　息苦しさが楽になるように、常にベッドを平らにする。

4　口腔内の保湿や清潔を保つ。

5　急変時の対応は、そのときに考えればよい。

問題 41　指定訪問看護について正しいものはどれか。**3つ**選べ。

1　高齢者が自立した日常生活を営むことができるよう、その療養生活を支援する。

2　訪問看護事業所には、言語聴覚士を配置することができる。

3　訪問看護では、薬剤の処方も行う。

4　訪問看護事業所は、介護老人保健施設の入所者にも訪問看護を提供できる。

5　訪問看護の提供に当たっては、家族に対しても適切な指導を行う。

問題 42　指定訪問リハビリテーションについて適切なものはどれか。**3つ**選べ。

1　指定訪問介護事業等の従業者に対し、介護の工夫に関する指導を行うことができる。

2　リハビリテーション会議の構成員には、指定居宅サービスの担当者も含まれる。

3　介護報酬上、サービスの提供回数に限度はない。

4　訪問看護ステーションの理学療法士がサービスを提供した場合は、訪問リハビリテーションに分類される。

5　対象者は、通院でのリハビリテーションが困難な利用者である。

問題 43 指定看護小規模多機能型居宅介護について正しいものはどれか。**3つ**選べ。

1　訪問看護及び小規模多機能型居宅介護の組合せによりサービスを提供する。

2　登録者の居宅サービス計画は、居宅介護支援事業所の介護支援専門員が作成する。

3　居宅サービス事業者その他保健医療サービス又は福祉サービスを提供する者との密接な連携に努めなければならない。

4　そのサービスを利用しない日に登録者が通所介護を利用した場合には、通所介護費を算定することができる。

5　利用者に対してターミナルケアを行うことができる。

問題 44 介護老人保健施設について正しいものはどれか。**2つ**選べ。

1　入所者の在宅復帰を目指す。

2　入所者は、要介護者より要支援者が多い。

3　サテライト型小規模介護老人保健施設は、定員 29 人以下である。

4　施設内で提供される保健医療サービスで完結する施設サービス計画を立てる。

5　災害その他のやむを得ない事情がある場合でも、入所定員を超えて入所させてはならない。

問題 45　介護医療院について正しいものはどれか。**2つ**選べ。

1　主として短期的な療養が必要である要介護者を対象とする。

2　その開設に当たっては、医療法に基づく都道府県知事の許可を受けなければならない。

3　2020（令和2）年3月末時点で全国で1,000施設以上ある。

4　ユニットケアを行うユニット型もある。

5　入所者のためのレクリエーション行事を行うよう努める。

問題 46　面接場面におけるコミュニケーション技術について、より適切なものはどれか。**3つ**選べ。

1　「なぜ」で始まる質問は、クライエントの戸惑いが増幅することが多いので、注意が必要である。

2　オープンクエスチョンは、「はい」か「いいえ」で答えることができる質問である。

3　要約とは、クライエントの話をまとめて伝え返すことである。

4　時間の配分、情報のまとめ方など面接場面の構造的な配置に関わる技術は、コミュニケーション技術に含まれる。

5　初回面接では、チェックリストに従って次々と質問し、答えてもらうことが必要である。

問題 47

ソーシャルワークの視点から、支援困難事例への対応として、より適切なものはどれか。**3つ**選べ。

1　支援困難事例は、専門職や関係機関が連携して支援することが望ましい。

2　物が散乱し、異臭がする家屋に住んでいる独居高齢者に対し、まずはごみを片付けることを目的に話をする。

3　近隣住民から「虐待されているかもしれない高齢者がいる」との訴えがあったので、直ちに警察へ通報する。

4　経済的困窮を理由にクライエントがサービスの中止を希望したが、できる限りサービスを継続できるような支援方法を検討する。

5　同居している精神障害がある家族とクライエントとの関係が悪化したため、その家族が障害者福祉などの制度を利用できるよう支援する。

問題 48

ソーシャルワークに関する次の記述のうち、より適切なものはどれか。**3つ**選べ。

1　インテークでは、クライエントの主訴と支援機関の役割が合致するかを確認することが重要である。

2　アセスメントでは、解決する問題、クライエント、取り巻く環境及びそれらの相互関係を確定することが必要である。

3　支援計画では、長期、短期などと期間を分けずに目標を立てることが重要である。

4　支援を終結する際は、終結に伴うクライエントの不安に配慮する必要がある。

5　支援の記録は、スーパービジョンに使用してはならない。

問題 49 ソーシャルワークにおける地域援助技術として、より適切なものはどれか。**3つ**選べ。

1　生活支援コーディネーターによる地域住民に対する支え合い活動の組織化

2　自治体職員による外国人に対する入院費用等の個別相談

3　老人クラブによる子どもに対する昔遊びなどを通じた世代間交流の促進

4　震災被災者に対する支援のためのNPOの組織化

5　社会福祉協議会による視覚障害者団体の会員に対するレクリエーション活動

問題 50 介護保険における訪問介護について正しいものはどれか。**2つ**選べ。

1　嚥下困難な利用者のための流動食の調理は、生活援助として算定できる。

2　利用者とその家族が通院で使用している自家用車の洗車は、生活援助として算定できる。

3　手助け及び見守りをしながら利用者と一緒に行う被服の補修は、身体介護として算定できる。

4　特別な手間をかけて行う正月料理の調理は、年に一度であれば、生活援助として算定できる。

5　専門的な判断や技術が必要でない場合における手足の爪切りは、身体介護として算定できる。

問題 51 介護保険における通所介護について正しいものはどれか。**3つ**選べ。

1 送迎に要する時間は、通所介護費算定の基準となる所要時間には含まれない。

2 通所介護計画は、利用者が作成を希望しない場合には、作成しなくてもよい。

3 利用料以外の料金として、おむつ代の支払いを受けることができる。

4 利用者が当該事業所の設備を利用して宿泊する場合には、延長加算を算定できない。

5 災害等のやむを得ない事情により利用定員を超えてサービスを提供した場合には、所定単位数から減算される。

問題 52 介護保険における訪問入浴介護について正しいものはどれか。**3つ**選べ。

1 訪問入浴介護費は、サービス提供時間によって2つに区分されている。

2 訪問入浴介護事業者は、利用者の選定により提供される特別な浴槽水等に係る費用を、通常の利用料以外の料金として受け取ることができる。

3 利用者の肌に直接触れるタオル等は、個人専用のものを使うなど安全清潔なものを使用する。

4 利用者の身体の状況等に支障を生ずるおそれがない場合には、主治の医師の意見を確認した上で、看護職員に代えて介護職員のみで実施することができる。

5 利用者の心身の状況から全身入浴が困難であって、利用者の希望により清拭のみを実施した場合には、全身入浴と同じ単位数を算定することができる。

問題 53 介護保険における短期入所生活介護について正しいものはどれか。**2つ**選べ。

1　短期入所生活介護計画は、居宅サービス計画を作成した介護支援専門員が作成しなければならない。

2　短期入所生活介護計画は、利用期間にかかわらず作成しなければならない。

3　短期入所生活介護計画の内容については、利用者及びその家族に説明を行えば、利用者の同意を得る必要はない。

4　短期入所生活介護計画の記録は、その完結の日から2年間保存しなければならない。

5　利用者が連続して30日を超えて指定短期入所生活介護を受けている場合には、30日を超える日以降については短期入所生活介護費は算定できない。

問題 54 介護保険における住宅改修について正しいものはどれか。**3つ**選べ。

1　取り付けに際し工事の必要のない、便器を囲んで据え置いて使用する手すりは、住宅改修費の支給対象にはならない。

2　浴室の段差解消に伴う給排水設備工事は、住宅改修費の支給対象にはならない。

3　非水洗和式便器から水洗洋式便器に取り替える場合は、水洗化工事の費用も住宅改修費の支給対象になる。

4　引き戸への取替えにあわせて自動ドアを設置した場合は、自動ドアの動力部分の設置は、住宅改修費の支給対象にはならない。

5　畳敷から板製床材への変更は、住宅改修費の支給対象になる。

問題 55

介護保険における夜間対応型訪問介護について正しいものはどれか。**3つ**選べ。

1 既に居宅サービス計画が作成されている場合でも、夜間対応型訪問介護計画を作成する必要がある。

2 サービスの提供時間については、24時から8時までの間を最低限含む必要がある。

3 オペレーションセンターを設置している場合には、基本夜間対応型訪問介護費に加え、定期巡回サービス及び随時訪問サービスのそれぞれについて1回ごとに介護報酬を算定できる。

4 オペレーターは、定期巡回サービスを行う訪問介護員等に同行し、地域を巡回しながら利用者からの通報に対応することができる。

5 対象者は、一人暮らしの高齢者又は高齢者のみの世帯や中重度の者に限られる。

問題 56

介護保険における認知症対応型通所介護について正しいものはどれか。**2つ**選べ。

1 生活相談員が認知症対応型通所介護計画を作成する。

2 栄養改善サービスを提供することができる。

3 若年性認知症の者は、要介護であっても対象とならない。

4 認知症対応型共同生活介護事業所の居間や食堂を活用して行うのは、併設型指定認知症対応型通所介護である。

5 認知症対応型通所介護計画に位置付けられ、効果的な機能訓練等のサービスが提供できる場合は、事業所の屋外でサービスを提供することができる。

問題 57　指定介護老人福祉施設について正しいものはどれか。**3つ**選べ。

1　介護支援専門員は、入所者の処遇に支障がない場合であっても、他の職務と兼務しない常勤の者でなければならない。

2　管理者は、常勤の者でなければならないが、管理上支障がない場合には、同一敷地内にある他の事業所、施設等の職務に従事することができる。

3　居宅において日常生活を営むことができると認められる入所者に対し、円滑な退所のために必要な援助を行わなければならない。

4　入所者及びその家族から苦情を受け付けた場合でも、その内容等の記録は義務付けられていない。

5　入所者が病院等に入院する際に、おおむね３月以内に退院することが明らかに見込まれる場合には、原則として、退院後再び当該施設に円滑に入所できるようにしなければならない。

問題 58　生活保護制度について正しいものはどれか。**3つ**選べ。

1　生活保護制度は、市町村の責任と裁量の下で行われる。

2　生活保護制度は、生活困窮に陥った原因にかかわらず、無差別平等に受けることができる。

3　医療扶助による医療の給付は、医療保護施設又は生活保護の指定医療機関に委託して行うことができる。

4　介護扶助には、要介護者に対する住宅改修は含まれない。

5　住宅扶助は、原則として、金銭給付で行われる。

問題 59 生活困窮者自立支援法について適切なものはどれか。**3つ**選べ。

1 生活困窮者自立相談支援事業は、親に扶養されている成人の子も支援の対象としている。

2 生活困窮者自立相談支援事業の自立相談支援機関には、弁護士の配置が義務付けられている。

3 都道府県、市及び福祉事務所を設置する町村は、生活困窮者自立相談支援事業を行うものとされている。

4 生活困窮者自立相談支援事業は、社会福祉法人等に委託することはできない。

5 生活困窮者一時生活支援事業は、任意事業である。

問題 60 成年後見制度について正しいものはどれか。**3つ**選べ。

1 親族も成年後見人になることができる。

2 市町村長は、四親等内の親族がいる場合には、後見開始の審判の請求をすることはできない。

3 その理念の一つとして、成年被後見人等の自発的意思の尊重がある。

4 成年後見人は、家庭裁判所の許可を得ずに、成年被後見人の居住用不動産を処分することができる。

5 後見開始の審判は、本人も請求することができる。

試験傾向ポイント
☆ 分析と対策 ☆

■介護支援分野

◎最重要項目は、「要介護認定」と「居宅介護支援（介護予防支援）」

⇒「要介護認定」にかかわる問題は毎回2～4問出題されており、第25回（令和4年度）試験では4問出題されました。「居宅介護支援」も概ね複数問出題されているため、試験に向けて特に人員・運営基準を中心に学習しましょう。

◎毎年出題されている項目は要チェック！

⇒「被保険者」「保険給付」などの毎回出題されている項目は、必ず学習しておきましょう。

◎改正点は出題されやすい！

⇒新しく創設又は改正された項目は、その後の試験で出題されやすい傾向にあります。逆に、現状は変更されていないが、今後、廃止や改正が予定されている項目は出題されにくい傾向にあります。

■保健医療サービスの知識等

◎居宅サービス・介護予防サービス・施設サービスは要チェック！

⇒「訪問看護」「介護老人保健施設」を筆頭に毎回出題されている大切な項目です。各サービスの人員・運営等の基準をしっかりと学習しておきましょう。

◎各種疾患・障害は要チェック!!!

⇒高齢者に起こりやすい疾患や障害に関する問題は、毎回複数問出題されているため、原因・症状・予防方法などを、きちんと整理しておきましょう。

◎近年の試験では、「在宅医療」が頻出！

⇒「在宅医療」に関する問題が、近年は頻出項目であり、毎回複数問出題されています。

■福祉サービスの知識等

◎最重要項目は、「相談面接」

⇒「相談面接」の項目は、毎回複数問出題されている大切な項目です。ここでは、相談援助者の基本姿勢・留意点・コミュニケーション技術などをしっかりと理解しましょう。

◎居宅サービス・介護予防サービス・地域密着型サービスは要チェック！

⇒「訪問介護」や「通所介護」を筆頭に毎回出題されている大切な項目です。各サービスの人員・運営等の基準をしっかりと学習しておきましょう。

◎福祉サービス分野特有の項目は頻出！

⇒福祉サービス分野特有の項目には、「生活保護制度」「高齢者の権利擁護（成年後見制度など）」などがあり、各項目とも例年1問ずつ出題されているため、しっかりと学習しておきましょう。

ケアマネジャー試験

第23回
（令和２年度）

介護支援分野	問題 1 ～問題 25
保健医療サービスの知識等	問題 26 ～問題 45
福祉サービスの知識等	問題 46 ～問題 60

解答・解説 ……………………………… 別冊 p.76
解答一覧 ………………………………… 別冊 p.125

※試験時間：120 分
※ p.175 の解答用紙をコピーしてご利用ください。

第 23 回（令和２年度）合格基準

分　　野	問題数	合格基準
1. 介護支援分野	25 問	13 点
2. 保健医療福祉サービス分野	35 問	22 点

（注）配点は１問１点である。

※3

問題1

2017（平成29）年度末における全国の要介護（要支援）認定者数の状況として正しいものはどれか。**2つ**選べ。

1　要介護（要支援）認定者のうち、約1割が第2号被保険者である。

2　女性の要介護（要支援）認定者数は、男性の認定者数の約2倍である。

3　要介護（要支援）認定者数は、前年度末に比べ、第1号被保険者、第2号被保険者ともに増加している。

4　要介護（要支援）状態区分別でみると、認定者数が最も多いのは、要介護1である。

5　第1号被保険者に占める要介護（要支援）認定者の割合は、25%を超えている。

問題2

要支援者が利用できるサービスとして正しいものはどれか。**3つ**選べ。

1　認知症対応型共同生活介護

2　認知症対応型通所介護

3　看護小規模多機能型居宅介護

4　地域密着型介護老人福祉施設入所者生活介護

5　小規模多機能型居宅介護

問題3　近年の高齢者や介護に関する状況の説明として適切なものはどれか。**3つ**選べ。

1　介護を要する高齢者を高齢者が介護する「老老介護」が増加している。

2　80代の親と50代の子が、ひきこもりなどの困難を抱えつつ社会的に孤立している「8050問題」が顕在化している。

3　育児と介護を同時に行う、いわゆる「ダブルケア」が問題となっている。

4　介護職員の離職率の増加が、「介護離職」として問題となっている。

5　人口の半数以上を55歳以上の者が占める集落を「限界集落」という。

問題4　介護保険制度における都道府県の事務として正しいものはどれか。**2つ**選べ。

1　財政安定化基金の設置

2　地域支援事業支援交付金の交付

3　第2号被保険者負担率の設定

4　介護保険審査会の設置

5　介護給付費等審査委員会の設置

問題 5 2017（平成 29）年の介護保険制度改正について正しいものはどれか。**3つ**選べ。

1　改正の趣旨は、地域包括ケアシステムの強化である。

2　共生型居宅介護支援を創設した。

3　市町村介護保険事業計画に、自立支援、介護予防・重度化防止等への取組を記載することとした。

4　施設サービスとして、介護医療院サービスを追加した。

5　第 1 号被保険者の保険料に総報酬割を導入した。

問題 6 介護保険法第 2 条に示されている保険給付の基本的考え方として正しいものはどれか。**3つ**選べ。

1　要介護状態等の維持又は悪化の予防に資するよう行われる。

2　被保険者の選択に基づく。

3　総合的かつ効率的に提供されるよう配慮して行われなければならない。

4　快適な日常生活を営むことができるように配慮されなければならない。

5　被保険者の要介護状態等に関し、必要な保険給付を行う。

問題 7

介護サービスに係る利用者負担が高額となった場合の取扱いについて正しいものはどれか。**3つ**選べ。

1 高額介護サービス費の負担上限額は、被保険者の家計に与える影響を考慮して、段階的に設定されている。

2 高額介護サービス費の負担上限額を超えた利用料は、常に現物給付となるため、利用者が直接事業者に支払う必要はない。

3 高額介護サービス費は、世帯単位で算定される。

4 施設介護サービス費に係る利用者負担は、高額介護サービス費の対象となる。

5 高額医療合算介護サービス費は、医療保険から支給される。

問題 8

特定入所者介護サービス費の支給について正しいものはどれか。**3つ**選べ。

1 対象となる費用は、食費と居住費（滞在費）である。

2 負担限度額は、所得の状況その他の事情を勘案して設定される。

3 対象となるサービスには、地域密着型介護老人福祉施設入所者生活介護は含まれない。

4 対象となるサービスには、特定施設入居者生活介護は含まれない。

5 対象者には、生活保護受給者は含まれない。

問題 9　定率の利用者負担を市町村が減免する場合として正しいものはどれか。**2つ**選べ。

1　要介護被保険者の要介護度が著しく悪化した場合

2　要介護被保険者の属する世帯が住民税非課税世帯になった場合

3　要介護被保険者が災害により住宅に著しい損害を受けた場合

4　要介護被保険者と同居する家族が心身に重大な障害を受けた場合

5　要介護被保険者の属する世帯の生計維持者の収入が冷害による農作物の不作により著しく減少した場合

問題 10　通所によるサービスについて正しいものはどれか。**3つ**選べ。

1　指定地域密着型通所介護では、機能訓練を行う必要はない。

2　指定介護予防通所リハビリテーションでは、医師等の従業者により介護予防通所リハビリテーション計画の実施状況の把握が行われなければならない。

3　介護予防・日常生活支援総合事業における通所型サービスは、市町村の保健・医療専門職による運動器の機能向上に限定して実施される。

4　共用型指定認知症対応型通所介護は、指定認知症対応型共同生活介護事業所の居間や食堂を活用して行うことが認められている。

5　指定療養通所介護は、難病等を有する重度要介護者又はがん末期の者のうち、常時看護師による観察が必要なものを対象者とする。

問題 11　介護保険料について正しいものはどれか。**2つ**選べ。

1　普通徴収による第１号被保険者の保険料については、その配偶者に連帯納付義務がある。

2　第１号被保険者の保険料に係る特別徴収は、社会保険診療報酬支払基金が行う。

3　国民健康保険に加入する第２号被保険者の保険料は、都道府県が徴収する。

4　所得段階別定額保険料の所得区分は原則として９段階であるが、市町村の条例でさらに細分化することができる。

5　第２号被保険者負担率は、市町村が条例で定める。

問題 12　介護給付及び予防給付に要する費用について正しいものはどれか。**3つ**選べ。

1　国の負担分は、すべての市町村について同率である。

2　費用の総額は、公費と保険料によりそれぞれ50%ずつ賄われる。

3　市町村の一般会計における負担分は、すべての市町村において同率である。

4　第２号被保険者の保険料負担分は、各医療保険者から各市町村に交付される。

5　保険料負担分の総額は、すべての市町村に係る第１号被保険者と第２号被保険者のそれぞれの見込数の総数の割合で按分される。

問題 13 介護保険事業に係る保険給付の円滑な実施を確保するための基本的な指針について正しいものはどれか。**3つ**選べ。

1 地域支援事業の実施に関する基本的事項を定める。

2 都道府県知事が定める。

3 変更に当たっては、市町村長と協議しなければならない。

4 地域における医療及び介護の総合的な確保の促進に関する法律に規定する総合確保方針に即して定める。

5 介護給付等対象サービスを提供する体制の確保に関する基本的事項を定める。

問題 14 地域支援事業の任意事業として正しいものはどれか。**2つ**選べ。

1 地域リハビリテーション活動支援事業

2 家族介護支援事業

3 在宅医療・介護連携推進事業

4 地域ケア会議推進事業

5 介護給付等費用適正化事業

問題 15 介護保険審査会への審査請求が認められるものとして正しいものはどれか。**2つ**選べ。

1 要介護認定に関する処分について不服がある被保険者

2 介護報酬の審査・支払について不服がある介護サービス事業者

3 保険料の滞納処分について不服がある被保険者

4 財政安定化基金拠出金への拠出額について不服がある市町村

5 居宅介護支援事業者から支払われる給与について不服がある介護支援専門員

問題 16 介護保険に関して市町村が有する権限について正しいものはどれか。**3つ**選べ。

1 被保険者の保険料に関し、被保険者の収入について調査する。

2 住宅改修を行う者に対し、文書の提出を求める。

3 介護給付費・地域支援事業支援納付金の算定のために、医療保険者から報告を徴収する。

4 被保険者に対する老齢等年金給付の支給状況について、年金保険者に対し資料の提供を求める。

5 介護サービス情報について、指定居宅サービス事業者を調査する。

問題 17 被保険者の要介護認定を市町村が取り消すことができる場合として正しいものはどれか。**2つ**選べ。

1 正当な理由なしに、介護給付等対象サービスの利用に関する指示に従わないことにより、要介護状態の程度を増進させたとき。

2 要介護者に該当しなくなったと認めるとき。

3 正当な理由なしに、市町村による文書の提出の求めに応じないとき。

4 災害などの特別の事情がある場合を除き、1年間介護保険料を納付しないとき。

5 正当な理由なしに、職権による要介護状態区分の変更認定を行うための市町村による調査に応じないとき。

問題 18 介護認定審査会について正しいものはどれか。**3つ**選べ。

1 審査及び判定の結果を申請者に通知する。

2 委員は、要介護者等の保健、医療又は福祉に関する学識経験を有する者のうちから任命される。

3 要介護認定の有効期間を定める。

4 必要があると認めるときは、主治の医師の意見を聴くことができる。

5 委員は、職務上知り得た秘密を漏らしてはならない。

問題 19

要介護認定に係る主治医意見書について正しいものはどれか。**3つ**選べ。

1 主治医意見書の項目には、社会生活への適応が含まれる。

2 主治医意見書の項目には、認知症の中核症状が含まれる。

3 主治医意見書の項目には、サービス利用による生活機能の維持・改善の見通しが含まれる。

4 介護認定審査会に通知される。

5 要介護認定を受けようとする被保険者は、申請書に添付しなければならない。

問題 20

指定居宅介護支援等の事業の人員及び運営に関する基準第13条の具体的取扱方針のうち介護支援専門員に係るものとして正しいものはどれか。**3つ**選べ。

1 要介護認定を受けている利用者が要支援認定を受けたときは、指定介護予防支援事業者と当該利用者に係る必要な情報を提供する等の連携を図るものとする。

2 被保険者証に認定審査会意見の記載があるときは、利用者の理解を得た上で、その内容に沿って居宅サービス計画を作成しなければならない。

3 継続して居宅サービス計画に福祉用具貸与を位置付けるときは、貸与が必要な理由を記載しなくてもよい。

4 居宅サービス計画に地域ケア会議で定めた回数以上の訪問介護を位置付けるときは、それが必要な理由を居宅サービス計画に記載しなければならない。

5 利用者が通所リハビリテーションの利用を希望しているときは、利用者の同意を得て主治の医師等の意見を求めなければならない。

問題 21　指定居宅介護支援事業者について正しいものはどれか。**3つ**選べ。

1　指定居宅介護支援の提供の開始に際し、複数の指定居宅サービス事業者を必ず紹介しなければならない。

2　指定居宅介護支援の提供の開始に際し、利用者に入院する必要が生じたときは、介護支援専門員の氏名と連絡先を入院先の病院又は診療所に伝えるよう、あらかじめ利用者や家族に求めなければならない。

3　指定居宅介護支援の提供の開始に際し、要介護認定申請が行われていない場合は、利用申込者の意思にかかわらず、速やかに申請が行われるよう援助を行わなければならない。

4　通常の事業の実施地域を勘案し、自ら適切な指定居宅介護支援を提供することが困難なときは、他の指定居宅介護支援事業者を紹介するなど必要な措置を講じなければならない。

5　利用者の選定により通常の事業の実施地域以外の地域で指定居宅介護支援を行うときは、要した交通費の支払を利用者から受けることができる。

問題 22 指定居宅介護支援におけるサービス担当者会議について適切なものはどれか。**3つ**選べ。

1 家庭内暴力がある場合には、必ずしも利用者や家族の参加を求めるものではない。

2 開催の日程調整を行ったが、サービス担当者の事由により参加が得られなかったときは、サービス担当者への照会等により意見を求めることができる。

3 末期の悪性腫瘍の利用者について、日常生活上の障害が1か月以内に出現すると主治の医師が判断した場合には、その助言を得た上で、サービス担当者への照会等により意見を求めることができる。

4 サービス担当者会議の記録は、要介護認定の有効期間に合わせて最長3年間保存しなければならない。

5 要介護更新認定の結果、要介護状態区分に変更がなかった場合には、サービス担当者会議を開催する必要はない。

問題 23 介護予防サービス・支援計画書について適切なものはどれか。**2つ**選べ。

1 「課題に対する目標と具体策の提案」欄には、利用者や家族の意向を踏まえた目標と具体策を記載する。

2 「【本来行うべき支援ができない場合】妥当な支援の実施に向けた方針」は、利用者と家族の考え方の違いが大きい場合には記載しない。

3 「目標とする生活」の「1年」欄には、利用者とともに、生きがいや楽しみを話し合い、今後の生活で達成したい目標を設定する。

4 「期間」は、常に利用者の要支援認定の有効期間と同じ期間にする。

5 「本人等のセルフケアや家族の支援、インフォーマルサービス」欄には、地域のボランティアや近隣住民の協力なども記載する。

問題 24 特別養護老人ホーム入所中のAさん（98歳、女性）は、食事摂取量が激減し、全身衰弱が進行している。発語も困難で、意思疎通も難しい。嘱託医の判断では、Aさんはターミナル期の状態であるとのことであった。Aさん及びその家族の入所時の意思は、「最期まで施設で暮らしたい」とのことであった。この場合の対応として、より適切なものはどれか。**2つ**選べ。

1 看護職員が作成した看取り介護計画があるため、施設サービス計画は作成しない。

2 Aさんと家族の意向は明らかなので、改めて面接をせずに、介護支援専門員が単独でターミナル期の施設サービス計画を作成する。

3 看取りに対する家族の意思を確認するため、介護支援専門員がAさんの家族、嘱託医、生活相談員等との面談の日程調整を行う。

4 Aさんの意思を尊重し、最期まで介護職員が単独で看取りの介護を行った場合は、看取り介護加算を算定できる。

5 終末期の身体症状の変化や介護の状況等を記録し、医師、看護職員、介護職員、介護支援専門員等による情報の共有に努める。

問題 25 Aさん（80歳、女性、要介護2）は、長女（51歳）、長女の夫（50歳）、孫（17歳、女性、高校生）と同居しており、通所介護を週3回利用している。長女及び長女の夫はフルタイムで働いており、平日は孫が介護を担っている。長女から、「最近娘の学校の成績が下がってきたが、介護が負担なのではないか」との相談を受けた。介護支援専門員の対応として、より適切なものはどれか。**3つ**選べ。

1 長女に対し、仕事を辞めて介護や家事に専念すべきであると説得する。

2 家族と介護支援専門員で、家事や介護の家庭内での分担及び介護サービス利用の見直しについて話し合う場を設ける。

3 長女及び長女の夫に勤務先の介護に関する支援制度を確認するよう依頼する。

4 孫のため、直ちにAさんの短期入所生活介護の手配をする。

5 孫の話を傾聴し、必要に応じて若年介護者（ヤングケアラー）としての悩みを持つ者同士の懇談会などに関する情報を提供する。

問題 26 次の記述について、より適切なものはどれか。**3つ**選べ。

1 老年症候群では、高齢期において生活機能の低下がみられる。

2 高齢者では、身体的な衰えや機能障害、慢性疾患の罹患、家族との死別などにより抑うつが高頻度にみられる。

3 高齢者では、エネルギーの消費が多くなるため、食欲が増す。

4 高齢者では、若年者に比べて体内水分貯蔵量が少なく、口渇も感じにくいため、脱水のリスクが高い。

5 内耳から大脳に異常があるために生じる難聴を、伝音性難聴という。

問題 27 次の記述について、より適切なものはどれか。**3 つ**選べ。

1 激しく出血している場合は、出血部位よりも心臓から遠い部位を圧迫して止血する。

2 誤嚥による呼吸困難では、「喉に手を当てる」などの窒息のサインやチアノーゼなどの症状が出現する。

3 洗剤や漂白剤を飲み込んだ場合は、無理に吐かせる。

4 衣服の下をやけどしている場合は、衣服を脱がさずその上から流水を当てる。

5 寝たきりの高齢者に吐き気があるときは、身体を横向きにして、吐物の誤嚥を防ぐ。

問題 28 高齢者にみられる疾病について正しいものはどれか。**3 つ**選べ。

1 変形性関節症は、高齢者に多く発症する。

2 筋萎縮性側索硬化症（ALS）では、筋力低下による運動障害は生じない。

3 高次脳機能障害における失語症には、話そうとするが言葉が出てこないという症状も含まれる。

4 パーキンソン病では、認知障害はみられない。

5 骨粗鬆症は、骨折の大きな危険因子である。

問題 29　次の記述について正しいものはどれか。**3つ**選べ。

1 稽留熱(けいりゅう)では、急激な発熱と解熱を繰り返す。

2 心房細動では、心房の正常な収縮と拡張ができなくなる。

3 飲酒は、起立性低血圧の原因とはならない。

4 ジャパン・コーマ・スケール（JCS）では、数値が大きいほど意識レベルが低い。

5 口すぼめ呼吸で息を吐くと、気管支内の圧力が高くなり、気管支の閉塞を防ぐ。

問題 30　検査について適切なものはどれか。**2つ**選べ。

1 高齢者では膝などの関節が十分に伸びなくなるので、BMI（Body Mass Index）は本来の値より小さくなる。

2 CRP（C反応性たんぱく質）は、体内で炎症が起きているときに低下する。

3 ヘモグロビンA1cの値は、過去6か月間の平均血糖レベルを反映している。

4 腹囲が男性85cm以上、女性90cm以上の場合は、メタボリックシンドロームの診断において腹部型の肥満とされる。

5 24時間心電図（ホルター心電図）検査は、不整脈がある場合や狭心症が疑われる場合に行われる。

問題 31　食事について適切なものはどれか。**3つ**選べ。

1　摂食・嚥下プロセスの口腔期では、視覚、触覚、嗅覚の認知により、無条件反射で唾液が分泌される。

2　摂食・嚥下プロセスの咽頭期では、咽頭に食塊が入ると、気道が閉じられて食道に飲み込まれる。

3　食事の介護のアセスメントでは、摂食動作ができているかを確認する。

4　食事の介護のアセスメントでは、食欲がない場合には、痛み、口腔内の状態、服薬状況などを確認する。

5　医師は、食事の介護のアセスメントに関わる必要はない。

問題 32　褥瘡について適切なものはどれか。**3つ**選べ。

1　褥瘡とは、体外からの圧力による皮下の血流障害により、細胞が壊死してしまう状態をいう。

2　半座位や座位では、肩甲骨部には発生しない。

3　発生要因には、病気や加齢による身体組織の耐久性低下がある。

4　同一部位への長時間にわたる圧力を減少させるためには、体圧分散用具を用いるとよい。

5　指定介護老人福祉施設において、褥瘡マネジメント加算は算定できない。

問題 33 次の記述について、より適切なものはどれか。**3つ**選べ。

1 高齢者では、特に疾患がなくても、気道の閉じるタイミングが遅れることで誤嚥が生じやすくなる。

2 歯のかみ合わせは、咀嚼だけでなく、嚥下にも影響する。

3 唾液腺を刺激しても、唾液は分泌されない。

4 食物残渣は、口臭の原因となる。

5 摂食・嚥下リハビリテーションは、医師のみで行う。

問題 34 認知症のケアや支援について適切なものはどれか。**3つ**選べ。

1 認知症初期集中支援チームは、都道府県が配置する。

2 認知症カフェは、認知症初期集中支援チームが運営することとされている。

3 認知症初期集中支援チームの対象者は、原則として、40歳以上で、在宅で生活しており、かつ認知症が疑われる人又は認知症の人である。

4 パーソン・センタード・ケアは、認知症を持つ人を一人の「人」として尊重し、その人の立場に立って考え、ケアを行おうとする認知症ケアの1つの考え方である。

5 認知症施策推進大綱では、認知症の人本人からの発信支援を推進するよう明記されている。

問題 35 老年期の精神障害について適切なものはどれか。**3 つ**選べ。

1 老年期うつ病では、心気的な訴えは少ない。

2 老年期うつ病では、気分の落ち込みよりも、不安、緊張、焦燥が目立つ。

3 老年期の統合失調症の症状の再発は、配偶者や近親者の死が要因となることがある。

4 老年期のアルコール依存症は、認知症を合併することはない。

5 遅発パラフレニーは、老年期の妄想性障害の代表的な疾患とされている。

問題 36 次の記述について正しいものはどれか。**2 つ**選べ。

1 患者が医師から説明をきちんと受けた上で同意することをインフォームド・コンセントという。

2 医師個人の経験だけに頼るのではなく、科学的な根拠に基づいた医療をナラティブ・ベースド・メディスン（Narrative Based Medicine：NBM）という。

3 個々の人間の感じ方や考え方に耳を傾けて自己決定を促す医療をエビデンス・ベースド・メディスン（Evidence Based Medicine：EBM）という。

4 予後とは、疾患が今後たどり得る経過のことをいう。

5 疾患の予後に関する情報は、高齢者本人にのみ説明する必要がある。

問題 37 通所リハビリテーション又は介護予防通所リハビリテーションについて正しいものはどれか。**3 つ**選べ。

1 通所リハビリテーションに係る単位数は、事業所の規模とは無関係に設定されている。

2 リハビリテーション会議は、利用者及びその家族の参加が基本とされている。

3 通所リハビリテーション計画に位置付けられていなくても、事業所の屋外で指定通所リハビリテーションのサービスを提供することができる。

4 介護予防通所リハビリテーションにおいて、利用者の居宅と指定介護予防通所リハビリテーション事業所との間の送迎を実施しない場合であっても、利用者の同意があれば、基本報酬を算定できる。

5 指定通所リハビリテーション事業所の管理者は、専ら指定通所リハビリテーションの提供に当たる看護師に管理の代行をさせることができる。

◆3、5

問題 38 次の記述について正しいものはどれか。**2 つ**選べ。

1 栄養素の摂取不足によって、メタボリックシンドロームが引き起こされる。

2 摂食・嚥下機能に合わない食事形態での食事の提供は、誤嚥や窒息を招くことがある。

3 介護保険の短期入所療養介護では、栄養マネジメント加算が算定できる。

4 経口維持加算は、現に経管により食事を摂取している者も対象となる。

5 介護保険の施設サービスにおける栄養マネジメント加算は、管理栄養士が継続的に入所者ごとに栄養管理をした場合に算定できる。

問題 39　感染症の予防について適切なものはどれか。**3つ**選べ。

1　標準予防策（スタンダード・プリコーション）とは、感染症の有無にかかわらず、すべての人に実施する感染予防対策である。

2　感染症を予防するためには、感染源の排除、感染経路の遮断、宿主の抵抗力の向上が重要である。

3　手袋を使用すれば、使用後の手指衛生は必要ない。

4　インフルエンザの主な感染経路は、飛沫感染である。

5　肺炎球菌ワクチンを接種すれば、すべての肺炎を予防できる。

問題 40　在宅医療管理について正しいものはどれか。**3つ**選べ。

1　在宅中心静脈栄養法は、医療処置として栄養を補う方法である。

2　在宅中心静脈栄養法では、長期にカテーテルが体内にあるが、細菌感染を引き起こすことはない。

3　ストーマには、消化管ストーマと尿路ストーマがある。

4　腹膜透析の管理について、利用者や家族が在宅で処置を行うことは禁止されている。

5　在宅酸素療法では、携帯用酸素ボンベを使用して外出することができる。

問題 41 ターミナルケアに関する次の記述のうち、より適切なものはどれか。**3つ**選べ。

1 本人の人生観や生命観などの情報は、関係者で共有すべきではない。

2 リビングウィルとは、本人の意思が明確なうちに、医療やケアに関する選択を本人が表明しておくことをいう。

3 重度の認知機能障害などを有する利用者の場合に、家族に加えて複数の医療・介護専門職が集まって方針を決める方法をコンセンサス・ベースド・アプローチという。

4 医学的観点だけに基づく診療方針の決定では、本人の意向に反する結果となるおそれがある。

5 介護保険の特定施設では、ターミナルケアは提供できない。

問題 42 訪問看護について正しいものはどれか。**3つ**選べ。

1 特別訪問看護指示書があるときは、7日間に限り、医療保険による訪問看護を提供することができる。

2 訪問看護事業を行う事業所は、指定訪問看護ステーションに限られる。

3 指定訪問看護事業者は、主治の医師に訪問看護計画書及び訪問看護報告書を提出しなければならない。

4 訪問看護の根拠法には、高齢者の医療の確保に関する法律も含まれる。

5 利用者が短期入所療養介護を利用している場合には、訪問看護費は算定できない。

問題 43 指定看護小規模多機能型居宅介護について正しいものはどれか。**3つ**選べ。

1 事業所の登録定員は、29 人以下である。

2 事業者は、看護サービスを提供する場合は、1 人の利用者について複数の医師から指示を受けなければならない。

3 事業所の管理者は、必ずしも保健師又は看護師でなくてもよい。

4 その利用者については、訪問介護費を算定することができない。

5 事業所には、介護支援専門員を配置する必要はない。

問題 44 介護老人保健施設について正しいものはどれか。**2つ**選べ。

1 要介護者であって、主として長期にわたり療養が必要である者に対してサービスを行う施設と定義されている。

2 従来型の多床室に係る介護報酬は、在宅強化型と基本型の 2 類型だけである。

3 人員に関する基準には、医療分野から介護分野まで幅広い職種が含まれている。

4 利用者の平均要介護度は、介護老人福祉施設の入所者のそれより低い。

5 終末期にある利用者は、皆無である。

問題 45 介護医療院について正しいものはどれか。**3 つ**選べ。

1 要介護者であって、主としてその心身の機能の維持回復を図り、居宅における生活を営むことができるようにするための支援が必要な者に対してサービスを行う施設と定義されている。

2 入所対象者には、身体合併症を有する認知症高齢者も含まれる。

3 介護医療院の創設により、介護療養型医療施設は 2018（平成 30）年 4 月にすべて廃止された。

4 定員 100 人のⅡ型療養床の場合には、常勤換算で 1 人の医師の配置が必要である。

5 入所者 1 人当たりの療養室の床面積は、8m² 以上とされている。

問題 46 面接場面におけるコミュニケーション技術について、より適切なものはどれか。**2 つ**選べ。

1 オープンクエスチョンとは、チェックリストに従って質問していくことである。

2 クローズドクエスチョンは、面接を一方通行にしないために有効である。

3 観察は、非言語的なメッセージを感知することを含む。

4 面接を効果的に実施するためには、面接の焦点を的確に定めることが重要である。

5 明確化とは、クライエントの言葉をそのまま反射することである。

問題 47

ソーシャルワークの視点から、支援困難な高齢者に関する記述として、より適切なものはどれか。**3つ**選べ。

1 近隣住民からの「一人暮らしの高齢者宅から異臭がする」との訴えに対し、まずその高齢者に施設への入所を勧める。

2 支援を拒否している高齢者には、信頼できる人を探し、支援につなげることが有効である。

3 アウトリーチによる対応には、支援のためのネットワークの構築が含まれる。

4 高齢者が不平・不満を何度も訴えるため、担当の介護支援専門員が地域包括支援センターにスーパービジョンを依頼する。

5 セルフ・ネグレクトには、親族による介護放棄が含まれる。

問題 48

ソーシャルワークに関する次の記述のうち、より適切なものはどれか。**2つ**選べ。

1 インテーク面接で得られた情報が少ない場合には、それを記録する必要はない。

2 クライエントの主訴のとおりに援助計画を立てることが、重要である。

3 モニタリングとは、援助計画の進捗を定期的、継続的に観察して評価することである。

4 多職種連携の際は、誰もが支援できるように、それぞれの役割を曖昧にすることが重要である。

5 クライエントとソーシャルワーカーとの契約とは、両者の間で焦点となる問題や目標を明らかにして、援助に関する合意をすることである。

問題 49 ソーシャルワークにおける集団援助として、より適切なものはどれか。**2つ**選べ。

1 地域包括支援センターの社会福祉士による一人暮らしの高齢者を集めた生きがいづくりのためのプログラム活動

2 医療機関における医療ソーシャルワーカーによる入院中のクライエントへの相談支援

3 社会福祉協議会の職員と民生委員による「福祉マップ」の作成

4 精神科クリニックで行われるアルコール依存症患者の家族を対象とした交流活動

5 NPO 法人のスタッフと地域住民による高齢者の見守り活動

問題 50 介護保険における短期入所生活介護について正しいものはどれか。**2つ**選べ。

1 利用者 20 人未満の併設事業所の場合には、管理者は常勤でなくてもよい。

2 利用者 20 人未満の併設事業所の場合でも、生活相談員は常勤でなければならない。

3 利用者 20 人未満の併設事業所の場合でも、機能訓練指導員は他の職務と兼務することはできない。

4 利用者 40 人以下の事業所の場合には、他の施設の栄養士との連携があり、利用者の処遇に支障がなければ、栄養士は配置しなくてもよい。

5 食事の提供と機能訓練に支障のない広さを確保できる場合には、食堂と機能訓練室は同一の場所とすることができる。

問題 51

介護保険における福祉用具貸与の対象となるものとして正しいものはどれか。**2つ**選べ。

1　エアマットレスなどの床ずれ防止用具

2　移動用リフトのつり具の部分

3　入浴用介助ベルト

4　浴槽内いす

5　特殊寝台からの起き上がりや移乗の際に用いる介助用ベルト

問題 52

介護保険における訪問介護について正しいものはどれか。**3つ**選べ。

1　指定訪問介護事業所の管理者については、特段の資格は不要である。

2　サービス提供責任者は、介護福祉士でなければならない。

3　介護支援専門員は、一定回数以上の生活援助中心型の訪問介護を居宅サービス計画に位置付ける場合には、その居宅サービス計画を市町村に届け出なければならない。

4　利用者が保険給付の範囲外のサービス利用を希望した場合には、訪問介護員は、居宅介護支援事業者又は市町村に連絡するものとする。

5　指定訪問介護事業者は、利用申込者の要介護度が重いことを理由として、サービスの提供を拒むことができる。

問題 53 介護保険における通所介護について正しいものはどれか。**2つ**選べ。

1　通所介護費は、事業所の規模によって２つに分けて設定されている。

2　通所介護費は、サービスの所要時間によって３つに分けて設定されている。

3　サービスの所要時間が同じ区分の利用者については、サービス提供開始時刻を同じにしなければならない。

4　送迎時に実施した居宅内での介助は、1日30分以内を限度に、通所介護を行うのに要する時間に含めることができる。

5　通常の事業の実施地域以外に住む利用者の送迎にかかる費用は、利用料以外の料金として支払いを受けることができる。

問題 54 介護保険における訪問入浴介護について正しいものはどれか。**3つ**選べ。

1　利用者宅に浴室があっても、訪問入浴介護を提供することができる。

2　利用者が訪問入浴介護事業者と同一の建物に居住する場合でも、訪問入浴介護を提供することができる。

3　利用者が短期入所生活介護を利用している間は、訪問入浴介護費は算定しない。

4　訪問入浴介護は、事業所数が少ないため、通常の事業の実施地域を定めなくてもよい。

5　サービスの提供の責任者は、専らその職務に従事する常勤のものとする。

問題 55

介護保険における小規模多機能型居宅介護について正しいものはどれか。**2 つ**選べ。

1 小規模多機能型居宅介護は、宿泊を中心として、利用者の様態や希望に応じて、随時訪問や通いを組み合わせてサービスを提供するものである。

2 従業者は、介護福祉士又は訪問介護員でなければならない。

3 小規模多機能型居宅介護の本体事業所とサテライト事業所の距離は、自動車等でおおむね 20 分以内の近距離でなければならない。

4 利用者は、複数の小規模多機能型居宅介護事業所への登録を希望しても、1 つの事業所にしか登録できない。

5 運営推進会議は、当該事業所を指定する市町村が設置する。

問題 56

介護保険における認知症対応型共同生活介護について正しいものはどれか。**2 つ**選べ。

1 事業所の立地場所については、園芸や農作業を行いやすい自然の豊かな場所でなくてはならない。

2 1 つの共同生活住居の入居定員は、5 人以上 9 人以下である。

3 複数の共同生活住居がある事業所の場合には、認知症対応型共同生活介護計画の作成担当者のうち 1 人は、介護支援専門員でなくてはならない。

4 認知症対応型共同生活介護計画を作成した期間についても、居宅サービス計画を作成しなければならない。

5 認知症対応型共同生活介護事業者は、提供するサービスの質について、定期的に外部評価を受けていれば、自己評価を行う必要はない。

問題 57 指定介護老人福祉施設について正しいものはどれか。**3つ**選べ。

1 身体的拘束等の適正化のための指針を整備している場合には、その対策を検討する委員会は開催しなくてもよい。

2 入所者が居宅での生活を営むことができるかどうかについて、生活相談員、介護職員、看護職員、介護支援専門員等の従業者間で協議しなくてはならない。

3 施設サービスを受ける必要性が高いと認められる入所申込者を優先的に入所させるよう努めなければならない。

4 夜間には、常勤の介護職員が介護に従事しなくてもよい。

5 サービス提供上必要と認められる場合であれば、1の居室の定員を2人にすることができる。

問題 58 生活保護制度について正しいものはどれか。**3つ**選べ。

1 すべての被保護者に対する要介護認定は、介護扶助の必要性を判断するため、生活保護制度で独自に行う。

2 生活に困窮する外国人は、生活保護の取扱いに準じて必要な保護を受けることができる。

3 居宅介護支援事業所が生活保護受給者に対して居宅介護支援を行う場合には、介護保険法の指定のほかに、生活保護法による指定を受ける必要がある。

4 葬祭扶助は、原則として、現物給付である。

5 福祉事務所で生活保護を担当する査察指導員と現業員は、社会福祉主事でなければならない。

問題 59 成年後見制度について正しいものはどれか。**3つ**選べ。

1 本人以外の者の請求により補助開始の審判をするには、本人の同意が必要である。

2 後見開始の申立は、本人の所在地を管轄する地方裁判所に行う。

3 市町村は、当該市町村における成年後見制度の利用の促進に関する施策についての基本的な計画を定めるよう努めることとされている。

4 後見開始の審判は、事実上婚姻関係と同様の事情にある者も請求することができる。

5 任意後見人の配偶者、直系血族及び兄弟姉妹は、任意後見監督人となることができない。

問題 60 高齢者虐待の防止、高齢者の養護者に対する支援等に関する法律について正しいものはどれか。**2 つ**選べ。

1　養護者による高齢者を衰弱させるような著しい減食は、高齢者虐待に当たる。

2　市町村又は市町村長は、虐待の通報又は届出があった場合には、高齢者を一時的に保護するために老人短期入所施設等に入所させることができる。

3　養介護施設には、地域包括支援センターは含まれない。

4　養護者による高齢者虐待により高齢者の生命又は身体に重大な危険が生じているおそれがあると認める場合であっても、市町村の職員は、警察の許可なく高齢者の居所に立ち入ることはできない。

5　都道府県は、養護者の負担軽減のため、養護者の相談、指導及び助言その他の必要な措置を講じなければならない。

MEMO

ケアマネジャー試験

第22回 再試験

（令和元年度）

介護支援分野	問題 1 ～問題 25
保健医療サービスの知識等	問題 26 ～問題 45
福祉サービスの知識等	問題 46 ～問題 60

解答・解説 ……………………………… 別冊 p.97
解答一覧 ………………………………… 別冊 p.126

※試験時間：120 分
※ p.175 の解答用紙をコピーしてご利用ください。

第 22 回 再試験（令和元年度）合格基準

分　　野	問題数	合格基準
1. 介護支援分野	25 問	16 点
2. 保健医療福祉サービス分野	35 問	25 点

（注）配点は 1 問 1 点である。

※当再試験は、令和元年 10 月 13 日に実施された試験に申し込みをしていた者のうち、台風 19 号の接近等の理由により、受験が出来なかった者等に限定して実施された試験である。

問題 1　介護保険制度について正しいものはどれか。**2つ**選べ。

1　被保険者期間により、保険給付の種類に違いがある。

2　保険者は、市町村である。

3　給付率は、被保険者個人の保険料の納付状況にかかわらず、常に一定である。

4　公費負担はない。

5　法定代理受領方式で現物給付化される保険給付がある。

問題 2　介護保険法第 1 条（目的）又は第 2 条（介護保険）に規定されている文言はどれか。**3つ**選べ。

1　自立した日常生活

2　国民の共同連帯

3　利用者主体

4　医療との連携

5　介護の社会化

問題 3 介護保険法に定める医療保険者又は年金保険者の責務又は事務について正しいものはどれか。**2つ**選べ。

1 医療保険者が、介護給付費・地域支援事業支援納付金を納付すること

2 医療保険者が、特定疾病の基準を定めるための助言を行うこと

3 医療保険者が、介護保険事業が健全かつ円滑に行われるよう協力すること

4 年金保険者が、第2号被保険者の保険料の特別徴収を行うこと

5 年金保険者が、介護保険事業に要する費用の一部を補助すること

問題 4 介護保険制度における保険事故として正しいものはどれか。**3つ**選べ。

1 40歳の人が、重いうつ病となり、家事が困難な状態になった。

2 50歳の人が、業務上の事故により、常時臥床の状態になった。

3 60歳の人が、末期のがんと診断され、食事や排泄に介護を要する状態になった。

4 65歳の人が、交通事故で両下肢麻痺となり、移動に介護を要する状態になった。

5 70歳の人が、転倒により腰椎を骨折して、入浴などに介護を要する状態になった。

問題 5 介護保険制度における住所地特例の適用があるものはどれか。**3 つ**選べ。

1　養護老人ホーム

2　介護医療院

3　認知症対応型共同生活介護

4　地域密着型介護老人福祉施設

5　有料老人ホーム

問題 6 介護保険の被保険者資格について正しいものはどれか。**2 つ**選べ。

1　65 歳の誕生日に第 1 号被保険者となる。

2　医療保険に加入している生活保護受給者は、第 2 号被保険者とはならない。

3　海外に長期滞在しており、日本に住民票がない日本国籍を持つ 70 歳の者は、第 1 号被保険者とはならない。

4　医療保険に加入していない 70 歳の者は、第 1 号被保険者となる。

5　刑事施設に拘禁されている者は、被保険者とはならない。

問題 7

介護保険法において現物給付化されている保険給付として正しいものはどれか。**2 つ**選べ。

1　居宅介護福祉用具購入費の支給

2　施設介護サービス費の支給

3　居宅介護住宅改修費の支給

4　特定入所者介護サービス費の支給

5　高額介護サービス費の支給

問題 8

指定介護予防支援事業者について正しいものはどれか。**3 つ**選べ。

1　運営等の基準に違反する場合の勧告に従わないときは、市町村長は、その旨を公表することができる。

2　管理者は、非常勤でもよい。

3　事業所ごとに介護支援専門員を有しなければならない。

4　介護予防サービス計画には、地域住民による自発的な活動によるサービス等の利用を位置付けるよう努めなければならない。

5　指定介護予防支援の一部を委託する場合には、地域包括支援センター運営協議会の議を経なければならない。

問題 9　指定介護老人福祉施設について正しいものはどれか。**3つ**選べ。

1　入所定員は、20 人以上である。

2　市町村や社会福祉法人は、設置することができる。

3　施設サービス計画に基づき介護福祉施設サービスを行う。

4　都道府県の条例で定める員数の介護支援専門員を有しなければならない。

5　管理者は、原則として医師でなければならない。

問題 10　都道府県介護保険事業支援計画で定める事項として、介護保険法上明記されているものはどれか。**3つ**選べ。

1　介護サービス情報の公表に関する事項

2　地域支援事業の量の見込み

3　認知症対応型共同生活介護の必要利用定員総数の見込み

4　介護保険施設の種類ごとの必要入所定員総数の見込み

5　介護専用型特定施設入居者生活介護の必要利用定員総数の見込み

問題 11　介護保険財政について正しいものはどれか。**2つ**選べ。

1　第1号被保険者の保険料率は、年度ごとに算定する。

2　介護保険事業の事務費は、被保険者の保険料によって賄われなければならない。

3　市町村特別給付に要する費用には、第2号被保険者の保険料も充当される。

4　市町村は、給付費増大により介護保険財政に不足が見込まれる場合には、財政安定化基金から貸付を受けることができる。

5　調整交付金は、各市町村の第1号被保険者の所得の分布状況等を考慮して、交付される。

問題 12　介護保険の保険料について正しいものはどれか。**2つ**選べ。

1　第1号被保険者と第2号被保険者の一人当たりの平均保険料を同じ水準とする考え方がとられている。

2　第1号被保険者の保険料は、所得段階別の定額保険料となっている。

3　第1号被保険者に係る保険料率は、市町村格差が生じないよう都道府県の承認を必要とする。

4　第2号被保険者の保険料については、医療保険の種類にかかわらず、事業主負担がある。

5　生活保護の実施機関は、被保護者に代わり、その保険料を直接市町村に支払うことはできない。

問題 13 地域支援事業について正しいものはどれか。**3つ**選べ。

1 介護予防・生活支援サービス事業には、生活支援体制整備事業が含まれる。

2 介護予防・日常生活支援総合事業の財源には、第2号被保険者の保険料が含まれる。

3 包括的支援事業は、公益法人以外には委託できない。

4 一般介護予防事業には、地域リハビリテーション活動支援事業が含まれる。

5 一般介護予防事業には、介護予防に関するボランティア等の人材の育成が含まれる。

問題 14 介護保険法の審査請求について正しいものはどれか。**2つ**選べ。

1 介護保険審査会が指名する委員で構成する合議体で審査を行う。

2 保険給付に関する処分又は保険料その他介護保険法の規定による徴収金に関する処分は、審査請求の対象となる。

3 介護保険審査会は、都道府県知事の指揮監督の下で裁決を行う。

4 介護保険審査会の専門調査員は、介護支援専門員のうちから任命される。

5 居宅介護支援の契約解除は、審査請求の対象となる。

問題 15

介護サービス情報の公表制度について正しいものはどれか。**3つ**選べ。

1 国民健康保険団体連合会は、報告された内容が事実かどうかを調査しなければならない。

2 介護サービス事業者のうち、指定地域密着型サービス事業者は、介護サービス情報を市町村長に報告しなければならない。

3 都道府県知事は、介護サービス事業者が相談・苦情等の対応のために講じている措置を公表しなければならない。

4 都道府県知事は、介護サービス事業者が介護サービスの質の確保のために総合的に講じている措置を公表しなければならない。

5 都道府県知事は、介護サービス事業者が利用者の権利擁護等のために講じている措置を公表しなければならない。

問題 16

介護保険法第７条に規定する要介護者又は要支援者の定義について正しいものはどれか。**3つ**選べ。

1 要介護者のうち第１号被保険者については、要介護状態の原因を問わない。

2 要介護状態に該当するためには、常時介護を要する状態が６月前から継続している必要がある。

3 要支援状態に該当するためには、常時介護を要する状態の軽減又は悪化の防止に資する支援を要する状態が６月前から継続している必要がある。

4 要介護者のうち第２号被保険者については、要介護状態が政令で定める疾病によって生じたものに限られる。

5 要支援者のうち第２号被保険者については、要支援状態が政令で定める疾病によって生じたものに限られる。

問題 17

要介護認定の認定調査票（基本調査）について正しいものはどれか。**2つ**選べ。

1 点滴の管理は、含まれない。

2 徘徊は、含まれない。

3 買い物は、含まれる。

4 外出頻度は、含まれる。

5 身体障害者障害程度等級は、含まれる。

問題 18

介護認定審査会について正しいものはどれか。**3つ**選べ。

1 原則として、保険者である市町村の職員は委員となることができない。

2 委員の定数は、被保険者数に応じて都道府県が定める。

3 委員は、市町村長が任命する。

4 複数の市町村で共同設置することはできない。

5 必要に応じて、審査対象者の家族の意見を聞くことができる。

問題 19 介護保険の保険料について正しいものはどれか。**3つ**選べ。

1 保険料の先取特権は、地方税に優先する。

2 保険料を徴収する権利の消滅時効は、2年である。

3 保険料を2年以上滞納した場合には、被保険者の資格を喪失する。

4 市町村は、保険料に関して必要があると認めるときは、被保険者に文書の提出を命じることができる。

5 保険料の督促は、時効中断の効力を生ずる。

問題 20 介護予防サービス計画の作成について正しいものはどれか。**3つ**選べ。

1 指定介護予防支援事業者の管理者が、自ら作成しなければならない。

2 「利用者が目標とする生活」を記載しなければならない。

3 「専門的観点からの目標と具体策」を記載しなければならない。

4 アセスメントには、「運動及び移動」の状況の把握は含まない。

5 アセスメントには、「家庭生活を含む日常生活」の状況の把握を含む。

問題 21 施設サービス計画の課題分析について、より適切なものはどれか。**2つ**選べ。

1 課題分析標準項目には、介護力に関する項目は含まれる。

2 課題分析標準項目には、認知に関する項目は含まれない。

3 課題分析標準項目には、認定情報に関する項目は含まれない。

4 課題分析標準項目ごとに、各専門職が分担して行う。

5 課題分析標準項目を具備した施設独自のアセスメント表を、使用することができる。

問題 22 指定居宅介護支援にかかるモニタリングについて、より適切なものはどれか。**3つ**選べ。

1 居宅サービス計画の実施状況の把握（利用者についての継続的なアセスメントを含む。）

2 居宅サービス計画作成時における個別サービス計画との整合性の点検

3 目標の達成度の確認

4 利用者の解決すべき課題の変化の確認

5 サービス事業者の第三者評価の内容の確認

問題 23

指定居宅介護支援等の事業の人員及び運営に関する基準第 13 条の具体的取扱方針に示されている内容として正しいものはどれか。**3 つ**選べ。

1 利用者が訪問看護等の医療サービスの利用を希望する場合には、利用者の同意を得て主治の医師等の意見を求めなければならない。

2 アセスメントに当たっては、利用者の居宅を訪問し、利用者及びその家族に面接して行わなければならない。

3 利用者が希望しない場合には、サービス担当者会議を開催しなくてもよい。

4 住民による自発的な活動によるサービス等の利用も居宅サービス計画上に位置付けるよう努めなければならない。

5 少なくとも 3 月に 1 回、モニタリングを行わなければならない。

問題 24

左片麻痺のある **A** さん（80 歳女性、要介護 2、現在介護サービスの利用なし）は、夫の **B** さん（85 歳）と二人で暮らしている。**B** さんから相談を受けた民生委員が、遠方に住んでいる長女に、「**B** さんが、最近、入浴させるのがつらくなったと言っている」と連絡した。そこで、長女は、実家の近くの居宅介護支援事業所に介護支援専門員の訪問を依頼した。この時点での介護支援専門員の対応について、より適切なものはどれか。**2 つ**選べ。

1 すぐにサービスが利用できるように、訪問入浴サービス事業者を同行させる。

2 **A** さんや **B** さんから、暮らし全般に関する状況を聴き取る。

3 **B** さんに対して、自宅での介護に意欲を持てるように助言する。

4 **A** さんと **B** さんの了承を得て、民生委員に、これまでの見守りや働きかけの状況を確認する。

5 長女に、家族による情緒的支援のために実家への訪問を増やすよう求める。

問題 25

会社員の長女と２人で暮らしている**A**さん（80 歳、女性）は、最近、買物に出て家に帰れなくなることがあり、アルツハイマー型認知症と診断された。要介護１の認定を受けた数日後、親子で居宅介護支援事業所を訪れ、介護支援専門員に相談した。このときの介護支援専門員の対応について、より適切なものはどれか。**2つ**選べ。

1　介護サービスを多く利用できるよう、区分変更申請を提案する。

2　長女の仕事を減らして、日中一緒に過ごす時間を増やすよう提案する。

3　**A**さん親子がこれからどのような生活を望んでいるかを聴き取る。

4　**A**さんの買物時の道順を自分と一緒にたどり、地域の社会資源を確認することを提案する。

5　地域の介護保険サービス事業所の一覧を渡して、長女から事業所に直接連絡してもらうことにする。

問題 26

高齢者に多い症状・疾患について正しいものはどれか。**3つ**選べ。

1　加齢黄斑変性では、進行すると視力が失われる恐れがある。

2　高齢者のめまいは、内耳の障害のほか、血圧のコントロール不良、脳腫瘍などが原因となることがある。

3　高齢者の難聴では、感音性難聴が多い。

4　心房細動では、心内で形成された血栓による脳梗塞は発症しない。

5　服用する薬剤数が多くても、副作用のリスクは増大しない。

問題 27　高齢者のてんかんについて、より適切なものはどれか。**2つ**選べ。

1　初回発作後の再発率は、低い。

2　発作の間は、誤嚥を予防するための対応をする。

3　意識障害、しびれ、発汗、けいれんなど多様な症状を呈する。

4　最も多い原因は、脳腫瘍である。

5　治療は、放射線療法により行う。

問題 28　認知症について適切なものはどれか。**2つ**選べ。

1　中核症状には、記憶障害、見当識障害などがある。

2　BPSD（認知症の行動・心理症状）の悪化要因として最も多いのは、家族の不適切な対応である。

3　認知症患者の精神科病院への措置入院は、精神保健指定医ではない主治の医師による診断のみでも、緊急時においては可能である。

4　若年性認知症患者が入院による精神医療を必要とする場合には、自立支援医療の対象となる。

5　認知症初期集中支援チームは、認知症が疑われる人や認知症の人及びその家族を複数の専門職が訪問し、アセスメント、家族支援などの初期の支援を包括的、集中的に行う。

問題 29 皮膚疾患について、より適切なものはどれか。**2つ**選べ。

1 薬疹は、長期間服用している薬剤により生じることはない。

2 寝たきりで関節拘縮のある場合には、特定の部位に圧力が集中して褥瘡が生じやすいので、体圧分散寝具を使用するのがよい。

3 皮脂欠乏症では、患部を清潔に保つことが悪化予防になることから、ナイロンタオルを使ってよく洗う。

4 白癬は家族内で感染することはまれであるため、爪切りやスリッパなどは共用しても差し支えない。

5 脂漏性湿疹では、患部を清潔に保つほか、抗真菌薬などを使用する。

問題 30 次の記述について適切なものはどれか。**3つ**選べ。

1 喫煙は、脂質異常症、高血圧症とともに虚血性心疾患のリスクファクターである。

2 健康日本 21（第二次）では、健康寿命の延伸だけでなく、健康格差の縮小も目標に掲げている。

3 老年期うつ病では、対人関係で攻撃性が増すため、自死を図ることは稀である。

4 老年発症型のアルコール依存症では、家族歴や遺伝的要因を有することが多い。

5 老年期のアルコール依存症では、離脱症状が遷延しやすい。

問題 31　検査について、より適切なものはどれか。**3つ**選べ。

1　ヘモグロビン A1c の値は、過去 1 ～ 2 か月の血糖レベルを反映している。

2　大動脈疾患や進行した動脈硬化の場合は、左右の上肢で血圧に差がみられることがある。

3　ノロウイルス感染症では、下痢などの症状がなくなれば、感染力もなくなる。

4　CRP（C 反応性たんぱく質）は、感染症以外に、悪性腫瘍や膠原病でも高値になる。

5　24 時間心電図（ホルター心電図）検査は、医療者による継続的な観察が必要なため、入院して実施しなければならない。

問題 32　薬剤に関する次の記述について適切なものはどれか。**3つ**選べ。

1　パーキンソン病の治療薬であるドーパミン製剤は、服用を突然中止すると、高熱、意識障害、著しい筋固縮などを呈する悪性症候群を生じる恐れがある。

2　高齢者は腎機能が低下しているため、薬の副作用が減弱することが多い。

3　胃ろうから薬剤を注入する際には、それぞれの薬剤について、錠剤を粉砕したり、微温湯で溶解させたりしてよいか、確認する必要がある。

4　口腔内で溶ける OD（Oral Disintegrant）錠は、口腔粘膜からそのまま吸収される薬剤である。

5　症状が消失すると内服を自己判断でやめてしまう場合があるため、内服状況を確認する必要がある。

問題 33　次の記述について正しいものはどれか。**2つ**選べ。

1　胃ろうがある場合には、原則として、入浴は禁止されている。

2　終末期においては、嚥下機能が低下して肺炎を起こしやすいので、口腔ケアは行わない。

3　膀胱留置カテーテル使用中は、尿路感染を予防するため、毎日膀胱洗浄を行う。

4　糖尿病の内服治療をしている者では、インスリン注射をしていなくても、低血糖の症状に留意する必要がある。

5　認知症治療薬には、錠剤以外にも経皮吸収型などがあり、経口内服が困難な高齢者でも使用が可能である。

問題 34　在宅医療について正しいものはどれか。**2つ**選べ。

1　インスリンの自己注射の効果は、体調不良時（シックデイ）には強く出ることもある。

2　悪性腫瘍の疼痛管理のための麻薬の投与経路には、経口、経皮、経腸、注射がある。

3　人工透析を行っている場合には、シャント側で血圧測定を行う。

4　侵襲的陽圧換気法（IPPV）による人工呼吸は、マスクを装着して行われる。

5　酸素マスクによる在宅酸素療法は、鼻カニューレによるものに比べて、食事や会話がしやすいのが特徴である。

問題 35　次の記述について適切なものはどれか。**3つ**選べ。

1　自己腹膜灌流法（CAPD）による人工透析は、血液透析に比べて、通院回数が少なくて済む。

2　終末期にある者には、効果が期待できないため、リハビリテーションは実施されない。

3　気管切開をしている場合でも、スピーチカニューレの使用により発声は可能である。

4　慢性閉塞性肺疾患（COPD）により呼吸機能が低下している場合でも、インフルエンザワクチンの接種は推奨される。

5　在宅酸素療法は、入院しなければ導入できない。

問題 36　高齢者の転倒について適切なものはどれか。**3つ**選べ。

1　要介護高齢者が短期間に複数回転倒した場合には、再度転倒する可能性が高いため、総合的にアセスメントを行い、対策を検討する必要がある。

2　転倒を繰り返す介護施設入所者については、向精神薬などの薬物を用いて動けないように行動を制限する。

3　転倒により頭部を強く打った場合には、数時間様子をみて、意識障害などがなければ、それ以上の経過観察は要らない。

4　高齢の女性は、骨粗鬆症が多いので、転倒により骨折を起こしやすい。

5　夜間の排尿行動や不穏状態で転倒することが多い。

問題 37 リハビリテーションについて適切なものはどれか。**3つ**選べ。

1 通所リハビリテーション計画は、主治の医師が作成しなければならない。

2 回復期リハビリテーションでは、機能回復、ADLの向上及び早期の社会復帰を目指す。

3 指定訪問リハビリテーションとは、病院、診療所、介護老人保健施設又は介護医療院から理学療法士、作業療法士又は言語聴覚士が居宅を訪問して行うリハビリテーションをいう。

4 変形性膝関節症の発症リスクは、減量をしたり、大腿四頭筋等の筋力を鍛えたりしても、低下しない。

5 左片麻痺でみられる半側空間失認に対しては、失認空間に注意を向けるリハビリテーションを行う。

問題 38 排泄について、より適切なものはどれか。**3つ**選べ。

1 腹圧性尿失禁には、骨盤底筋訓練よりも膀胱訓練が有効である。

2 便失禁は、すべて医学的治療を要する。

3 ポータブルトイレについては、理学療法士等の多職種と連携し、日常生活動作に適合したものを選択する。

4 日常生活動作の低下による機能性失禁では、排泄に関する一連の日常生活動作の問題点を見極めることが重要である。

5 排便コントロールには、排便間隔を把握し、食生活や身体活動等を含めた生活リズムを整えることが大切である。

問題 39

災害対応について適切なものはどれか。**2 つ**選べ。

1 福祉避難所の対象は、高齢者や障害者など避難所生活において何らかの特別な配慮を必要とする者であり、その家族は含まない。

2 災害時においても、個人情報保護の観点から、要援護者の個人情報の提供及び共有は、行うことができない。

3 災害時の課題である生活不活発病は、活動低下により身体機能が低下した状態をいい、要介護者のみに生じる。

4 深部静脈血栓症 / 肺塞栓症（いわゆるエコノミークラス症候群）を予防するためには、定期的に体を動かし、十分に水分を摂るようにする。

5 人工呼吸器等電源を必要とする医療機器使用者の停電時の対応については、平時より、主治の医師等と話し合い、対応を決めておく。

問題 40

次の記述について、より適切なものはどれか。**3 つ**選べ。

1 がんの発症頻度は、年齢とともに高くなる傾向にある。

2 臨死期には、死前喘鳴がみられることがあるが、首を横に向ける姿勢の工夫で軽減することもある。

3 臨死期には、顎だけで呼吸する下顎呼吸状態となる場合があるが、しばらくすると正常な呼吸に戻る。

4 呼吸困難や疼痛に対しては、投薬のほか、安楽な体位やマッサージなどで苦痛の緩和を図る。

5 高齢者のがんに対しては、侵襲性の高い手術療法は行うべきではない。

問題 41　訪問看護について正しいものはどれか。**3つ**選べ。

1　真皮を越える褥瘡の患者は、医療保険による訪問看護を週 4 回以上受けることができる。

2　介護保険による訪問看護利用者の疾患別分類では、神経系の疾患が最も多い。

3　訪問看護の内容には、リハビリテーションは含まれない。

4　指定訪問看護ステーションには、看護職員を常勤換算で 2.5 人以上置かなければならない。

5　利用者又は家族から電話等で看護に関する意見を求められた場合に常時連絡できる体制にあり、かつ、計画にない緊急時の訪問を必要に応じて行う体制にある場合には、緊急時訪問看護加算が算定できる。

問題 42　次の記述について、より適切なものはどれか。**3つ**選べ。

1　在宅における家族に対する看取りの支援は、医師、看護師、介護支援専門員などが行う。

2　在宅では、臨終に際して家族のみで対応することもあり得るため、家族に対する看取りの準備教育として、身体の変化、緊急時の連絡方法、死亡確認の方法などが必要になる。

3　家族に在宅で看取る意向があるならば、後方支援の病院において家族が看取ることも可能であるという説明は行うべきではない。

4　診療中の患者が、診察後 24 時間以内に当該診療に関連した傷病で死亡した場合には、改めて診察をすることなく死亡診断書を交付することができる。

5　死亡診断書に記載される死亡時刻は、生物学的な死亡時刻ではなく、医師が到着後に死亡を確認した時刻でなければならない。

問題 43　居宅療養管理指導について正しいものはどれか。**3つ**選べ。

1　事業者は、通常の事業の実施地域内の交通費を受け取ることができる。

2　保険医療機関の指定を受けている病院は、居宅サービス事業者の指定があったものとみなされる。

3　薬剤師が行う居宅療養管理指導に当たっては、医師又は歯科医師の指示がなくても、介護支援専門員に情報提供を行うことができる。

4　薬局の薬剤師が行う居宅療養管理指導は、医師又は歯科医師の指示を受けて作成した薬学的管理指導計画に基づき実施する。

5　管理栄養士や歯科衛生士は、行うことができない。

問題 44　介護保険施設について正しいものはどれか。**2つ**選べ。

1　施設サービスの提供により事故が発生した場合には、速やかに市町村、家族等に連絡するとともに、必要な措置を講じなければならない。

2　介護医療院に空きがあれば、要支援の者であっても、施設サービスを受けることができる。

3　介護医療院には、介護支援専門員を置かなくてよい。

4　介護老人保健施設における緊急時施設療養費は、緊急その他やむを得ない事情により行われる医療行為について算定できる。

5　介護老人保健施設では、医師が配置されているため、感染症又は食中毒の予防及びまん延防止のための委員会は開催しなくてよい。

◆1～5

問題45 介護保険施設の施設サービス費における栄養マネジメント加算について正しいものはどれか。**3つ**選べ。

1 常勤の管理栄養士を１名以上配置しなければならない。

2 栄養スクリーニングを踏まえ、入所者ごとの解決すべき課題を把握することを、栄養アセスメントという。

3 栄養アセスメントを踏まえ、管理栄養士の管理のもと、栄養ケア計画を作成する。

4 低栄養状態のリスクが低い者については、おおむね６月ごとに栄養状態のモニタリングを行う。

5 管理栄養士は、関連職種と共同して食事摂取状況や食事に関するインシデント・アクシデントの事例等の把握を行う。

問題46 面接場面におけるコミュニケーションの技術について、より適切なものはどれか。**3つ**選べ。

1 波長合わせとは、相談援助者が、自らの態度、言葉遣い、質問の形式等をクライエントの反応に合わせて修正していくことである。

2 イラストや手話、ビデオ、写真、文字盤など多様な表現方法を利用することは、クライエントを混乱させるので、避けるべきである。

3 予備的共感とは、事前情報をもとに、クライエントの立場に立った共感的な姿勢を準備しておくことである。

4 クローズドクエスチョンは、相談援助者の意図を含むことによってクライエントの答えを誘導してしまうので、使用しない。

5 「励まし、明確化、要約」といった技術を活用して、クライエントと相談援助者がともにクライエントのかかえる課題を明確にしていく必要がある。

問題 47　インテーク面接について、より適切なものはどれか。**3つ**選べ。

1　1回の面接で終わらせなければならない。

2　援助機関や援助者ができること及び提供できるサービスについて具体的に説明し、その説明に対するクライエントの反応を注意深く観察する。

3　クライエントに情報を提供したり、対人関係や環境整備についての助言や提案を行ったりすることも、必要である。

4　情報収集のため、アセスメント項目の順番に従ってすべて質問する。

5　援助機関に紹介された理由をクライエント自身が理解しているかどうかを確認することが、重要である。

問題 48　ソーシャルワークの視点から、支援困難事例への対応として、より適切なものはどれか。**3つ**選べ。

1　複数の問題を抱えている支援困難事例については、各専門職がそれぞれ個別に対応することが望ましい。

2　地域から孤立しているクライエントの場合には、アウトリーチは有効な方法である。

3　アウトリーチの対象は、本人のみならず家族も含む。

4　利用者負担の大きさを理由にクライエントがサービスの利用を拒否した場合には、直ちに支援を中止する。

5　社会資源の不足により支援が困難な場合には、社会資源の開発が求められる。

問題 49 ソーシャルワークにおける地域援助技術として、より適切なものはどれか。**3つ**選べ。

1　地域包括支援センターの社会福祉士による高齢者を虐待する家族への面接

2　NPOによる地域住民とともに行う地域開発

3　特別養護老人ホームの生活相談員による入所者に対するグループ活動

4　地域包括支援センターによる地域住民のための認知症サポーター養成講座

5　震災被災者に対する支援のためのボランティアの組織化

問題 50 介護保険における短期入所生活介護について正しいものはどれか。**3つ**選べ。

1　利用者20人未満の併設型の事業所の場合、介護職員は非常勤でもよい。

2　家族の結婚式への出席や趣味活動への参加などを理由とした利用はできない。

3　介護支援専門員が緊急やむを得ないと認めた場合には、専用の居室以外の静養室も利用できる。

4　短期入所生活介護計画は、おおむね4日以上連続して利用が予定される場合に作成しなければならない。

5　緊急短期入所受入加算と認知症行動・心理症状緊急対応加算は、同時に算定できる。

問題 51

介護保険における福祉用具について正しいものはどれか。**2つ**選べ。

1 福祉用具貸与については、種目によっては、要介護状態区分に応じた制限がある。

2 福祉用具貸与事業所には、福祉用具専門相談員を1人以上置かなければならない。

3 特定福祉用具を販売する際には、福祉用具専門相談員は、利用者ごとに特定福祉用具販売計画を作成しなければならない。

4 自動排泄処理装置は、交換可能部品も含め、特定福祉用具販売の対象となる。

5 設置工事を伴うスロープは、福祉用具貸与の対象となる。

問題 52

介護保険における訪問介護について正しいものはどれか。**2つ**選べ。

1 利用回数が少ない利用者については、居宅サービス計画にサービスの内容が明記されていれば、訪問介護計画は作成しなくてよい。

2 管理者には、サービス担当者会議への出席等により、居宅介護支援事業者等と連携を図ることが業務として位置付けられている。

3 利用者が居宅サービス計画に位置付けられていないサービスを希望した場合には、事業者は担当の居宅介護支援事業者に連絡しなければならない。

4 サービス提供責任者が必要と認めた場合に、緊急に行った指定訪問介護については、緊急時訪問介護加算を算定できる。

5 サービスの提供により事故が発生した場合には、市町村、家族に加え、居宅介護支援事業者等への連絡を行わなければならない。

問題53

介護保険における通所介護について正しいものはどれか。**2つ**選べ。

1　通所介護計画は、その内容について利用者に説明して同意を得た上で作成し、利用者に口頭で示せばよい。

2　通所介護計画は、介護支援専門員が作成しなければならない。

3　サービス提供時間が9時間以上の場合は、延長加算を算定できる。

4　若年性認知症の利用者を受け入れた場合は、認知症加算に加えて、若年性認知症利用者受入加算を算定できる。

5　利用者は、利用日ごとに異なる提供時間数のサービスを受けることができる。

問題54

介護保険における訪問入浴介護について正しいものはどれか。**3つ**選べ。

1　身体の状況により全身入浴が難しい場合は、利用者の希望によって、清拭や部分浴に変更する。

2　利用者に病状の急変が生じた場合は、サービス提供後に主治の医師にその旨を報告する。

3　サービスの提供ごとに消毒した浴槽を使用する。

4　医療依存度が高い利用者も利用するため、管理者は看護師でなければならない。

5　事業者は、自らその提供するサービスの質の評価を行い、常にその改善を図らなければならない。

問題 55

介護保険における認知症対応型通所介護について正しいものはどれか。**3つ**選べ。

1　若年性認知症の者も対象とする事業所の設置市町村は、他市町村から指定の同意の申し出があった場合には、原則として、同意を行うことが求められる。

2　送迎時に実施した居宅内での介助等に要した時間は、サービス提供時間に含まれない。

3　職員、利用者及びサービスを提供する空間を明確に区別すれば、一般の通所介護と同じ事業所で同一の時間帯にサービスを行うことができる。

4　認知症対応型通所介護には、機能訓練が含まれる。

5　認知症の原因となる疾患が急性の状態にある者も、対象となる。

問題 56

介護保険における認知症対応型共同生活介護について正しいものはどれか。**3つ**選べ。

1　利用者の処遇上必要と認められる場合であっても、居室を二人部屋にすることはできない。

2　事業者は、共同生活住居ごとに、非常災害対策などの事業運営についての重要事項に関する規程を定めておかなければならない。

3　事業者は、利用者の負担により、当該事業所の介護従業者以外の者による介護を受けさせることができる。

4　事業所の管理者は、厚生労働大臣が定める研修を修了していなければならない。

5　共同生活住居ごとに、認知症対応型共同生活介護計画の作成を担当する計画作成担当者を置かなければならない。

問題 57 指定介護老人福祉施設について正しいものはどれか。**2つ**選べ。

1 配置される介護支援専門員は、非常勤でもよい。

2 入所者数が 30 人以上 50 人未満の場合は、常勤換算で 2 人以上の看護職員を配置しなければならない。

3 医務室は、医療法に規定する診療所でなければならない。

4 入所者が入院する場合には、3 月間は当該ベッドを空けておかなければならない。

5 利用者の負担により、当該施設の従業者以外の者による介護を受けさせることができる。

問題 58 障害者総合支援法について正しいものはどれか。**3つ**選べ。

1 自立支援医療費の支給は、自立支援給付の一つである。

2 市町村は、介護給付費等の支給決定を行うにあたり、障害程度区分の認定を行う。

3 対象となる障害者の範囲には、難病の患者も含まれる。

4 成年後見制度利用支援事業は、市町村の任意事業である。

5 介護給付費の支給には、行動援護が含まれる。

問題 59　生活保護制度について正しいものはどれか。**3つ**選べ。

1　医療扶助は、原則として、指定医療機関に委託して行われ、一部負担相当額は金銭給付として被保護者に支給される。

2　介護施設入所者基本生活費は、生活扶助として給付される。

3　生活保護は、原則として、個人を単位として行われる。

4　生活保護の補足性の原理により、介護扶助よりも介護保険の保険給付が優先して給付される。

5　要保護者が急迫した状況にあるときは、保護の申請がなくても、必要な保護を行うことができる。

問題 60　後期高齢者医療制度について正しいものはどれか。**3つ**選べ。

1　後期高齢者医療給付には、高額療養費及び高額介護合算療養費の支給が含まれる。

2　一部負担の割合は、原則として1割であるが、現役並み所得者は3割である。

3　後期高齢者医療給付には、入院時食事療養費及び移送費の支給は含まれない。

4　生活保護を受けている者も、被保険者となる。

5　運営主体は、都道府県ごとにすべての市町村が加入する後期高齢者医療広域連合である。

各年度共通　解答用紙

※実際の本試験における解答用紙は各都道府県により異なります。この用紙はコピーしてお使いください

第1問	①②③④⑤	第26問	①②③④⑤	第46問	①②③④⑤
第2問	①②③④⑤	第27問	①②③④⑤	第47問	①②③④⑤
第3問	①②③④⑤	第28問	①②③④⑤	第48問	①②③④⑤
第4問	①②③④⑤	第29問	①②③④⑤	第49問	①②③④⑤
第5問	①②③④⑤	第30問	①②③④⑤	第50問	①②③④⑤
第6問	①②③④⑤	第31問	①②③④⑤	第51問	①②③④⑤
第7問	①②③④⑤	第32問	①②③④⑤	第52問	①②③④⑤
第8問	①②③④⑤	第33問	①②③④⑤	第53問	①②③④⑤
第9問	①②③④⑤	第34問	①②③④⑤	第54問	①②③④⑤
第10問	①②③④⑤	第35問	①②③④⑤	第55問	①②③④⑤
第11問	①②③④⑤	第36問	①②③④⑤	第56問	①②③④⑤
第12問	①②③④⑤	第37問	①②③④⑤	第57問	①②③④⑤
第13問	①②③④⑤	第38問	①②③④⑤	第58問	①②③④⑤
第14問	①②③④⑤	第39問	①②③④⑤	第59問	①②③④⑤
第15問	①②③④⑤	第40問	①②③④⑤	第60問	①②③④⑤
第16問	①②③④⑤	第41問	①②③④⑤		
第17問	①②③④⑤	第42問	①②③④⑤		
第18問	①②③④⑤	第43問	①②③④⑤		
第19問	①②③④⑤	第44問	①②③④⑤		
第20問	①②③④⑤	第45問	①②③④⑤		
第21問	①②③④⑤				
第22問	①②③④⑤				
第23問	①②③④⑤				
第24問	①②③④⑤				
第25問	①②③④⑤				

／60

本書の正誤情報や法改正情報等は、下記のアドレスでご確認ください。
http://www.s-henshu.info/kmkm2311/

上記掲載以外の箇所で正誤についてお気づきの場合は、**書名・発行日・質問事項（該当ページ・行数・問題番号などと誤りだと思う理由）・氏名・連絡先**を明記のうえ、お問い合わせください。
・web からのお問い合わせ：上記アドレス内【正誤情報】へ
・郵便または FAX でのお問い合わせ：下記住所または FAX 番号へ
※電話でのお問い合わせはお受けできません。

［宛先］ **コンデックス情報研究所**
『ケアマネ試験過去 5 年問題集 '24 年版』係
住所　：〒 359-0042　所沢市並木 3-1-9
FAX 番号：04-2995-4362 （10:00 ～ 17:00　土日祝日を除く）

※本書の正誤以外に関するご質問にはお答えいたしかねます。また受験指導などは行っておりません。
※ご質問の受付期限は、2024 年 10 月の試験日の 10 日前必着といたします。
※回答日時の指定はできません。また、ご質問の内容によっては回答まで 10 日前後お時間をいただく場合があります。
あらかじめご了承ください。

監修：成田 すみれ（なりた すみれ）
NPO 法人神奈川県介護支援専門員協会元理事長。神奈川県介護支援専門員更新研修講師。現在、社会福祉法人いきいき福祉会グループホーム西寺尾及び一般社団法人南区医師会居宅介護支援センターにおいて、介護支援専門員として従事。社会福祉士。精神保健福祉士。

執筆：後藤 恵美子（ごとう えみこ）
介護支援専門員。慶應義塾大学文学部卒業。出版社勤務を経て、訪問介護事業所、居宅介護支援事業所で在宅介護に従事。現在、社会福祉協議会勤務。社会福祉士。精神保健福祉士。認知症ケア専門士。

編著：コンデックス情報研究所

詳解 ケアマネ試験過去5年問題集 '24年版

2024年3月1日発行

監　修　成田（なりた）すみれ
編　著　コンデックス情報研究所（じょうほうけんきゅうしょ）
発行者　深見公子
発行所　成美堂出版
〒162-8445　東京都新宿区新小川町1-7
電話(03)5206-8151　FAX(03)5206-8159
印　刷　大盛印刷株式会社

ISBN978-4-415-23794-7

別冊

'24年版

詳解
ケアマネ試験
過去5年問題集

解答・解説編

※矢印の方向に引くと
解答・解説が切り離せます。

成美堂出版

CONTENTS

☆各解答解説の文末に掲げた（上巻 p.3）などの表示は、「九訂介護支援専門員基本テキスト」（一般財団法人長寿社会開発センター発行）の該当ページを示しています。

略語について

本書では次のような略語を用いる場合があります。

高齢者虐待防止法：高齢者虐待の防止、高齢者の養護者に対する支援等に関する法律
障害者総合支援法：障害者の日常生活及び社会生活を総合的に支援するための法律

第26回
（令和5年度）

問題1　　正解　3、5

1　×　85歳ではなく**75歳**に到達する。（上巻p.8）

2　×　**三世代世帯**の割合は**一番低く**、全体の9.3％（2022年調査では7.1％）である。**一番多いのは、夫婦のみの世帯**32％（同調査38.1％）、次に単独世帯28.8％（同調査31.8％）、親と未婚の子のみの世帯20.5％（同調査20.1％）となっている（厚生労働省「2021年国民生活基礎調査」）。（基本テキスト記載なし）

3　○　設問の通り。世帯主が65歳以上の世帯数は一般世帯総数よりも増加率が高く、総世帯数に占める世帯主が65歳以上の一般世帯数の割合は、2015（平成27）年の36.0％から2040年の44.2％へと**大幅に上昇**する。また世帯主が65歳以上の世帯に占める世帯主が75歳以上の世帯の割合も2015年の46.3％から2040年には54.3％へと増大し、**世帯の高齢化**が一層進むとされている（国立社会保障・人口問題研究所「日本の世帯数の将来推計」平成30年推計）。（参考：上巻p.6）

4　×　**前期高齢者の人口**は**減少**する。人口の動向を年齢階級別にみると、0～19歳、20～64歳、65～74歳の人口が減少し、75歳以上である**後期高齢者の人口**が一貫して**増加**する（国立社会保障・人口問題研究所「日本の将来推計人口」平成29年推計）。（参考：上巻p.5）

5　○　設問の通り。85歳以上全体の認定率は57.7％で、全体の**50％**を超えている。（上巻p.7）

問題2　　正解　2、3、5

1　×　実施を希望する市町村の手上げに基づく**任意事業**である（社会福祉法第106条の4第1項）（参照：厚生労働省「地域共生社会ポータルサイト」新たな事業の設計に当たり大切にした視点③これまで培ってきた専門性や政策資源を活かすこと）。（参考：上巻p.19）

2　○　設問の通り。同法第107条第1項に規定されている。（上巻p.19）

3　○　設問の通り。地域共生社会とは、制度・分野ごとの「縦割り」や「支え手」「受け手」という関係を超えて、地域住民や地域の多様な主体が参画し、人と人、人と資源が世代や分野を超えてつながることで、住民一人ひとりの暮らしと生きがい、地域をともに創っていく社会を指すものである（参照：厚生労働省「地域共生社会ポータルサイト」）。（上巻p.15、18）

4　×　事業者自らではなく、**関係機関との連携**によって解決を図るものである（社会福祉法第4条第3項）。（上巻p.15）

5　○　設問の通り。2017（平成29）年介護保険制度改正時、**地域共生社会の実現に向けた取り組みの推進等**として、高齢者と障害児・者が同一事業所でサービスを受けやすくするための**共生型サービス提供事業者にかかる指定の特例**が創設された。（上巻p.11、29、130）

問題３　　　　　　　　　正解　３、５

１　×　雇用保険も含まれる。社会保険の種類には、**医療保険**、**介護保険**、**年金保険**、**雇用保険**、**労働者災害補償保険**がある。（上巻 p.25）

２　×　自営業者も介護保険の被保険者に含まれる。（上巻 p.25）

３　○　設問の通り。**業務外の事由による**疾病、負傷等を保険事故として、医療の現物給付（医療サービスの提供）を主に行う。（上巻 p.25）

４　×　**強制加入**である。わが国においては、20 歳以上の人はすべて公的年金制度への加入が義務付けられ、**強制加入する制度**になっている。強制加入に対し、加入が本人の意思に委ねられていることを任意加入という。日本国内に住んでいる 20 歳以上 60 歳未満の人は、すべて国民年金に加入しなければならない。（基本テキスト記載なし）

〈公的年金制度〉

	厚生年金	
国民年金（基礎年金）		
第１号被保険者 自営業者、農業者、学生など	第２号被保険者 厚生年金・共済の加入者	第３号被保険者 第２号被保険者の被扶養配偶者

５　○　設問の通り。社会保険の主たる運営責任者は、**国・地方公共団体**であり、**国・地方公共団体**は、社会保険の財源の一部を、**公費で負担**している。（上巻 p.25）

問題４　　　　　　　　　正解　１、３、４

１　○　正しい。（上巻 p.41）

２　×　被保険者の**置かれている環境に配慮**し、サービス提供されなければならない。（上巻 p.41）

３　○　正しい。（上巻 p.42）

４　○　正しい。（上巻 p.41）

５　×　介護支援専門員ではなく、**被保険者の選択に基づき**、サービス提供が行わなければならない。（上巻 p.41）

問題５　　　　　　　　　正解　１、３、４

１　○　住所地特例の適用となる。（上巻 p.49）

２　×　地域密着型介護老人福祉施設は、住所地特例の**適用外**である。（上巻 p.49）

３　○　住所地特例の適用となる。（上巻 p.49）

４　○　住所地特例の適用となる。（上巻 p.49）

５　×　認知症対応型共同生活介護は、住所地特例の**適用外**である。（上巻 p.49）

＜住所地特例対象施設＞

介護保険施設	介護老人福祉施設、介護老人保健施設、介護医療院
特定施設（介護保険法）	有料老人ホーム、軽費老人ホーム、養護老人ホーム
養護老人ホーム（老人福祉法）	

問題６　　　　　　　　　正解　２、４

１　×　老人福祉法に規定する**養護老人ホームの入所者**は、**介護保険の被保険者の対象**となる。（上巻 p.46）

２　○　介護保険の被保険者の対象外である。（上巻 p.46）

３　×　生活保護法に規定する**更生施設の入所者**は、**介護保険の被保険者の対象**となる。（上巻 p.46）

４　○　介護保険の被保険者の対象外である。（上巻 p.46）

5 × 児童福祉法に規定する**母子生活支援施設の入所者**は、**介護保険の被保険者の対象**となる。（上巻 p.46）

問題7　　正解 1、2、3

1 ○ 設問の通り。（上巻 p.116）

2 ○ 設問の通り。（上巻 p.116）

3 ○ 設問の通り。（上巻 p.117）

4 × 介護保険給付を受給できる。なお、利用者負担に相当する部分は、**生活保護制度の介護扶助**により行われる。（上巻 p.117、下巻 p.471）

5 × 要介護認定を受けることができる。但し、障害者総合支援法による給付と介護保険法による給付と内容が重複する場合には、**介護保険による給付が優先**される。（上巻 p.118）

問題8　　正解 1、2

1 ○ 設問の通り。（上巻 p.102）

2 ○ 設問の通り。（上巻 p.102）

3 × **償還払い**による保険給付となる。（上巻 p.102）

4 × **償還払い**による保険給付となる。（上巻 p.102）

5 × **償還払い**による保険給付となる。（上巻 p.102）

問題9　　正解 2、3、5

指定居宅サービス事業の一般原則は、指定居宅サービス等の事業の人員、設備及び運営に関する基準第3条に規定されている。（上巻 p.421）

1 × 医師の診断書そのものは**不要**である。但し、指定居宅サービスの事業を運営するに当たっては、地域との結び付きを重視し、市町村（特別区を含む。以下同じ。）、他の居宅サービス事業者その他の**保健医療サービス**及び福祉サービスを提供する者との**連携**に努めなければならない。

2 ○ 正しい。指定居宅サービス事業者は、**利用者の意思及び人格を尊重**して、常に利用者の立場に立ったサービスの提供に努めなければならない。

3 ○ 正しい。選択肢2の解説の通り。

4 × 義務として規定されていない。指定居宅サービス事業者は、常に**利用者の立場に立った**サービスの提供を行う。

5 ○ 正しい。利用者の人権の擁護、虐待の防止等のため、必要な体制の整備を行うとともに、その従業者に対し、研修を実施する等の措置を講じなければならない。

問題10　　正解 1、4、5

介護保険等関連情報の調査及び分析については、介護保険法第118条の2に規定されている。これは、2020（令和2）年の介護保険法改正時、地域共生社会の実現を図るため、地域住民の複雑化・複合化した支援ニーズに対応する包括的な福祉サービス提供体制を整備する観点から、創設されたものである。（参考：上巻 p.27、31）

1 ○ 正しい。（上巻 p.166）

2 × 都道府県も、**分析する必要**がある。（上巻 p.168）

3 × 都道府県ではなく、**市町村**が行わなければならない。（上巻 p.168）

4 ○ 正しい。

5 ○ 正しい。

問題 11　　　　　　　　正解　1、3、4

地域医療介護総合確保基金事業は、団塊の世代が 75 歳以上となる 2025 年（令和 7 年）に向け、医療・介護サービスの提供体制改革を推進するため、消費税増収分を活用して設置された「地域医療介護総合確保基金」を財源として、各都道府県が作成した計画に基づき行われる。対象となる事業は次の通りである。

① 地域医療構想の達成に向けた医療機関の施設又は設備の整備に関する事業 ② 地域医療構想の達成に向けた病床の機能又は病床数の変更に関する事業 ③ 居宅等における医療の提供に関する事業 ④ 介護施設等の整備に関する事業（地域密着型サービス等） ⑤ 医療従事者の確保に関する事業 ⑥ 介護従事者の確保に関する事業 ⑦ 勤務医の労働時間短縮に向けた体制の整備に関する事業

1　○　設問の通り。（上巻 p.172）
2　×　支弁の対象となる。（基本テキスト記載なし）
3　○　設問の通り。（基本テキスト記載なし）
4　○　設問の通り。（基本テキスト記載なし）
5　×　費用の財源は、**消費税**である。（上巻 p.172）

問題 12　　　　　　　　正解　1、4

社会保険診療報酬支払基金は、医療保険における診療報酬の審査及び支払いを行うことを目的に設立された機関である。介護保険制度創設後は、介護保険関係業務も行っている。

1　○　設問の通り（介護保険法第 160 条）。（上巻 p.68）
2　×　**年金保険者**の業務である。（上巻 p.64）
3　×　**医療保険者**の業務である。（上巻 p.67）
4　○　設問の通り（同法第 160 条）。（上巻 p.68）
5　×　**国民健康保険団体連合会**の業務である（同法第 176 条第 1 項第 3 号）。（上巻 p.174）

問題 13　　　　　　　　正解　3、5

1　×　地域支援事業の**任意事業**に位置づけられる。（上巻 p.148、159）
2　×　地域支援事業の**介護予防・日常生活支援総合事業**に位置付けられる。（上巻 p.148、154）
3　○　設問の通り。在宅医療・介護連携推進事業では、**在宅医療および介護が円滑に切れ目なく提供されるしくみの構築**を目的に、他の地域支援事業等と連携して 4 つの事業を実施する。（上巻 p.148、158）
4　×　保健福祉事業は、地域支援事業とは異なる事業で、**第 1 号被保険者の保険料を財源**とした次の事業を行っている。①要介護者を介護する人を支援する事業②被保険者が要介護状態等になることを予防する事業③保険給付のために必要な事業④被保険者が介護保険サービスを利用する際に必要となる資金を貸し付ける事業等（介護保険法第 115 条の 49）。（上巻 p.164）
5　○　設問の通り。生活支援体制整備事業では、**高齢者の社会参加および生活支援の充実を推進**するため、①生活支援コーディネーターの配置②協議体の設置③就労的活動支援コーディネーターの配置を行う。（上巻 p.148、158）

問題 14　正解　1、2、3

地域ケア会議の機能は、①**個別課題の解決**、②**地域包括支援ネットワークの構築**、③**地域課題の発見**、④**地域づくり・資源開発**、⑤**政策の形成**である。

1　○　正しい。（上巻 p.163）
2　○　正しい。（上巻 p.163）
3　○　正しい。（上巻 p.163）
4　×　地域ケア会議の機能に含まれない。（上巻 p.163）
5　×　地域ケア会議の機能に含まれない。（上巻 p.163）

問題 15　正解　2、4、5

1　×　報告すべき情報であるが、介護サービスの提供開始時ではなく、**都道府県の報告計画策定時**に報告が必要である。（上巻 p.145）
2　○　設問の通り。報告すべき情報である。（上巻 p.145）
3　×　年代別の従業者の数は、報告すべき情報ではない。（上巻 p.145）
4　○　設問の通り。報告すべき情報である。（上巻 p.145）
5　○　設問の通り。報告すべき情報である。（上巻 p.145）

問題 16　正解　4、5

介護保険審査会への審査請求として認められているものは、①**保険給付に関する処分**、②**保険料その他介護保険法の規定による徴収金に関する処分**である（介護保険法第 183 条）。

1　×　認められていない。
2　×　認められていない。
3　×　認められていない。
4　○　正しい。（上巻 p.176）
5　○　正しい。（上巻 p.176）

問題 17　正解　2、4、5

1　×　10 年ではなく **2 年**である。なお、時効によって 2 年経過した際に消滅する事項は、①保険料、介護給付費・地域支援事業支援納付金その他介護保険法の規定による**徴収金を徴収する権利**、②**①の徴収金の還付を受ける権利**、③**介護保険の保険給付を受ける権利**である。選択肢は上記③に該当する。（上巻 p.179）
2　○　設問の通り。介護保険法第 200 条第 1 項に規定されている。（上巻 p.179）
3　×　**保険給付の減額の対象**となる。消滅した保険料徴収債権の期間と所得に応じて、給付率を下げ、かつ高額介護サービス費・高額介護予防サービス費・高額医療合算介護サービス費・高額医療合算介護予防サービス費・特定入所者介護サービス費・特定入所者介護予防サービス費・特例特定入所者介護サービス費・特例特定入所者介護予防サービス費は支給されない。（上巻 p.66）
4　○　設問の通り。介護保険法第 200 条第 2 項に規定されている。（上巻 p.180）
5　○　設問の通り。審査請求は、時効の更新に関しては、裁判上の請求とみなす（同法第 183 条第 2 項）。（上巻 p.180）

問題 18　正解　2、5

1　×　介護認定審査会ではなく**市町村に申請**する（介護保険法第 27 条第 1 項）。（上巻 p.73）
2　○　設問の通り。同法第 27 条第 1 項に規定されている。（上巻 p.74）

3　×　**更新認定に限らず**、申請に関する手続きを代行できる。（上巻 p.74）

4　×　新規申請・変更申請ともに、添付するのは**被保険者証**である（同法第 27 条第 1 項）。（上巻 p.73）

5　○　設問の通り。同法第 28 条第 2 項に規定されている。（上巻 p.85）

問題 19　　　　　　　正解　1、2

1　○　設問の通り。市町村は、被保険者から要介護認定の申請があったときには、職員に、被保険者の**面接**をさせ、その心身の状況、その置かれている環境その他厚生労働省令で定める事項について調査をさせるものと規定されている（介護保険法第 27 条第 2 項）。（上巻 p.75）

2　○　設問の通り。同法第 27 条第 2 項に規定されている。（上巻 p.75）

3　×　新規認定調査の場合も、**委託することができる**。（上巻 p.75）なお、指定市町村事務受託法人とは、一定の要件に該当し、その事務を適正に実施することができると都道府県知事が認めて指定する法人のことである。市町村は、①新規認定、更新認定等にかかる調査、②介護サービス担当者等に対する文書等の物件の提出の求めなどの事務を委託することができる。（上巻 p.74）

4　×　選択肢は**二次判定**の説明である。（上巻 p.80）一次判定は認定調査票のうち、基本調査のデータから算定される**要介護認定等基準時間をベースに判定**を行う。（上巻 p.77）

5　×　市町村ではなく、**厚生労働大臣**が定める（同法第 27 条第 5 項、同法第 32 条第 4 項）。（上巻 p.77）

問題 20　　　　　　　正解　1、2、3

1　○　設問の通り。指定居宅介護支援等の事業の人員及び運営に関する基準第 13 条第 4 項に規定されている。（上巻 p.317）

2　○　設問の通り。整備については、2024（令和 6）年 3 月末までは**努力義務**とされている（同基準第 1 条の 2）。（上巻 p.312）

3　○　設問の通り。サービスが特定の種類や事業者に偏らないよう**公正中立**に行う（同基準第 1 条の 2）。（上巻 p.312）

4　×　指定居宅サービス事業者に限定されない。介護支援専門員の連絡調整の対象として、**市町村、地域包括支援センター、他の指定居宅介護支援者、指定介護予防支援事業者、介護保険施設**、障害者総合支援法に規定する**指定特定相談支援事業者**が規定されている(同基準第 1 条の 2)。（上巻 p.312）

5　×　**指定特定相談支援事業者も連携の対象**に含まれる（同基準第 1 条の 2）。（上巻 p.312）

問題 21　　　　　　　正解 2、3、4

1　×　居宅サービス計画書には、**①利用者及び家族の生活に対する意向を踏まえた課題分析の結果、②介護認定審査会の意見及びサービスの種類の指定、③総合的な援助の方針**を記載する。（上巻 p.282、283）

2　○　設問の通り。**原案**となるものを介護支援専門員が作成した後、利用者及び家族を含む**ケアチームが確認、検討**し、総合的な援助の方針を記載する。（上巻 p.281）

3　○　設問の通り。利用者がどのような生活を送りたいかという要望と、実現可能な目標をケアチームで確認し、居宅サービス計画書の長期目標に記載する。その際には、**解決すべき課題ごとに目標を設定**する。（上巻p.283、284）

4　○　設問の通り。介護保険給付の対象、対象外にかかわらず、**居宅サービス計画書第2表の援助内容で記載したサービスをすべて**記載する。（上巻p.285）

5　×　担当者がサービス担当者会議に出席できない場合には、**事前に照会**を行い、照会した年月日、照会内容及び回答を**サービス担当者会議の要点に記載**する。（上巻p.258、322）

問題22　　正解　2、4

1　×　具体的な期間、回数は規定されていない。施設サービス計画の実施状況の把握（モニタリング）については、①**定期的に入所者に面接**すること②**定期的にモニタリングの結果を記録**することのみ規定されている（指定介護老人福祉施設の人員、設備及び運営に関する基準第12条第10項）。（上巻p.403）

2　○　設問の通り。同基準第12条第4項に規定されている。（上巻p.391）

3　×　遅滞なく**利用者に交付**しなければならない。同基準第12条第8項に規定されている。（上巻p.700）

4　○　設問の通り。同基準第12条第2項に規定されている。（上巻p.698）

5　×　施設サービス計画は**介護支援専門員**が作成する。同基準第12条第1項に規定されている。（上巻p.698）

問題23　　正解　1、3、5

問題文のAさんが要介護2で認知症高齢者の日常生活自立度がⅡaであること、小規模多機能型居宅介護事業所に登録していること、Aさんが若い頃より散歩が趣味であったこと、を中心に対応としてより適切なものを選択する。（基本テキスト記載なし）

1　○　適切である。原則**要介護2以上**の場合、介護保険の**福祉用具貸与**として、**徘徊感知機器**を利用することができる。

2　×　Aさんと妻の**同意**が必要である。

3　○　適切である。なぜ自宅に戻れなくなったのか、**理由を確かめる**ことは重要である。

4　×　通いサービスの利用日以外にも利用できるよう、**小規模多機能型居宅介護事業所**に相談することが望ましい。

5　○　適切である。**趣味**である**散歩**が安全に続けられるよう、地域での見守り体制を整えることは望ましい。

問題24　　正解　4、5

問題文のAさんが閉じこもりがちで体力が低下していること、要支援1であること、地域包括支援センターからの紹介であることを中心に、対応としてより適切なものを選択する。

1　×　閉じこもりがちで体力低下がみられることから、**フレイル予防**が必要である。この場合は、そのまま様子をみるのではなく、地域にある**社会資源**を情報提供することが望ましい。（参考：下巻p.84、462）

2　×　Aさんは要支援1であるため、指定訪問介護を利用することはできな

い。(上巻 p.427)

3　×　Aさんは要支援1であるため、指定認知症対応型共同生活介護を利用することはできない。(上巻 p.650)

4　○　適切である。閉じこもりがちで体力が低下していることについて、身体・健康面だけでなく、**生活面**についても**アセスメント**する必要がある。(下巻 p.419)

5　○　適切である。地域ケア会議では、Aさんの個別課題を**地域の課題として**多職種により**検討**することができる。(下巻 p.419)

問題 25　　正解　1、4、5

問題文のAさんが特別養護老人ホームに入所中であること、自宅で最期を迎えたいと希望していること、Aさんの夫が介護や看取りに不安を抱いていること、という部分を中心に、面談を進める上でより適切なものを選択する。

1　○　適切である。不安を抱いていることについて、**具体的な理由**を聴き取ること、**事態を明確化**することは、面談のなかでとても重要なことである。その上で問題となることをAさんとAさんの夫とともに、解決していく。(基本テキスト記載なし)

2　×　介護支援専門員がいきなり施設の嘱託医を選択することは、適切ではない。まずは情報を提供し、Aさんに選択してもらえるよう支援することが望ましい。(参考:下巻 p.325) また、施設の嘱託医が居宅療養管理指導を行えるのか事前に確認が必要である。

3　×　AさんとAさんの夫の**意向に反し**、施設での看取りを段取りすることは、適切ではない。まずは意向に沿って、支援に必要な情報を提供する。(参考：下巻 p.325)

4　○　適切である。開かれた質問(どんな、どのようになどで始まる質問)を用いて、**自宅での生活に対する希望**を聴き取りすることは、面談を進める際に有効である。(下巻 p.441)

5　○　適切である。**予め情報を収集した上で情報提供する**ことは、面談を進める際に有効である。(参考：下巻 p.325)

問題 26　　正解　1、2、5

1　○　設問の通り。「**指輪っかテスト**」の方法は、まず、自分の指で輪っかをつくり、次に自分のふくらはぎを囲み、その結果を「囲めない」「ちょうど囲める」「隙間ができる」の3つの段階に分けるものである。「**隙間ができる**」という結果の場合に、**サルコペニア(筋肉減弱症)の危険性が高い**ことがわかってきている。(下巻 p.88)

2　○　設問の通り。**フレイル**は、**加齢**とともに生じる心身の活力(運動機能や認知機能等)低下と、複数の慢性疾患などが加わることで生活機能が障害され、**心身の脆弱性が出現した状態**であるが、一方で**適切な介入・支援**により、**生活機能の維持向上が可能な状態像**のことである。(下巻 p.11、84)

3　×　認知機能の低下ではなく、**運動器の障害**のために生じる**移動機能の低下**によって起こるフレイルである。なお、運動器とは、身体を動かすために関わる組織や器管のことで、骨・筋肉・関節・靱帯・腱・神経などのことである。(参考：下巻 p.83)

〈フレイルの診断〉

① 体重減少
② 筋力低下
③ 疲労感
④ 歩行速度の低下
⑤ 身体活動量の低下
上記のうち、3つ以上当てはまるとフレイルとみなされる

4 × 要支援ではなく、**要介護と認定された者の介護が必要になった原因**の第1位が**認知症**（23.6%）である。次いで脳血管疾患（脳卒中）19.0%、骨折•転倒 13.0%となっている。なお、要支援では関節疾患が 19.3%で最も多い（厚生労働省「2022 年国民生活基礎調査の概況」）。（参考：下巻 p.4）

5 ○ 設問の通り。ソーシャルサポートは、社会における人とのつながりの中でもたらされる**精神的あるいは物質的な支援**のことである。この支援には、ストレスを緩和する効果があると考えられている。（下巻 p.20）

問題 27　　　　正解　3、4、5

1 × 脈拍数と心拍数は**常に一致しない**。一般的には脈拍数と心拍数にほぼ大きな差はないが、心房細動などの不整脈をきたす疾患では、脈拍が何回かに1回途切れる（脈拍の結滞と呼ばれる）状態が生じ、**脈拍数が心拍数より少なくなる**場合がある。（参考：下巻 p.69 、70、129）

2 × **高体温**は体温が **37 度以上**の場合である。なお、低体温は体温が 34 度以下の場合である。（下巻 p.68）

3 ○ 設問の通り。なお、血圧は心臓の収縮期の血圧と拡張期の血圧を血圧計で測定するが、加齢とともに**動脈硬化性の変化**が進むため、**収縮期**の血圧が**高く**なり、**拡張期**の血圧が**低く**なる傾向がみられる。（下巻 p.70）

4 ○ 設問の通り。**日内変動**は、**同じ1日のなかでも時間によって変動**することである。血圧は、少しの動作、室温等の環境の変化、精神的なものによって変動する。（下巻 p.71）

5 ○ 設問の通り。**ジャパン・コーマ・スケール（JCS）**における**意識レベル**では、**覚醒度**を「刺激しないでも覚醒している」「刺激すると覚醒するが刺激をやめると眠り込む」「刺激をしても覚醒しない」の3つの段階に分け、さらにそれぞれ段階を3つの段階に分けて意識レベルを評価するものである。（下巻 p.71）

問題 28　　　　正解　1、2、4

1 ○ 設問の通り。なお、低栄養判定では、上腕周囲長や下腿囲の測定が行われ、上腕周囲長は男性で 20cm 未満、女性で 19cm 未満の場合に低栄養が疑われる。（下巻 p.75）

2 ○ 設問の通り。AST は、肝臓以外に**心臓、筋肉などの疾患、溶血性疾患**で上昇する。（下巻 p.75）

3 × 採血時の血糖レベルではなく、**過去1～2か月の平均的な血糖レベル**を評価するものである。（下巻 p.76）

4 ○ 設問の通り。高熱が出た場合には、肺炎のような気道感染だけでなく**尿路感染**も疑って**尿検査**することが必要である。（下巻 p.78）

5 × 低下するのではなく、**体内で炎症**が起きている場合に **CRP**（C 反応性たんぱく質）が**上昇**する。（下巻 p.77）

問題 29　　　　　　正解　1、2、4

1　○　設問の通り。**しびれ**や**麻痺**などによって生じる**感覚障害**が原因となる。（下巻 p.289）

2　○　設問の通り。**褥瘡が悪化**すると細菌が全身にまわり、敗血症などの**細菌感染**を起こしやすくなる。（下巻 p.289）

3　×　腹部ではなく、寝たきりの場合は、**仙骨部、後頭部、踵部、肩甲部に圧がかかりやすく**、同時に褥瘡もできやすくなる。（下巻 p.289）

4　○　設問の通り。褥瘡予防において、栄養管理は重要である。**低栄養状態**になると、体重や筋肉の量が減少し、痩せて骨が突出したり、皮膚や筋肉が弱くなり、自力での体位交換が難しくなるため、**褥瘡ができやすくなる**。たんぱく質を摂取し、筋肉や皮膚を再生することが褥瘡の発生予防につながる。（下巻 p.362）

5　×　**寝返りができない人**ほど、**体位変換**が**必要**である。体の同じ場所に圧がかかり続けないよう定期的に圧を抜き（除圧し）、褥瘡の発生を予防する。（下巻 p.289）

問題 30　　　　　　正解　1、3、4

1　○　設問の通り。**多職種**が多面的に評価と治療にあたる。（下巻 p.284）

2　×　後置主義ではなく、**リハビリテーション前置主義**の考えにのっとっている。リハビリテーション前置主義とは、医療保険のリハビリテーション医療サービスを集中的に行い、十分に改善したうえで介護保険のサービス利用に移行する、という考え方である。（下巻 p.281）

3　○　設問の通り。運動に伴って起こりやすいリスクには、**低血糖発作、胸痛・不整脈・呼吸困難の誘発、痛みの増悪、転倒リスクの増大、痙攣発作**などがある。リハビリテーションを行う際には、リスクを予測し、事故が起こったときの対処法を習熟しておくことが重要である。（下巻 p.286）

4　○　設問の通り。**急性期リハビリテーション**は、発症（手術）直後からベッドサイドで開始され、**廃用症候群の予防**と早期からの**セルフケアの自立**を目標として行われる。（下巻 p.282）

5　×　**機能回復の見込めない要介護高齢者**に対しても**実施**される。リハビリテーションにおける治療には、機能障害そのものへのアプローチと代償的アプローチがあり、代償的アプローチでは、残存機能の活用、補助具の活用、環境の調整が行われ、この代償機能の活用により日常生活の自立度が高まることがある。（下巻 p.284、285）

問題 31　　　　　　正解　1、3、5

1　○　設問の通り。認知症施策推進大綱の基本的な考え方として、次の通りに明記されている。認知症はだれもがなりうるものであり、家族や身近な人が認知症になることなどを含め、多くの人にとって身近なものとなっている。**認知症の発症を遅らせ、認知症になっても希望を持って日常生活を過ごせる社会**を目指し、認知症の人や家族の視点を重視しながら、**「共生」**と**「予防」**を車の両輪として施策を推進していく。（下巻 p.202）

2　×　認知症の予防につながる。認知症施策推進大綱における基本的な考え方に次の通りに明記されている。**運動不足の改善、糖尿病や高血圧症などの生活習慣病の予防、社会参加による社会的孤立の解消や役割の保持**などが、認知症の発症を遅らせることができる可能性が示唆されている。このことを踏まえ、予防に関するエビデンスの収集・普及とともに、通いの場における活動の推進など、正しい知識と理解に基づいた予防を含めた認知症への**「備え」としての取組に重点を置く**。（下巻 p.203）

3 ○ 設問の通り。「認知症の人の日常生活・社会生活における意思決定支援ガイドライン」に本人の意思決定能力への配慮として明記されている。認知症の症状にかかわらず、本人には意思があり、**意思決定能力を有するということを前提**にして、**意思決定支援**をする。
また、支援する人が誰であるかについて、同ガイドラインに次の通りに定義されている。特定の職種や特定の場面に限定されるものではなく、認知症の人の意思決定支援に関わる全ての人（以下、「意思決定支援者」という）による意思決定支援を行う際のガイドラインである。（下巻 p.206、327）

4 × 必ず認知症に移行するものではない。**MCI**（軽度認知障害）は、**正常と認知症との中間の状態**であるため、MCI の一部は**健常な状態に戻る**。（下巻 p.214）

5 ○ 設問の通り。意味性認知症は側頭葉に萎縮が生じ、林檎、鉛筆など物品の名前が言えない、或いは名称を聞いてもそのものが理解できないという失語症状に始まり、その後、物品を見ても触れても同定できなくなる症状のことである。（下巻 p.229）

問題 32　　正解 2、3、4

1 × 急激な環境の変化への**適応力は低い**。そのため急激な環境の変化があると高齢者は混乱を来し、精神症状を生じやすくなる。（下巻 p.262）

2 ○ 設問の通り。**せん妄**は**高齢者に特有**の、あるいは**主として高齢者にみられる病態**である。（下巻 p.6）

3 ○ 設問の通り。**せん妄**には意識障害を引き起こす**要因**があり、その要因を**除去**することで**症状が消失**する。（下巻 p.216）

4 ○ 設問の通り。特に高齢者の場合、薬剤の吸収・代謝に変化が生じていることに加え、複数の疾患に罹患している場合も多く、処方が重複するなど、**相互に悪影響を及ぼす**ことがある。（下巻 p.262）

5 × 妄想や幻覚は、統合失調症の**陽性症状**である。**陰性症状**は、一見すると異常とわからない、**感情鈍麻、無気力、自発性の低下、自閉**などの**精神機能の減退**を反映する症状である。（下巻 p.264）

問題 33　　正解 2、3、4

1 × 診察や検査は、**患者の負担が少ないものから**行う。（下巻 p.24）

2 ○ 設問の通り。診断は**医師又は歯科医師**が行い、検査や治療は**患者の意思に基づき**行われる。介護支援専門員には患者である利用者の自己決定の支援が求められる。（下巻 p.24）

3 ○ 設問の通り。自分の傷病につい

てきちんと説明を受けたうえで、どのような治療を受けるかを**決定する権利**がある。なお、医師からの説明に**同意**することを**インフォームドコンセント**という。（下巻 p.25）

4 ○ 設問の通り。高齢者の場合は特に認知機能や理解力の低下がみられるため、**疾患の予後に関する説明**に、**家族の立ち会いを求める**ことは適切である。（下巻 p.27）

5 × 疾患の予後は、本人はもとより、家族にとっても生活や人生に大きな影響を与えるため、**疾患の予後を視野にいれて物事の決定を行うことが重要**である。したがって、介護サービスの選択を助言するに当たっては**予後への配慮が必要**である。（下巻 p.27）

問題 34　　正解 1、2、3

1 ○ 設問の通り。介護支援専門員が伝えた情報が、病院にとって治療の方針を再考する契機となるなどし、**退院に向けた準備に重要**なものとなる。（下巻 p.29）

2 ○ 設問の通り。利用者の入院期間中に、介護支援専門員が病院と情報を共有することは、**退院後の居宅サービス計画の立案に役立つ**ものとなる。なお、入院期間中に共有される情報には次のようなものがあげられる。①利用者の状況確認、②新たな医療的管理、③ＡＤＬの低下等、④退院準備の進捗状況、⑤医療処置や介護方法、⑥退院時の対応（下巻 p.29、32）

3 ○ 設問の通り。**退院前カンファレンス**は、病院が主催するもので、**利用者・家族の出席**のもと、病院チームと在宅チームが出席して行われる。（下巻 p.31）

4 × 介護支援専門員が指示するものではない。いかなる場合も、**訪問看護の指示**は**医師**が行う。（下巻 p.40）

5 × **退院当日**も**介護保険サービスを利用できる**。例えば特殊寝台などの福祉用具は、退院当日から必要となるため介護保険から給付される。（参考: 下巻 p.32）

問題 35　　正解 1、4、5

1 ○ 設問の通り。**低栄養状態**では、筋肉量の減少、基礎代謝の低下、消費エネルギー量の低下、食欲低下を生じやすく、**フレイル状態**となって**転倒**しやすくなる。（下巻 p.368）

2 × 低栄養状態の割合に男性と女性の差はみられない。高齢者の傾向としては、**低栄養状態**にある者と、メタボリックシンドロームと呼ばれる**過栄養状態**にある者との**個人差**が大きくなる。（下巻 p.369）

3 × アルコールの摂取ではなく、**骨粗鬆症予防**には、**カルシウム**や、カルシウムの吸収を助ける**ビタミンD**、**ビタミンK**などを**バランスよく摂取**することが大切である。（下巻 p.121）

4 ○ 設問の通り。具体的な例として、ある種の高血圧の薬剤とグレープフルーツジュースとの間に**相互作用**が生じ、薬剤の作用が強く出てしまう、といったことがある。（下巻 p.342）

5 ○ 設問の通り。**双方向的なコミュニケーションを重視した相談の場**を設け、高齢者の尊厳である**自己実現を支援**することが大切である。（下巻

p.375）

問題 36　正解　1、2

1　○　設問の通り。**糖尿病性ケトアシドーシス**や尿毒症などで特徴的にみられる異常な呼吸に、**クスマウル呼吸**がある。これは異常に深大な呼吸が規則正しく続く呼吸で、呼気より吸気のほうが長くなる。（下巻 p.73）

2　○　設問の通り。**起座呼吸**は、**気管支喘息**のほかに**肺炎**、**気管支炎**などにみられる。臥位で呼吸困難が増強し、起座位または半坐位になると呼吸困難が軽減する。（下巻 p.72）

3　×　肺の残気量の低下ではなく、**肺の残気量が増加**するため**肺活量が低下**する。（下巻 p.72）

4　×　介護支援専門員の判断ではない。**酸素流量**は**医師の指示**が必要である。（下巻 p.58）

5　×　対応が逆である。**鼻カニューレで酸素流量が不足する場合**に、**簡易酸素マスクへ交換**する。（下巻 p.58）

問題 37　正解　1、2、3

1　○　設問の通り。（下巻 p.191）

2　○　設問の通り。（下巻 p.191）

3　○　設問の通り。（下巻 p.191）

4　×　**疥癬**の主な感染経路は、**接触感染**である。（下巻 p.191）

5　×　**MRSA（メチシリン耐性黄色ブドウ球菌）感染症**の主な感染経路は、**接触感染**である。（下巻 p.195）

問題 38　正解　2、4、5

1　×　やけどの対応方法は、まず**冷やし、熱源を絶つ**必要がある。衣類の下の皮膚をやけどしたときは、皮膚が衣服に貼りついていることがあるため、無理矢理衣服を脱がせると痛みが強くなったり、出血したりすることがある。（下巻 p.177）

2　○　設問の通り。前かがみにさせて背中を強く叩く方法を**背部叩打法**という。（下巻 p.175）

3　×　1分間に60回ではなく、**100～120回**を目安に行う。（下巻 p.178）

4　○　設問の通り。**側臥位**にし嘔吐物が気管や肺に入り込まないようにする。（下巻 p.180）

5　○　設問の通り。**せん妄**の原因には**薬剤投与**のほか入院や施設入所など**環境の変化**があげられる。（下巻 p.183）

問題 39　正解　1、3、5

1　○　設問の通り。糖尿病の治療の基本は、**食事療法**、**運動療法**、**薬物療法**であり、筋力トレーニングは糖尿病の予防につながる。（下巻 p.142）

2　×　筋力トレーニングの際に、息を止めて行うことは**危険**である。（基本テキスト記載なし）

3　○　設問の通り。高齢者は若年者に比べて体内水分貯蔵量が少なく、口渇も感じにくいため**脱水になりやすい**。そのため、夏だけではなく冬でも**水分補給を意識する**必要がある。（下巻 p.9）

4　×　疾病による制限のない高齢者の場合、**1日30gでは不足**である。フレイル等の発症予防のため、少なくとも1.0 g/kg 体重 / 日以上のたんぱく質を摂取することが望ましい。（「日本人の食事摂取基準 2020 年版」）

5　○　設問の通り。脳卒中の予防とし

て日常生活で留意する項目は、**喫煙**、**飲酒**などの嗜好や**食事**、**運動**などがあげられる。(下巻 p.98)

問題 40　　正解　1、2、5

1　○　設問の通り。持続可能な社会保障制度の確立を図るための改革の推進に関する法律第 4 条第 5 項に明記されている。政府は、医療提供体制及び地域包括ケアシステムの構築に当たっては、個人の尊厳が重んぜられ、患者の意思がより尊重され、**人生の最終段階を穏やかに過ごすことができる環境の整備を行うよう努める**ものとする。(下巻 p.313)

2　○　設問の通り。介護保険の**特定施設**である、有料老ホーム、養護老人ホーム、軽費老人ホームも**看取りの場**となり得る。(下巻 p.328)

3　×　看護師は作成できない。**医師**が死亡を診断し**死亡診断書**を作成する。(下巻 p.332)

4　×　医療処置のみでは対応できない。要介護者は、**医学的管理**と日々の生活を支える**介護**の双方を必要とする。(参考：下巻 p.317)

5　○　設問の通り。エンゼルケアと呼ばれる死後のケアでは、身体を清潔にし、その人らしい外見に整えることを行う。これは**悲しみを癒すために大切な手順**であり、このような遺族の悲嘆への配慮や対応のことを**グリーフケア**と呼ぶ。(下巻 p.333)

問題 41　　正解　1、4、5

1　○　設問の通り。若年性認知症は介護保険の**特定疾病**に当たり、介護保険を利用することが可能である。よって、要介護認定を受けた若年性認知症患者は、指定通所リハビリテーションを利用することができる。(上巻 p.72)

2　×　介護支援専門員が作成するものではない。通所リハビリテーション計画は、**医師および理学療法士、作業療法士その他専ら通所リハビリテーションの提供にあたる従業者**が作成する。(上巻 p.493、503)

3　×　介護職員もリハビリテーション会議の構成員に含まれる。リハビリテーション会議の構成員は、利用者及びその家族を基本とし、医師、理学療法士、作業療法士、言語聴覚士**その他の職種の者**であること、また、必要に応じて歯科医師、歯科衛生士、管理栄養士等が参加することが望ましいとされている。通所リハビリテーションは、**多職種協働**により提供されるものである。(参考：上巻 p.499、501、502)

4　○　設問の通り。**介護老人保健施設**、**介護医療院**、**病院・診療所**などが指定通所リハビリテーションを提供できる。(上巻 p.492)

5　○　設問の通り。介護保険法第 8 条第 8 項に規定されている。(上巻 p.492)

問題 42　　正解　1、5

1　○　設問の通り。指定居宅サービス等の事業の人員、設備及び運営に関する基準第 148 条に規定されている。(参考：上巻 p.519、724)

2　×　おむつ代は、**事業所が負担**する(同基準第 145 条)。(参考：上巻 p.514、523)

3 × 胃ろうがある場合にも利用できる。指定短期入所療養介護は、常に療養が必要な者を対象としており、**中心静脈栄養、人工呼吸器、気管切開・気管内挿管、酸素療法、喀痰吸引、経鼻経管・胃ろう**など医療依存度の高い者も利用している。（上巻 p.516、518）

4 × 日帰りでの利用が可能である。指定短期入所療養介護では、常時看護職員による観察を必要とする難病等を有する重度者又はがん末期の利用者を想定し、要介護1～5の者に限り、**特定介護老人保健施設短期入所療養介護（日帰りでのサービス）**を提供することができる。（基本テキスト記載なし）

5 ○ 設問の通り。同基準第147条第2項に規定されている。（上巻 p.517）

問題43 正解 2、4、5

1 × 要支援者は利用できない。看護小規模多機能型居宅介護は、**居宅要介護者**について、提供されるサービスである。（上巻 p.669）

2 ○ 設問の通り。介護支援専門員は、看護小規模多機能型居宅介護計画の作成に当たっては、**地域における活動への参加の機会が提供される**こと等により、**利用者の多様な活動が確保**されるものとなるように努めなければならない（指定地域密着型サービスの事業の人員、設備及び運営に関する基準第179条第3項）。（参考：上巻 p.672）

3 × 口頭でなく、**文書で主治医の指示**を受けなければならない。（上巻 p.676）

4 ○ 設問の通り。同基準第174条第1項に規定されている。なお、サテライトでない場合の登録定員は**29人**である。（上巻 p.675）

5 ○ 設問の通り。看護小規模多機能型居宅介護では、看護小規模多機能型居宅介護事業所ごとに配置された介護支援専門員により、サービスが**一元管理**されるため、看護小規模多機能型居宅介護費も**月単位で設定**され、利用者のニーズに応じた柔軟なサービス提供が可能となる。（上巻 p.673、670）

問題44 正解 2、3、4

1 × 要介護3以上に限定されていない。介護老人保健施設は要介護1、要介護2に認定された者も入所が可能である。入所の対象となる者は、**要介護1～要介護5**に認定され、**病状が安定し入院治療の必要がない**こと、**リハビリテーションが必要**な者である。（上巻 p.717）

2 ○ 設問の通り。介護老人保健施設の人員、施設及び設備並びに運営に関する基準第1条の2に規定されている。（上巻 p.714）

3 ○ 設問の通り。同基準第17条の3に規定されている。（基本テキスト記載なし）

4 ○ 設問の通り。同基準第2条第1項第5号に規定されている。（上巻 p.722）

5 × 介護老人保健施設では、看取りが行われ、その際にターミナルケア加算を算定できる（WAM-NET「介護給付費単位数等サービスコード表」）。（参考：上巻 p.718）

問題 45　正解　1、3

1　○　設問の通り。**介護医療院**は、すでに廃止が決定している介護療養型医療施設の移行先の一つとして創設されたが、単なる療養病床等からの移行先としてではなく、「**住まいと生活を医療が支える新たなモデル**」として創設された。（上巻 p.728）

2　×　医療法人に限定されない。開設者は**地方公共団体、医療法人、社会福祉法人、その他厚生労働大臣が定める者**である（介護保険法第 107 条第 3 項第 1 号）。（基本テキスト記載なし）

3　○　設問の通り。I型療養床は**主として長期にわたり療養が必要である者**であって、**重篤な身体疾患を有する者、身体合併症を有する認知症高齢者等**を入所させるための療養床である。II型療養床はI型療養床以外のものである。（上巻 p.726）

4　×　**併設型小規模介護医療院**の入所定員は、**19 人以下**である。（上巻 p.727）

5　×　療養室入所者**1 人当たりの床面積**は、**8.0m² 以上**とされる。（上巻 p.731、732）

問題 46　正解　1、2、4

1　○　設問の通り。コミュニケーションには、言語と非言語があり、そのうち言語が 20 ～ 30%、非言語が 70 ～ 80%を占めるとされている。部屋の雰囲気や相談援助者の服装などの**非言語によるコミュニケーションは、面接を円滑に進める際に重要**なものとなる。（下巻 p.436）

2　○　設問の通り。面接では相手の話をよく聴き、その話の内容を理解し、話に含まれている思いを受け止め、相談援助者の言葉に代えて、**事態を双方で明確化**していく必要がある。（下巻 p.440）

3　×　待つことは面接において重要な要素であるが、**閉じられた質問**（クローズドクエスチョン）と**開かれた質問**（オープンクエスチョン）などを組み合わせながら、クライエントが体験や思いを話すきっかけを作ることも時には重要である。（下巻 p.439、441）

4　○　設問の通り。相手の話す内容を受け止めながら、要約し、要約したものを相手に戻すことによって、**相手の気づきを促す**ものである。その結果、**面接を効果的に実施**することが可能となる。（下巻 p.442）

5　×　支援計画を立てることではない。傾聴とは、クライエントや家族の思いや悩みをうかがうことであるが、「聞く」という文字ではなく「聴く」という文字で表されるように、**相手の話す内容とその思いに積極的に耳と心を傾ける態度やありよう**を示している。（下巻 p.438）

問題 47　正解　1、2

1　○　設問の通り。**ソーシャルワークの機能**については、全米ソーシャルワーカー協会（1955 年設立）が、ソーシャルワーク実践の目標を達成するためにソーシャルワーカーが果たすべき機能を示している。そのなかで、**人々の問題解決能力や対処能力等を強化**するという目標を達成するため、事前評価、診断、発見、カウンセリング、援助、代弁・能力付与等の機能を遂行する、と示されている。（参考：下巻 p.415）

〈全米ソーシャルワーカー協会編、日本ソーシャルワーカー協会訳「ソーシャルワーク実務基準および業務指針」1997年〉

① 人々の問題解決能力や対処能力等を強化するという目標を達成するため、事前評価、診断、発見、カウンセリング、援助、代弁・能力付与等の機能を遂行する。 ② 人々と資源、サービス、制度等を結びつけるという目標を達成するため、組織化、紹介、ネットワーキング等の機能を遂行する。 ③ 制度の効果的かつ人道的な運営を促進するという目標を達成するため、管理 / 運営、スーパービジョン、関係者の調整等の機能を遂行する。 ④ 社会政策を発展させ改善するという目標を達成するため、政策分析、政策提案、職員研修、資源開発等の機能を遂行する。

2 ○ 設問の通り。クライエントの援助目標に最も適した**フォローアップ**や**事後評価**の方法を選択し、実行する。（下巻 p.434）

3 × 選択肢は**コンサルテーション**の説明である。（下巻 p.434）ラポールとは相談援助者とクライエントとの**相互の信頼関係**のことである。

4 × 選択肢は**送致**の説明である。（基本テキスト記載なし）

5 × 選択肢は**アドボカシー**の説明である。（基本テキスト記載なし）

問題 48　　正解　2、3、5

ソーシャルワークにおける相談援助者の基本姿勢として、バイステックの 7 原則がある。（下巻 P.427）

〈バイステックの 7 原則〉

① クライエントを個人としてとらえる（個別化） ② クライエントの感情表現を大切にする（意図的な感情の表出） ③ 援助者は自分の感情を自覚して吟味する（統制された情緒的関与） ④ クライエントの全人間像の受容 ⑤ 時と場を超えてクライエントに対する非審判的態度 ⑥ クライエントの自己決定の最大限の尊重 ⑦ 秘密保持

1 × 選択肢は、上記①個別化の説明である。統制された情緒的関与とは、上記③である。援助者が**自分自身の感情の揺れを自覚し、コントロールしながらクライエントと関わる**ことである。

2 ○ 設問の通り。上記⑥に該当する。様々な情報を提供し、その中から自分で選択し決定できるよう支援する。

3 ○ 設問の通り。上記⑤に該当する。

4 × 画一的ではなく、個別的に分類し援助計画を立てることが必要である。上記①に該当する。

5 ○ 設問の通り。上記②に該当する。

問題 49　　正解　1、5

1 ○ 設問の通り。集団援助は人々や人と身近な組織との**力動を意図的に活用**して、**個人の成長や抱える問題の解決を図る**ソーシャルワークである。（下巻 p.421）

2 × ソーシャルワーカーの興味や関心事ではなく、**参加メンバーの希望に沿って**プログラムを決定する。（下巻 p.421）

3 × 集団援助はメンバーの**個別課題を結びつけて、人と人との相互作用により問題を解決**するソーシャルワークである。（下巻 p.421）

4 × **他のメンバーの行動を観察することは重要**である。集団援助では、他のメンバーの行動を観察することで新たに気づきを得て、自分の問題の解決につながることがある。（基本テキスト記載なし）

5 ○ 設問の通り。心理的なニーズの高い高齢者に対しては、**グループの力動を活用して行う治療的なアプロ**

ーチや、メンバー間の**相互支援機能をもつセルフヘルプグループ**を活用することが効果的である。（下巻 p.421）

問題 50　　　　　　　　　正解　2、3、4

1　×　算定できない。特別な手間をかけて行う掃除は、前提として介護保険における訪問介護サービスに該当しない。自家用車の洗車などの**直接本人の援助に該当しない行為**、大掃除などの**日常生活の援助に該当しない行為**は、介護保険における**生活援助行為についての不適正事例**として示されている。（上巻 p.436）

2　○　設問の通り。**自立生活支援・重度化防止のための見守り的援助**（自立支援、ADL・IADL・QOL 向上の観点から安全を確保しつつ常時介助できる状態で行う見守り等）として**身体介護**に位置付けられている（「訪問介護におけるサービス行為ごとの区分等について」(平成 12 年老計第 10 号) 通称老計第 10 号の 1 － 6)。選択肢の内容はその中に含まれる。（上巻 p.432）

3　○　設問の通り。老計第 10 号、2 － 4 **衣類の整理・被服の補修**として**生活援助**に位置付けられている。（上巻 p.434）

4　○　設問の通り。選択肢 2 の解説の通り。（上巻 p.432）

5　×　生活援助としては算定できない。**安否確認**を目的とする訪問は、**身体介護として算定**できる。老計第 10 号、1 － 0 － 1 **健康チェック**として**身体介護**に位置付けられている。（上巻 p.430）

問題 51　　　　　　　　　正解　1、4

1　○　設問の通り。指定居宅サービス等の事業の人員、設備及び運営に関する基準第 45 条第 2 項に規定されている。（上巻 p.451）

2　×　機能訓練指導員の配置は規定されていない。配置が規定されているのは、**看護職員 1 人以上**と、**介護職員 2 人以上**である（同基準第 45 条第 1 項)。（上巻 p.451）

3　×　看護職員に限定されていない。訪問入浴介護は、看護師 1 人と介護職員 2 人の計 3 人でサービス提供を行うが、**そのうち 1 人がサービス提供の責任者を務める**こととされている。また、利用者の身体の状況が安定していること等から、入浴により利用者の身体の状況等に支障を生ずるおそれがないと認められる場合、主治の医師の意見を確認した上で、看護職員に代えて介護職員を充てることも可能である（同基準第 50 条第 4 号)。（上巻 p.451）

4　○　設問の通り。同基準第 50 条第 2 号に、訪問入浴介護の提供に当たっては、懇切丁寧に行うことを旨とし、利用者又はその家族に対し、**サービスの提供方法等について理解しやすいように説明を行う**、と規定されている。説明の内容には、入浴車両の駐車方法、浴槽の搬入方法といった**具体的な作業手順**も含まれる。（参考：上巻 p.446）

5　×　通常の実施地域内と実施地域外、それぞれに定めておく必要はない。協力医療機関としては同基準第 51 条に、緊急時等の対応として、**当該指定訪問入浴介護事業者が定めた協力**

医療機関への連絡を行う等の必要な措置を講じなければならない、と規定されているのみである。（基本テキスト記載なし）

問題 52　　　　正解　2、5

1　×　管理者に、特段の資格は不要である。（上巻 p.489）

2　○　設問の通り。機能訓練指導員に必要な資格は看護師のほか、理学療法士、作業療法士、言語聴覚士、柔道整復師、あん摩マッサージ指圧師、一定の経験を有するはり師・きゅう師である。（上巻 p.489）

3　×　認められている。2021（令和3）年の介護報酬改定時に新設された生活機能向上連携加算が該当する。この加算は、通所系サービス、短期入所系サービス、居住系サービス、施設サービスにおいて、ICT の活用等により、外部のリハビリテーション専門職等がサービス事業所を訪問せずに、利用者の状態を適切に把握し助言した場合について評価するもので、自立支援・重度化防止に資する介護を推進するために設けられた。（基本テキスト記載なし）

4　×　含めることができる。利用者の地域生活を支える取組とは、①サービス担当者会議や地域ケア会議に出席するための時間、②利用者宅を訪問し、在宅生活の状況を確認した上で、利用者の家族も含めた相談・援助のための時間、③地域の町内会、自治会、ボランティア団体等と連携し、利用者に必要な生活支援を担ってもらうなどの社会資源の発掘・活用のための時間などのことである。（基本テキスト記載なし）

5　○　設問の通り。指定居宅サービス等の事業の人員、設備及び運営に関する基準第 103 条に、非常災害対策として規定されている。（基本テキスト記載なし）

問題 53　　　　正解　1、2、4

1　○　設問の通り。指定居宅サービス等の事業の人員、設備及び運営に関する基準第 120 条に、基本方針として規定されている。（上巻 p.504）

2　○　設問の通り。短期入所生活介護計画は、管理者が作成するものであるが、（上巻 p.514）短期入所が終了した後に利用する居宅サービスなどの生活ニーズ、目標、方法などとの関連を念頭に置きながら作成するものであるため、介護支援専門員の資格を有する者がとりまとめることは望ましい。（参考：上巻 p.508、514）

3　×　時間に関する規定はない。なお、食事については同基準第 131 条に、指定短期入所生活介護事業者は、栄養並びに利用者の心身の状況及び嗜好を考慮した食事を、適切な時間に提供しなければならない、と規定されている。（基本テキスト記載なし）

4　○　設問の通り。同基準第 120 条に規定されている。選択肢 3 の解説参照。（上巻 p.507）

5　×　災害、虐待その他のやむを得ない事情がある場合は、定員を超えてサービスを行うことができる。また、利用者の状況や利用者の家族等の事情により、指定居宅介護支援事業所の介護支援専門員が、緊急に指定短期入所生活介護を受けることが必要と認めた者に対し、居宅サービス計画において位置付けられていない指定短期入所生活介護を提供する場合であって、当該利用者及び他の利用者の処遇に支障がない場合にあっては、静養室において指定短期入所生活介護を行うことができる（同基準第138条）。（基本テキスト記載なし）

問題54　　　　　　　　　正解　1、3、5

1　○　設問の通り。住宅改修費の支給限度額は、**一人の被保険者**当たり**総額20万円**が上限となる。同一の住宅に**二人の被保険者**が居住する場合、**総額40万円**が上限となる。（参考：上巻p.562）なお、転居した場合は、転居前の住宅に対する住宅改修費の支給状況にかかわらず、転居後の住宅において新たに支給限度基準額の20万円まで支給の申請をすることができる。（上巻p.563）

2　×　支給対象ではない。なお、移動用リフト（床走行式、固定式、据え置き式）は、**福祉用具貸与の対象**である。（上巻p.545）

3　○　設問の通り。（上巻p.559）

4　×　支給対象ではない。**特定福祉用具販売の対象**である。（上巻p.547）

5　○　設問の通り。（上巻p.559）

〈住宅改修の給付対象〉

① 手すりの取付け（工事を伴うもの）
② 段差の解消（動力部分は対象外）
③ 滑りの防止及び移動の円滑等のための床材変更
④ 引き戸等への扉の取替え
⑤ 洋式便器等への便器の取替え

問題55　　　　　　　　　正解　1、2、5

1　○　設問の通り。指定地域密着型サービスの事業の人員、設備及び運営に関する基準第74条に規定されている。（上巻p.647）

2　○　設問の通り。小規模多機能型居宅介護は、**通いサービス**を中心として、**訪問サービス**と**宿泊サービス**を柔軟に組み合わせて提供するものである。入所サービスである養護老人ホームの入所者が利用することは想定されていない（同基準第62条）。（参考：上巻p.642）

3　×　登録定員は、**29人以下**（サテライト事業所の場合、**18人以下**）である。（上巻p.646）

4　×　おおむね**2か月に1回以上**、運営推進会議に活動状況を報告し、評価を受けなければならない。（上巻p.648）

5　○　設問の通り。同基準第67条第4項に規定されている。（上巻p.646）

問題56　　　　　　　　　正解　2、3、5

1　×　利用定員は、**3人以下**である。（上巻p.636）

2　○　設問の通り。本人の希望に添った支援の提供とともに、そのときもっている能力を活用し、充実した時間を過ごせるよう、支援の計画をたて、その計画については懇切丁寧に説明する。計画には、**利用日の行事や日程等が含まれている**（指定地域密着型サービスの事業の人員、設備及び運営に関する基準第51条第2号、第4号）。（参考：上巻p.637、639）

3　○　設問の通り。同基準第41条に規定されている。（上巻p.634）

4　×　生活相談員、看護職員又は介護職員のうち、**1人以上が常勤**でなければならない（同基準第42条第6項）。

（上巻 p.638）

5 ○ 設問の通り。機能訓練指導員は、**日常生活を営むのに必要な機能の減退を防止するための訓練を行う能力を有する者**とされ、あん摩マッサージ指圧師も含まれる（同基準第 42 条第 5 項）。（上巻 p.638）

問題 57 正解 1、3、4

1 ○ 設問の通り。指定介護老人福祉施設の人員、設備及び運営に関する基準第1条の2に規定されている。（上巻 p.704）

2 × 廊下幅は **1.8m 以上**必要である（同基準第 3 条第 1 項第 8 号）。（上巻 p.712）

3 ○ 設問の通り。同基準第 14 条第 2 項に規定されている。（基本テキスト記載なし）

4 ○ 設問の通り。同基準第 2 条第 1 項第 2 号に規定されている。（上巻 p.711）

5 × **同一の場所**とすることができる（同基準第 3 条第 1 項第 7 号）。（基本テキスト記載なし）

問題 58 正解 1、3、5

1 ○ 設問の通り。成年後見制度の利用の促進に関する法律第 3 条では、成年後見制度の基本理念として、成年被後見人の**意思決定支援が適切に行われる**とともに、成年被後見人の財産の管理のみならず、**身上の保護が適切に行われるべきこと**と規定している。（下巻 p.506）

2 × 地方裁判所ではなく、本人の所在地を管轄する**家庭裁判所**に後見開始の申立を行う。（下巻 p.508）

3 ○ 設問の通り。同法律第 4 条に**国の責務**が規定されている。（下巻 p.514）

4 × 2 類型ではなく、**3 類型**に分かれている。判断能力の程度に応じて、**後見、保佐、補助**に分かれる。（下巻 p.507）

5 ○ 設問の通り。政府は同法律第 12 条の規定に基づき、**成年後見制度利用促進基本計画**を定める際のポイントを 3 点あげている。①**利用者がメリットを実感できる制度・運用の改善**、②**権利擁護支援の地域連携ネットワークづくり**、③**不正防止の徹底と利用しやすさとの調和**。（下巻 p.514）

問題 59 正解 2、4、5

1 × 75 歳ではなく、**65 歳以上**の者である（高齢者虐待防止法第 2 条）。（下巻 p.497）

2 ○ 設問の通り。同法第 2 条第 4 項に**経済的虐待**として規定されている。（下巻 p.498）

3 × **心理的虐待**に該当する（同法第 2 条第 4 項）。（下巻 p.498）

4 ○ 設問の通り。**養介護施設**とは、老人福祉法に規定する**老人福祉施設、有料老人ホーム**、介護保険法に規定する**地域密着型介護老人福祉施設、介護老人福祉施設、介護老人保健施設、介護医療院、地域包括支援センター**である（同法第 2 条第 5 項）。（下巻 p.499）

5 ○ 設問の通り。公表する内容は、①養介護施設従事者等による**高齢者虐待の状況**、②養介護施設従事者等による**高齢者虐待があった場合にとった措置**、③**その他厚生労働省令で**

定める事項である(同法第25条)。(下巻p.501)

問題60　　　　　　　正解　1、2、5

1　○　設問の通り。生活保護法第9条に、**必要即応の原則**として規定されている。(下巻p.469)

2　○　設問の通り。同法第19条に**実施機関**が規定されている。(下巻p.469)

3　×　被保護者の収入を加算するのではなく、**差し引いた額**が支給される。同法第8条に、**基準及び程度の原則**として規定されている。(下巻p.469)

4　×　生活扶助ではなく、**介護扶助**の対象となる(同法第15条の2)。(下巻p.470、472)

5　○　設問の通り。同法第7条に、**申請保護の原則**として規定されている。但し、要保護者が急迫した状況にあるときには、保護の申請がなくても、必要な保護を行うことができる。(下巻p.469)

第25回
（令和4年度）

問題1　　　正解　1、2、5

1　○　設問の通り。介護保険法では、要介護状態となり、入浴、排せつ、食事等の介護、機能訓練並びに看護及び療養上の管理その他の医療を要する者等が、**尊厳を保持**し、その有する能力に応じ**自立した日常生活を営む**ことができるようになることを目的としている（介護保険法第1条）。（上巻 p.40）

2　○　設問の通り。介護保険制度は、必要な保健医療サービス及び福祉サービスに係る給付を行うため、**国民の共同連帯の理念**に基づき、**高齢者の介護を社会全体で支える**しくみとして、設けられている(同法第1条)。（上巻 p.22、40）

3　×　施設入所を促進するのではなく、認知症である者が、地域社会において尊厳を保持しつつ**他の人々と共生すること**ができるよう努めなければならない(同法第5条の2第4項)。なお、この文言は、2020（令和2）年の介護保険制度改正時に追加されたもので、2019（令和元）年に発表された認知症施策推進大綱の「共生」と「予防」を車の両輪として施策を推進することを受けたものである。（下巻 p.202、203）

4　×　画一的ではなく、**有する能力に応じた**内容にする。保険給付の内容及び水準は、被保険者が要介護状態になった場合においても、可能な限り、その居宅において、その**有する能力に応じ自立した日常生活を営むことができるよう配慮**されなければならない（同法第2条第4項）。（上巻 p.42）

5　○　設問のとおり。保険給付は、被保険者（利用者）の心身の状況、その置かれている環境等に応じて、被保険者（利用者）の選択に基づき、適切な保健医療サービス及び福祉サービスが、**多様な事業者又は施設から、総合的かつ効率的に提供されるよう配慮**して行われなければならない。**利用者本位**のしくみとするための配慮が必要とされている（同法第2条第3項）。（上巻 p.41）

問題2　　　正解　2、3、4

1　×　都道府県ではなく、**市町村**が行う(社会福祉法第106条の4第1項)。なお、すべての市町村が実施する必須事業ではなく、実施を希望する市町村の手上げに基づく任意事業である。（上巻 p.19）（参照:厚生労働省「地域共生社会のポータルサイト」重層的支援体制整備事業について　新たな事業の設計に当たり大切にした視点③これまで培ってきた専門性や政策資源を活かすこと）

2　○　設問の通り。含まれる（同法第106条の4第2項第2号）。（上巻 p.19、30）

3　○　設問の通り。含まれる（同法第106条の4第2項第3号）。（上巻 p.19、30）

4　○　設問の通り。含まれる（同法第106条の4第2項第4号）。（上巻 p.19、30）

5　×　居宅介護支援は含まれない。介

護保険法に規定されている機関のうち、重層的支援体制整備の包括的相談支援事業として含まれるのは、**地域包括支援センター**である（同法第106条の4第3項）。（参考：上巻 p.19）

問題3　　正解　1、2、3

1　○　設問の通り。介護保険法第5条第1項に規定されている。（上巻 p.52）

2　○　設問の通り。同法第5条第4項に規定されている。（上巻 p.54）

3　○　設問の通り。同法第5条第2項に規定されている。（上巻 p.55）

4　×　介護保険法ではなく、**高齢者の医療の確保に関する法律**第4条（地方公共団体の責務）に、市町村が行うこととして規定されている。（基本テキスト記載なし）

5　×　介護保険法ではなく、**地域における医療及び介護の総合的な確保の促進に関する法律**第3条（総合確保方針）に、**厚生労働大臣**が行うこととして規定されている。（参考：上巻 p.10、p.11）

問題4　　正解　2、5

1　×　前期高齢者数より、後期高齢者数の方が多い。前期高齢者が**1,726万人**（令和3年度では1,715万人）、後期高齢者が**1,829万人**（同1,874万人）となっている。（厚生労働省「令和元年度介護保険事業状況報告」）（参考：上巻 p.35）

2　○　設問の通り。令和元年度末現在で**3,555万人**（同3,589万人）となっている。（同報告）（参考：上巻 p.35）

3　×　40％ではなく、**18.4％**（同18.9%）である。第1号被保険者に占める認定者の割合は、全国平均で18.4%となっている。（同報告）（参考：上巻 p.36）

4　×　要介護3以上の者ではなく、**要支援1〜要介護2**（軽度）の認定者が約**65.6%**（同65.5%）を占めている。（同報告）（参考：上巻 p.36）

5　○　設問の通り。給付費の内訳は、居宅介護サービスが、**4兆6,722億**円（同4兆9,640億円）、地域密着型介護サービスが、**1兆5,992億**円（同1兆6,925億円）、施設介護サービスが3兆810億円（同3兆1,938億円）となっている。（同報告）（参考：上巻 p.36）

問題5　　正解　1、5

1　○　設問の通り。介護保険法第10条第2号に規定されている。（上巻 p.47）

2　×　第1号被保険者ではなく、**第2号被保険者**が、医療保険でなくなった日から資格を喪失する（同法第11条第2項）。（上巻 p.47）同法における被保険者の規定では、第1号被保険者とは65歳以上の者とされ、第2号被保険者とは40歳以上65歳未満の**医療保険加入者**とされている。従って、第2号被保険者が生活保護の被保護者となり、医療保険に加入できない場合に、被保険者資格を喪失する（同法第9条）。（上巻 p.45）

3　×　養護老人ホームに措置入所する場合は、**入所前の住所地の被保険者のまま**である。これは、**住所地特例**というもので、住所を移すことにより、その施設が所在する市町村への保険給付費、保険料負担等が急増することを防ぐために行われる措置である。住所地特例対象施設は、①介護保険施設、②特定施設、③老人福祉法第20条の4に規定する養護老人ホームの3つである（同法第13条第1項）。（上巻 p.49）

4 × 転入した翌日からではなく、**転入したその日から資格を取得**する。同法第10条では、次の4つの事実があった**その日**から、資格を取得すると規定されている。①医療保険加入者が40歳に達したとき、② 40歳以上65歳未満の医療保険加入者又は65歳以上の者が**住所を有するに至った**とき、③ 40歳以上65歳未満の者が医療保険加入者となったとき、④医療保険加入者以外の者が65歳に達したとき。なお、年齢に関しては、「年齢計算ニ関スル法律」及び民法により、誕生日の前日をもって満年齢に達した日と定められているため、①④については、**前日から資格を取得**することになる（同法第10条）。（上巻 p.47）

5 ○ 設問の通り。同法第11条第1項に、**住所を有しなくなった翌日**から資格を喪失する、と規定されている。従って、**死亡した翌日**から資格を喪失する。（上巻 p.47）

問題6 正解 1、3、5

1 ○ 設問の通り。死亡等の届け出として、死亡した場合は、**相続人**が、心身の故障により業務を適正に行えなくなった場合は、**法定代理人もしくは同居の親族**が、禁錮刑以上の刑、罰金の刑を受けている場合は、**本人**がその旨を届け出なければならない（介護保険法第69条の5）。（上巻 p.126）

2 × 10年前ではなく、**登録の申請5年前**である。登録申請の5年前以内に居宅サービスにおいて不正な行為をした者は、登録を受けることができない。**欠格事由**として規定されている（同法第69条の2第1項第4号）。（上巻 p.123）

3 ○ 設問の通り。**信用失墜行為の禁止**（同法第69条の36）、**名義貸しの禁止**（同法第69条の35）、**秘密保持義務**（同法第69条の37）などの規定に違反した場合には、都道府県知事が、介護支援専門員の登録を消除できる（同法第69条の39第2項）。（上巻 p.126）

4 × **介護支援専門員証の交付を受ける必要**がある（同法第7条第5項、同法第69条の7）。（上巻 p.122）

5 ○ 設問の通り。都道府県知事が厚生労働省令で定めるところにより行う研修（**更新研修**）を受けることで、介護支援専門員証の有効期間を更新することができる（同法第69条の8）。（上巻 p.124）

問題7 正解 2、4

1 × 50人以上ではなく、**30人以上**である。介護老人福祉施設とは、老人福祉法に規定する特別養護老人ホームのうち、入所定員が**30人以上**であって、都道府県の条例で定める数のものである（介護保険法第86条第1項）。（上巻 p.140）

2 ○ 設問の通り。同法第95条第1

項に規定されている。（上巻 p.141）

3 × 新たに指定を受けることはできない。2024（令和6）年3月31日まで、経過措置期間が延長されているものの、その後は廃止が予定されている。選択肢5の解説を参照。（上巻 p.142）

4 ○ 設問の通り。介護保険施設サービスには運営について各基準が設けられている。その中で、**施設サービス計画**に基づきサービスを提供すること、作成にあたっては、入所者の希望及び入所者についてのアセスメントの結果に基づき、入所者の家族の希望を勘案した**施設サービス計画**の原案を作成することが規定されている。（上巻 p.694、698、699）

5 × 含まれない。現在、同法に規定されている介護保険施設は、①指定介護老人福祉施設、②介護老人保健施設、③介護医療院の3種類である。なお、2006（平成18）年の同法改正時、廃止されることになっていた指定介護療養型医療施設は、たびたびの同法改正により、**2024（令和6）年3月31日まで**廃止に関する**経過措置期間が延長**されている。（上巻 p.140）

問題8　　正解　1、2、4

1 ○ 設問の通り。介護保険法施行規則第35条第1項、第2項に規定されている。（上巻 p.73）

2 ○ 設問の通り。介護保険法第27条第2項に規定されている。なお、認定を受けようとする被保険者が遠隔の地に居所を有する場合は、**遠隔の地の市町村に嘱託**することができる。（上巻 p.75）

3 × 介護認定審査会ではなく、**市町村が指定する医師又は市町村の職員である医師**の診察を受け、主治医意見書を作成する（同法第27条第3項）。（上巻 p.77）

4 ○ 設問の通り。同法第36条に規定されている。（上巻 p.86）

5 × 介護保険料を滞納している者であっても、**認定を受けることができる**。介護保険料を滞納している者については、要介護認定等を受けて保険給付を受けるようになった後に、保険給付の減額等が行われる（同法第67条～68条）。（上巻 p.66）

問題9　　正解　2、4、5

1 × 30％ではなく、**25％**である。国は、介護給付及び予防給付に要する費用として、すべての市町村に対して**20％の国庫負担**と、財政の調整を行うために市町村の財政力に応じた**調整交付金5％**を交付する（介護保険法第121条、122条）。（上巻 p.61）

2 ○ 設問の通り。同法第122条第1項に規定されている。（上巻 p.61）

3 × 都道府県ではない。第1号被保険者の場合は、**市町村**又は**年金からの天引き**による徴収、第2号被保険者の場合は、**医療保険者の保険料**により徴収される(同法第129条第1項、第4項)。なお、市町村からの徴収を**普通徴収**、年金からの天引きによる徴収を、**特別徴収**という。（上巻 p.62、64、65、67）

4 ○ 設問の通り。同法第126条第1項、第2項、第150条第1項に規定されている。（上巻 p.59、67）

5 ○ 設問の通り。同法第130条に規

定されている。(基本テキスト記載なし)

問題 10　正解　1、3、5

1　○　設問の通り。介護保険法第 129 条第 2 項に規定されている。(上巻 p.63)

2　×　おおむね 5 年ではなく、**おおむね 3 年**である(同法第 129 条第 3 項)。(上巻 p.63)

3　○　設問の通り。同法第 132 条第 2 項に規定されている。(上巻 p.65)

4　×　政令ではなく、**条例**で定める(同法第 133 条)。(上巻 p.65)

5　○　設問の通り。同法第 142 条に規定されている。(上巻 p.66)

問題 11　正解　1、4

1　○　設問の通り。介護保険法第 115 条の 45 第 1 項に規定されている。(上巻 p.152)

2　×　都道府県ではなく、**市町村**が設定する(同法第 115 条の 45 第 10 項)。(上巻 p.149)

3　×　地域支援事業の実施については、**施設所在地の市町村が行う**が、費用は、**利用者が負担**する(同法第 115 条の 45 条第 10 項)。(上巻 p.149)

4　○　設問の通り。利用できるのは、**居宅要支援被保険者**である(同法第 115 条の 45 第 1 項)。(上巻 p.152)

5　×　**第 2 号被保険者も利用できる。**同法第 115 条の 45 第 1 項では、介護予防・生活支援サービス事業を「第一号事業」という、と規定されており、混同しやすいが、ここでいう第一号とは、第 1 号被保険者のことを指しているのではない。(上巻 p.148、154)

問題 12　正解　1、3、4

1　○　設問の通り。包括的支援事業の**生活支援体制整備事業**として、高齢者の社会参加および生活支援の充実を推進するために配置される。**生活支援コーディネーター**(地域支え合い推進員)は、高齢者の生活支援等サービスやその提供体制を構築するため、サービスの担い手となるボランティアの養成・発掘等を行う。(上巻 p.158)なお、**就労的活動支援コーディネーター**(就労活動支援員)等も、同事業に配置される。(上巻 p.158)

2　×　包括的支援事業ではなく、**任意事業**のその他の事業、**地域自立生活支援事業**に配置される。**介護サービス相談員**は、介護サービスが提供される場に出向いて、利用者の疑問や不満、不安を受付け、介護サービス提供事業者及び行政との橋渡しをしながら、問題の改善や介護サービスの質の向上に繋げる役割を担う。(上巻 p.159)(参照:「厚生労働省」介護サービス相談員、及び介護サービス相談員派遣等事業について)

3　○　設問の通り。包括的支援事業の**認知症総合支援事業**として、認知症本人の意思が尊重され、できる限り住み慣れた地域で自分らしく暮らし続けることができる地域の構築を推進するために配置される。**認知症地域支援推進員**は、地域における支援体制の構築と認知症ケア向上を図る。(上巻 p.158)

4　○　設問の通り。選択肢3の解説を参照。**チームオレンジコーディネーター**は、「共生」の地域づくりを推進する。

5　×　包括的支援事業ではなく、居宅

サービス事業、介護予防サービス事業を行う、**福祉用具貸与事業所**および**特定福祉用具販売事業者**への配置が義務付けられている（指定居宅サービス等の事業の人員、設備及び運営に関する基準第194条第1項）。（上巻 p.550）なお、任意事業のその他の事業として、**福祉用具・住宅改修支援事業**が位置付けられているが、これは、福祉用具・住宅改修に関する相談、住宅改修費に関する助言のほか、住宅改修費支給の理由書を作成した場合に経費が助成されるものである。（参照：公益財団法人長寿科学振興財団 健康長寿ネット 高齢者を支える制度とサービス 任意事業とは）

問題13　　　　　　　正解　2、3、5

1　×　国民健康保険団体連合会ではなく、**社会保険診療報酬支払基金**の業務である。なお、社会保険診療報酬支払基金は、医療保険における診療報酬の審査および支払いを行うこととして設立された機関であるが、介護保険関係業務として、①医療保険者からの介護給付費・地域支援事業支援納付金の徴収、②市町村に対する介護給付費交付金の交付、③市町村に対する地域支援事業支援交付金の交付などを行っている。（介護保険法第160条第1項第1～3号）。（上巻 p.68）

2　○　設問の通り（同法第176条第1項第2号）。（上巻 p.173）

3　○　設問の通り（同法第179条）。（上巻 p.173）

4　×　国民健康保険団体連合会ではなく、**市町村**の業務である。市町村は、指定居宅介護支援事業所の者に帳簿書類の提出もしくは提示、出頭を求め、又は職員による質問、事業に関係のある場所への**立入検査**ができる（同法第83条第1項）。（参考：上巻 p.57、119）

5　○　設問の通り。市町村は、**損害賠償金の徴収又は収納の事務**を国民健康保険団体連合会に委託することができる（同法第21条第3項、第176条第2項第1号）。（上巻 p.119、175）

問題14　　　　　　　正解　1、4、5

1　○　設問の通り。介護保険法第115条の35第1項に規定されている。（上巻 p.144）

2　×　市町村長ではなく、**都道府県知事**に報告する。選択肢1の解説を参照。（上巻 p.144）

3　×　国民健康保険団体連合会ではなく、**都道府県知事**が行う（同法第115条の35第2項）。（上巻 p.144）

4　○　設問の通り（同法施行規則別表第1第3号イ）。（上巻 p.145）

5　○　設問の通り（同法第115条の35第7項）。（上巻 p.145）

問題15　　　　　　　正解　3、4、5

1　×　利用者に対して**必要な援助を行う**。指定居宅介護支援事業者は、自らが居宅サービス計画に位置付けた指定居宅サービス又は指定地域密着型サービスに対する苦情の国民健康保険団体連合会への申立てに関して、**利用者に対し必要な援助**を行わなければならない（指定居宅介護支援等の事業の人員及び運営に関する基準

第26条第5項）。

さらに、同基準第26条第6項では、国民健康保険団体連合会が行う**調査に協力**するとともに、指導又は助言を受けた場合においては、必要な**改善**を行わなければならない。続けて第26条第7項では、国民健康保険団体連合会からの求めがあった場合には、**改善の内容**を国民健康保険団体連合会に**報告**しなければならないとされている。（上巻 p.314）

2 × **利用者等から直接**苦情を受け付ける。国民健康保険団体連合会は、介護サービスの利用者等からの相談に応じるとともに、苦情申立てに基づき指定事業者等に対し、介護サービス等の質の向上を目的とする調査、指導及び助言（苦情対応業務）を行うこととされている（介護保険法第176条第1項第3号）。（上巻 p.174）

3 ○ 設問の通り。選択肢2の解説を参照。同法に規定されている。

4 ○ 設問の通り。指定居宅サービス等の事業の人員、設備及び運営に関する基準第36条第2項、第73条の2第2項第6号に規定されている。指定訪問看護事業者は、**利用者に対する指定訪問看護の提供に関する次の各号に掲げる記録**を整備し、その完結の日から二年間保存しなければならない。そのひとつに、**苦情の内容等の記録**が含まれる。（上巻 p.426）

5 ○ 設問の通り。同基準第36条第1項に規定されている。指定訪問介護事業者は、提供した指定訪問介護に係る利用者及びその家族からの苦情に迅速かつ適切に対応するために、**苦情を受け付けるための窓口を設置する等の必要な措置**を講じなければならない。（上巻 p.426）

問題16　　正解　1、4

1 ○ 設問の通り。なお、主治医意見書における認知症の中核症状の項目として、①**短期記憶**、②**日常の意思決定を行うための認知能力**、③**自分の意思の伝達能力**がある。（上巻 p.78）

2 × 認知症の中核症状の項目ではなく、認知症の**行動・心理症状**（BPSD）に含まれる。（上巻 p.78）

3 × 認知症の中核症状の項目ではなく、認知症の**行動・心理症状**（BPSD）に含まれる。（上巻 p.78）

4 ○ 設問の通り。選択肢1の解説を参照。

5 × 認知症の中核症状の項目ではなく、認知症の**行動・心理症状**（BPSD）に含まれる。

なお、主治医意見書における認知症の行動・心理症状（BPSD）の項目として、①幻視・幻聴、②妄想、③昼夜逆転、④暴言、⑤暴行、⑥介護への抵抗、⑦徘徊、⑧火の不始末、⑨不潔行為、⑩異食行動、⑪性的問題行動、⑫その他がある。（上巻 p.78）

問題17　　正解　1、4、5

特定疾病とは、要介護状態の原因である身体上又は精神上の障害が加齢に伴って生ずる心身の変化に起因する疾病であって政令で定める**16の疾病**を指す（介護保険法第7条第3項）。（上巻 p.71）

1 ○ 設問の通り。

2 × 慢性肝疾患は特定疾病ではない。

3 × 潰瘍性大腸炎は特定疾病ではない。

4　○　設問の通り。
5　○　設問の通り。

問題 18　　　　　　　正解　1、3
1　○　設問の通り。あくまでも**介護の必要性を判断するための尺度**として、推計告示によって示されているものである。（上巻 p.79）
2　×　**同居家族の有無は問わない**。要介護認定等基準時間は、認定申請を行った被保険者について、認定調査の結果に基づき、当該被保険者に対して（**介護者等**により）行われる、①入浴、排せつ、食事等の介護、②洗濯、掃除等の家事援助等、③徘徊に対する探索、不潔な行為に対する後始末等、④歩行訓練、日常生活訓練等の機能訓練、⑤輸液の管理、褥瘡の処置等の診療の補助等の5分野の行為に要する1日あたりの時間として推計される。（上巻 p.77、79）
3　○　設問の通り。**1分間タイムスタディ**という調査法により得られたデータを根拠としている。（上巻 p.79、80）
4　×　原則として、**新規認定の調査**は、**市町村職員**が行い（介護保険法第27条第2項）、更新認定・変更認定の調査を、指定居宅介護支援事業者等が行う（同法第28条第5項）。（上巻 p.75）
5　×　一次判定ではなく、介護認定審査会において行われる**二次判定**で使用する。（上巻 p.80）なお、一次判定で使用するのは認定調査票のうち、**基本調査**の項目（74項目）である。（上巻 p.77）

問題 19　　　　　　　正解　1、2、5
1　○　設問の通り。利用者の自立した日常生活の支援を効果的に行うためには、**利用者の心身又は家族の状態等に応じて、継続的かつ計画的に居宅サービスが提供**されることが重要であるとされる（指定居宅介護支援等の事業の人員及び運営に関する基準について第二3（8）③）。（上巻 p.317）
2　○　設問の通り（同基準について第二3（8）⑤）。（上巻 p.318）
3　×　居宅サービス計画の原案について、最終的には、**文書によって利用者の同意を得る**ことが義務付けられている（同基準について第二3（8）⑩）。（上巻 p.322）
4　×　作成した居宅サービス計画は、**遅滞なく利用者及び担当者に交付**しなければならない（同基準について第二3（8）⑪）。（上巻 p.323）
5　○　設問の通り。あらかじめ、居宅での生活における介護上の留意点等の情報を介護保険施設等の従業者から聴取する等の**連携を図る**とともに、居宅での生活を前提として課題分析を行った上で、**援助を行う**ことが重要とされる（同基準について第二3（8）⑱）。（上巻 p.327）

問題 20　　　　　　　正解　2、3、4
1　×　**書面に代えて電磁的記録によることができる**のであって、書面による記録と両方整備する必要はない（指定居宅介護支援等の事業の人員及び運営に関する基準第31条第1項）。（上巻 p.314）
2　○　設問の通り。なお、整備しなければならないとされている記録は次の通りである（同基準第 29 条）。

〈記録の整備〉

①従業者、設備、備品及び会計に関する諸記録
②利用者に対する指定居宅介護支援の提供に関する次の記録 (1) 指定居宅サービス事業者等との連絡調整に関する記録 (2) 個々の利用者ごとに次に掲げる事項を記載した居宅介護支援台帳 イ　居宅サービス計画 ロ　アセスメントの結果の記録 ハ　サービス担当者会議等の記録 ニ　モニタリングの結果の記録 (3) 市町村への通知に係る記録 (4) 苦情の内容等の記録 (5) 事故の状況及び事故に際して採った処置についての記録

（上巻 p.254、314）

3　○　設問の通り。選択肢２の解説を参照。

4　○　設問の通り。選択肢２の解説を参照。

5　×　５年間ではなく、その完結の日から**２年間**である（同基準第 29 条第２号）。（上巻 p.254、314）

問題 21　　　　　　　正解　1、2、3

1　○　設問の通り。居宅サービス計画の実施状況の把握には、利用者について**継続的なアセスメントを含む**ことが、指定居宅介護支援等の事業の人員及び運営に関する基準第 13 条第 13 号に規定されている。（上巻 p.324）

2　○　設問の通り。介護支援専門員が作成する、居宅サービス計画書原案には、提供するサービスについて、その長期的な目標及びそれを達成するための短期的な目標並びにそれらの達成時期を明確に盛り込み、**達成時期には居宅サービス計画及び各指定居宅サービス等の評価を行い得るようにすることが重要**と規定されている（指定居宅介護支援等の事業の人員及び運営に関する基準について第二３（８）⑧）。（上巻 p.290、320）

3　○　設問の通り。介護支援専門員は、モニタリングにあたっては、利用者及びその家族、**指定居宅サービス事業者等との連絡を継続的**に行う（指定居宅介護支援等の事業の人員及び運営に関する基準第 13 条第 14 号）。（上巻 p.325）

4　×　少なくとも月に１回とは規定されていない。少なくとも月に１回行わなければならないのは、**利用者の居宅を訪問**し、利用者に**面接**すること、モニタリングの**結果を記録**することである（同基準第 13 条第 14 号）。（上巻 p.325）

5　×　結果を地域ケア会議に提出する義務はないが、モニタリングによる評価を記す「評価表」については、サービス担当者会議や地域ケア会議等において、活用することも想定されている。（上巻 p.295）

問題 22　　　　　　　正解　1、3、4

1　○　設問の通り。担当職員は、介護予防サービス計画の作成に当たっては、利用者の日常生活全般を支援する観点から、予防給付の対象となるサービス以外の保健医療サービス又は福祉サービス、**地域の住民による自発的な活動によるサービス等の利用**も含めて介護予防サービス計画上に位置付けるよう努めなければならない（指定介護予防支援等の事業の人員及び運営並びに指定介護予防支援等に係る介護予防のための効果的な支援の方法に関する基準第 30 条第４

号）。（上巻 p.373）

2 × 3月に1回ではなく、**少なくとも月に1回**である。担当職員は、指定介護予防サービス事業者等に対して、介護予防サービス計画に基づき、介護予防訪問看護計画書等指定介護予防サービス等基準において位置付けられている計画の作成を指導するとともに、サービスの提供状況や利用者の状態等に関する報告を**少なくとも一月に一回**、聴取しなければならない（同基準第30条第13号）。（上巻 p.373）

3 ○ 設問の通り。担当職員は、介護予防サービス計画に介護予防福祉用具貸与を位置づける場合にあっては、その利用の妥当性を検討し、**介護予防福祉用具貸与が必要な理由を記載**するとともに、必要に応じて随時、サービス担当者会議を開催し、その継続の必要性について検証をした上で、継続が必要な場合にはその理由を介護予防サービス計画に記載しなければならない(同基準第30条第24号)。（上巻 p.374）

4 ○ 設問の通り。担当職員は、介護予防サービス計画に位置づけた期間が終了するときは、**目標の達成状況について評価**しなければならない（同基準第30条第15号）。（上巻 p.374）

5 × 理学療法士ではなく、**主治の医師等の指示**が必要である。担当職員は、介護予防サービス計画に介護予防訪問看護、介護予防通所リハビリテーション等の医療サービスを位置付ける場合にあっては、医療サービスに係る**主治の医師等の指示**がある場合に限り行うものとし、医療サービス以外の指定介護予防サービス等を位置付ける場合にあっては、指定介護予防サービス等に係る主治の医師等の医学的観点からの留意事項が示されているときは、当該**留意点を尊重**して行うものとする（同基準第30条第22号）。（上巻 p.374）

問題 23　　正解　2、3、5

本事例では、介護支援専門員がAさんの意向を明確に聴取している。その**聴取した意向に沿って行える支援を選択**する。その際に、若年性認知症に関する社会資源の現状なども把握しておく必要がある。

1 × **Aさんの意向に反して説得する**ことは適切ではない。妻のために我慢して通っていることが分かった上で、次に、Aさん自身が今後どうしていきたいのか、まずは、**Aさんの希望を聞く**ことが大切である。（上巻 p.188）

2 ○ 適切である。Aさんは、会社の管理職をしていた、ということから、通所介護においても**役割が実感できる**よう、通所介護事業所に相談し、通所介護計画を再検討してもらうことは適切である。（上巻 p.488）

3 ○ 適切である。Aさんは、まだ働けるという認識があることから、社会の一員としての役割をもてるよう、Aさんが**参加したいと思うような活動や場所を探す**ことは適切である。（下巻 p.461）

4 × Aさんは、通所介護をやめたい、とは言っていないため、**Aさんの意向ではないことを勧める**ことは、適切ではない。今の時点で聴取できている、高齢者ばかりの環境で馴染めないこと、妻のことも思って通所介護を選択していることに焦点をあて、問題の解決に向け、**必要な情報を提供し、話し合う**こと、また、通所介護の利用を通じて社会性を維持することが大切である。（下巻 p.461）

5 ○ 適切である。若年性認知症専用のデイサービスなどを開設しても、発症頻度が低く、利用者を確保できないことから、若年性認知症専用のデイサービスが少ない現状がある。このようにAさんが生活する地域に、必要としている社会資源が不足している場合には、**社会資源の開発**や、**地域ケア会議で提案**することは適切である。（下巻 p.211、462）

問題 24　　正解 1、3、5

本事例には、二人の専門職が登場する。まず、介護支援専門員の役割と相談支援専門員の役割、介護保険制度と障害者総合支援法によって利用できるサービス、について理解しておく必要がある。その上でAさん**本人の意向に沿って行える支援を選択**する。

1 ○ 適切である。Aさんと長女の同意を得た上で、**多職種との連携**を図ることは適切である。本事例では、長女が障害支援区分3であり、すでに相談支援専門員がかかわっていることから、まずその**相談支援専門員に現状を伝える**ことは適切である。（上巻 p.201、220）

2 × Aさんの意向は「通所介護での入浴」である。自宅の浴槽で入浴できる方法を検討することも必要ではあるが、直ちに浴室の改修を勧めることは**早急すぎる**ため、適切ではない。（上巻 p.555）

3 ○ 適切である。共生型サービスとは、**高齢者と障害者が同一の事業所でサービスを受けられるもの**である。Aさんの意向である「通所介護で入浴したい」「長女を一人にするのが不安だ」に沿って、Aさんと長女が二人同時に利用できる共生型サービス事業所の**情報を収集**することは、適切である。（上巻 p.130）

4 × Aさんの意向のなかに、施設入所の文言は見当たらない。またAさんは現在要介護2の認定を受けており、原則として**要介護3以上が入所の条件となる特別養護老人ホームには入所できない**。よって本肢は適切ではない。（上巻 p.710）

5 ○ 適切である。Aさんは変形性股関節症が悪化していることから、予後予測（変形性股関節症の症状の改善の可能性）について、本人の同意を得た上で、**医学的視点（主治医）からの意見を求める**ことは適切である。（上巻 p.219）

問題 25　　正解 2、3、5

本事例では、Aさん本人の意向が明確に示されている。認知症ということばに惑わされず、Aさん**本人の意向に沿い**、かつ、介護支援専門員として行える支援を選択する。

1 × 銀行手続等の金銭管理は、介護支援専門員が業務として行うことはできない。よって本肢は、適切ではない。なお、介護支援専門員の業務は、要介護者又は要支援者からの相談に応じ、**心身の状況等に応じ適切なサービスを利用できるようサービス事業者と連絡調整を行うこと**である（介

護保険法第7条第5項）。（上巻p.122）

2 ○ 適切である。Aさんの「このまま家で気楽に暮らし続けたい」という意向に沿って、Aさんと妹の同意を得た上で、**社会資源と結びつける**ことは適切な対応である。この場合、認知症と診断されたり、外出先で道に迷って警察に保護されたことがあることから、地域での見守りについて**民生委員などに相談**することは適切な対応である。（参考：下巻p.458）

3 ○ 適切である。日常生活自立支援事業は、**福祉サービスの利用援助、日常的金銭管理サービス、書類等の預かりサービス**を行うものである。介護支援専門員が金銭管理を行えないということをAさんに説明した上で、Aさんに必要な**社会資源を情報提供**することは適切である。（下巻p.517）

4 × まず、明確に示されている**Aさんの意向に沿って、家での暮らしを続ける方法を検討**する。妹の要望だけで施設サービスの利用手続きを始めることは、適切ではない。（上巻p.192）

5 ○ 適切である。先日、外出先で道に迷って警察に保護されるなど、生活状況に変化がみられるため、**再アセスメント**を行うことは適切である。認知症の状態や生活状況を把握した上で、現在の週1回訪問介護の**利用が妥当**であるか、場合によっては**計画の変更を検討**する。（上巻p.195）

問題26　　正解　2、3、4

1 × 前胸部の圧迫感を生じる。**狭心症**には、①労作性狭心症、②異型狭心症がある。労作性狭心症では階段昇降など運動時に、異型狭心症では労作の有無にかかわらず、夜間・未明・睡眠中に、**前胸部の圧迫感を生じる**。（下巻p.124）

2 ○ 設問の通り。**起座位**とは、身体を起こして座った状態のことで、**心不全の呼吸困難**時には、自覚症状、血行動態の改善が得られる。（下巻p.127）

3 ○ 設問の通り。**食事、高血圧、電解質**（ナトリウム、カリウム、カルシウム、リンなど）の管理が必要である。**慢性腎不全**の治療は、腎不全の進行を抑えて自覚症状を改善することが中心となる。（下巻p.136）

4 ○ 設問の通り。高齢者の**糖尿病**では、**口渇、多飲、多尿**の症状が出現しにくく、かなり進行した状態で発見されることがある。（下巻p.141）

5 × 細菌性の感染症ではなく、水痘・帯状疱疹ウイルスの再活性化によって生じる**ウイルス性の疾患**である。（下巻p.158）

問題27　　正解　3、5

1 × 罪業妄想、貧困妄想、心気妄想などの**妄想症状が出現**することがある。（下巻p.264）

2 × **自死を図る**ことがある。老年期うつ病では、特に**心気的な訴え**が多くなり、めまい、しびれ、排尿障害、便秘などの**自律神経症状**が出現する。ひどくなると**妄想症状**が出現し、自死を図ることもある。（下巻p.264）

3 ○ 設問の通り。妄想性障害への対応では、その置かれた**状況への洞察**と、**共感**が大切な要素である。また、

適切な社会的支援に結びつけることも、大切な要素である。（下巻 p.266）
4 × 神経症では、気のもちようではなく、**病気であると認識することが重要**である。（下巻 p.274）また、できるだけ本人の話に耳を傾け、つらさを受け止める必要がある。（下巻 p.275）
5 ○ 設問の通り。アルコール依存症の治療は、①離脱治療、②依存治療の２段階に分けられる。離脱治療後の依存治療では、**自助グループ**などの地域の社会資源の活用も有用である。（下巻 p.267、268）

問題 28 正解 1、3、4
1 ○ 設問の通り。降圧剤、利尿剤、抗うつ薬、血管拡張薬などの**薬剤**や、**飲酒**なども原因になる。（下巻 p.71）
2 × 低くなるのではなく、**高く**なる傾向がある。加齢とともに、収縮期血圧は高くなる傾向にあり、拡張期血圧は低くなる傾向にある。（下巻 p.70）
3 ○ 設問の通り。**橈骨動脈、頸動脈、股動脈**などで脈拍をみる。高齢になると一般的に脈拍数が少なくなる。（下巻 p.69）
4 ○ 設問の通り。**重度の徐脈**は、**意識障害、失神**を伴うことがある。（下巻 p.69）
5 × 刺激がないと眠ってしまう状態は、**傾眠**という。昏睡とは、**自発的運動がなく痛覚刺激にも反応しない状態**である。意識障害には、傾眠、昏迷（強い刺激でかろうじて開眼する）、半昏睡（時々体動がみられる）、昏睡までさまざまな段階がある。（下巻 p.71）

問題 29 正解 2、3、4
1 × BMI は、**体重（kg）を身長（m）の２乗で除した**ものである。日本肥満学会では、高齢者も一般成人と同様に、**18.5 未満を低体重、25 以上を肥満**としている。（下巻 p.74）
2 ○ 設問の通り。健康な高齢者では、加齢に伴う血清アルブミンの低下はみられず、**アルブミンが 3.6 g /dL 以下**の状態では、**骨格筋の消耗**が始まっている可能性がある。（下巻 p.75）
3 ○ 設問の通り。AST は、肝臓以外に**心臓、筋肉などの疾患や溶血性疾患**で上昇する。γ -GTP は、**脂肪肝やアルコール性肝炎**などで上昇する。下巻 p.75）
4 ○ 設問の通り。クレアチニンは、**腎機能**が悪くなると**高値**になる。ただし、寝たきりの高齢者のように筋肉量が低下している場合は、低値になるので留意が必要である。（下巻 p.75）
5 × 過去１週間ではなく、**過去 1~2 か月**の平均的な血糖レベルを反映している。空腹時の血糖が、110mg/dL 以上で耐糖能低下、**126 mg/dL 以上で糖尿病**と診断される。（下巻 p.76）

問題 30 正解 1、2、3
1 ○ 設問の通り。自立支援には、**利用者の残存機能をできる限り活かし、**利用者の力を引き出しても不足する部分を介護することが基本となる。（下巻 p.379）個人の尊厳を保持しながら、自立した日常生活を営むことができるよう、心身の状況に応じた介護を行う（社会福祉士及び介護福祉士法第２条、第 44 条の2）。（下巻 p.378）
2 ○ 設問の通り。このほかに、**リラク**

ゼーション効果を得たり、**心身を爽快**にしたりする一方で、**全身の血液循環の状態への影響が大きい**点に留意が必要である。（下巻 p.401）
3 ○　設問の通り。清拭している間に利用者の身体を冷やさないように、清拭を行う**居室等の温度や環境調整**に留意が必要である。（下巻 p.401）
4 ×　膀胱の中に尿が残ることではなく、**尿が漏れる**ことである。なお、尿失禁は、その障害に応じ、いくつかの種類に分けられる。①腹圧性尿失禁、②切迫性尿失禁、③溢流性尿失禁、④機能性尿失禁などである。（下巻 p.390）
5 ×　生活リズムを取り戻すことではなく、**身体的な特性**を理解した上で、その**力学的な相互関係**を利用して行う**姿勢や動作**のことである。介護の場面においては、ボディメカニクスを応用して**身体的特性を活かし**、無駄な動作を省いた、**最小限の力で最大限の効果をあげる**ことを目指している。（下巻 p.379）

問題 31　　　　　　正解　1、2、5
1 ○　設問の通り。味覚は、唾液に溶けた**味の刺激物質**が舌や口蓋等にある**味蕾を刺激**して起こる。（下巻 p.404）
2 ○　設問の通り。通常は誤嚥すると、体の防御反射で**咳、むせが生じる**が、気道の感覚が低下している場合には、誤嚥してもむせが生じないこともあるため、食事中、食後の嗄声（させい）や痰が増える等には留意が必要である。誤嚥してもむせなどを生じない症状のことを、**不顕性誤嚥**という。（下巻 p.405）
3 ×　**排泄されることはない**。包装シートを飲み込んでしまった場合には、内視鏡で取り除くことが必要になることもあるため、医療機関を受診する。（下巻 p.176）
4 ×　口腔環境と心疾患、脳血管疾患、認知症との関係性は研究が進んでいる。（下巻 p.405）また認知症の予防に関する研究も進み、**認知症の発症・進行に関与する因子**として、**歯周病**が挙げられている。（下巻 p.203）
5 ○　設問の通り。口腔内・口腔周囲を動かすこと、嚥下反射を促すことで廃用を予防し、**口腔機能を維持・向上**させ、**オーラルフレイル予防**につながる。（下巻 p.406）

問題 32　　　　　　正解　2、5
1 ×　住環境など環境因子の影響を受ける。認知症の症状は、中核症状と、BPSD に分けられ、BPSD とは、日本で従来、**周辺症状**といわれていたものにほぼ該当するものである。BPSD は、生い立ちや職歴などの**個人因子**や、住環境やケアの状況などの**環境因子**の影響を強く受ける症状である。（下巻 p.233）
2 ○　設問の通り。若年性認知症は、**65 歳未満の認知症**のことをさすが、初期において残存能力が高く社会活動を行えていることもあり、また、うつ病や統合失調症などの精神疾患を疑われて、**診断が遅れる傾向**にある。なお、2017 ～ 2019 年度に行われた調査における若年性認知症患者数は、全国で３万 5700 人と推定され、認知症全体の１%程度を占めている。（下巻 p.211）

3 × リアルな幻視やパーキンソニズムは、**レビー小体型認知症**の特徴である。（下巻 p.227）前頭側頭型認知症の特徴は、**脱抑制**、**常同行動**などである。脱抑制とは、我慢ができずにすぐに怒る、思い立ったらじっとしていられないなどの症状で、常同行動とは、マイルールを作り、時刻表通りの生活をするなど、同じ行動を繰り返す症状である。（下巻 p.229）

4 × 介護者本位で効率よく行っていた従来のケアから、**「その人らしさ」をケアの中心に置いて**、自分の気持ちや考えをうまく表現できない認知症の人の気持ちを介護者が汲み取って、本人の意向に沿い、本人の尊厳を傷つけないようにケアするものである。イギリスのトム･キットウッドにより提唱されたケアの理念である。（下巻 p.243 ～ 245）

5 ○ 設問の通り。あくまでも利用者本人の同意を得た上で、利用者本人の細やかな変化を主治医に伝える（**本人の思いを代弁**する）ことで、**状況に応じた適切な薬物療法**（一人ひとりの効き方や副作用をみながらさじ加減すること）が**可能**となり、**利用者と家族が穏やかに暮らせることを支援する医療**へつなげられる。（下巻 p.237）

問題 33 正解 1、2、3

1 ○ 設問の通り。リハビリテーションにおける治療には、①機能障害そのものへのアプローチ、②代償的アプローチがある。代償的アプローチには、①**残存機能の活用**、②**補助具の活用**、③**環境の調整**が含まれる。（下巻 p.284、285）

2 ○ 設問の通り。**発症（手術）直後から**ベッドサイドで開始される。（下巻 p.282）

3 ○ 設問の通り。急性期リハビリテーションに続いて行われるもので、**多職種**リハビリテーションチームにより行われる**集中的かつ包括的**なリハビリテーションである。（下巻 p.283）

4 × **終末期にある者も対象**とする。リハビリテーションは、①**予防的**リハビリテーション、②**治療的**リハビリテーション、③**維持的**リハビリテーションに分けられる。維持的リハビリテーションでは、**維持期リハビリテーション**と、**終末期リハビリテーション**が実施される。（下巻 p.281、p.317）

5 × **バス等の公共交通機関への乗降の支援も対象**とする。ADL に加え、いわゆる IADL と呼ばれる手段的日常生活動作（買い物、調理、お金の管理、交通手段の活用など社会生活を送る上で欠かすことのできない手段）の向上を図るため、訪問リハビリテーションで提供できるようになっている。（下巻 p.288）

問題 34 正解 1、3、5

1 ○ 設問の通り。薬剤を処方するのは、**医師**である。病院で処方される薬は、医師が利用者の症状や体調を診て処方する。（下巻 p.350）

2 × **服薬介助できる**。介護支援専門員は、介護職と利用者がコミュニケーションを図りながら、**適正な服薬の介助**をできるようにする。（下巻 p.340）なお、訪問介護として提供可能なサービスを示した「訪問介護におけるサービス行為ごとの区分等について」（平成12年老計第10号）では、身体介護として服薬介助が位置付けられている。（上巻 p.432）

3 ○　設問の通り。相互作用は薬だけで起きるものではなく、**健康食品の併用**によるもの、**ふだん摂取している食品、嗜好品などとの併用**でも起きる。（下巻 p.342）

4 ×　薬の変更や中止により、**重篤な症状**（下痢や発疹など）が起こることがある。（下巻 p.341）

5 ○　設問の通り。内服薬は、通常は**約100mLの水**又は**ぬるま湯**で飲む。（下巻 p.341）

問題35　　　　　　正解　1、2、4

1 ○　設問の通り。**入院時における医療機関との連携促進**として、指定居宅介護支援等の事業の人員及び運営に関する基準第4条に規定されている。（下巻 p.28 ～ 31）

2 ○　設問の通り。EBMは、数多くの医師の経験や調査の結果を**統計学的に解析した資料に基づく医療**のことである。また、EBMの欠点を補完するものとして、**NBMも重要視**されている。NBM（Narrative Based Medicine）とは、個々の人間の感じ方や考え方に耳を傾けて自己決定を促す医療のことである。（下巻 p.25）

3 ×　あくまでも選択するのは、患者自身であるが、介護支援専門員は、**治療法の選択を患者自身に促すため**に、第三者的な立場から**助言**することがある。（下巻 p.26）

4 ○　設問の通り。**退院前カンファレンスに参加**することで、治療を担当していた「治療チーム」と在宅での生活を担当する「在宅チーム」との橋渡しができる。（下巻 p.29）

5 ×　住民によるボランティア活動は含まれる。**住民によるボランティア**には、寝たきりや一人暮らしの高齢者への配食サービス、一人暮らしの高齢者に対する見守り・訪問活動、さらに地域の人などとの交流の場づくりなどがある。これらは、**インフォーマルサービス**に含まれる。利用者が社会の一員として役割をもつこと、地域とのつながりを維持することができるよう、介護支援専門員は、フォーマルサービスとインフォーマルサービスを含めた**社会資源の調整**が必要である。（下巻 p.459、461）

問題36　　　　　　正解　2、3、4

1 ×　間食（おやつ等）で補う。**高エネルギーの間食を利用**することで、低栄養防止、水分補給につながる。（下巻 p.366）

2 ○　設問の通り。摂食・嚥下機能に合わせた**食形態と調理の工夫**が必要になる。とろみ剤の活用や、ストローを使用したり、小スプーンで一口量を調整することも重要である。（下巻 p.366、370）

3 ○　設問の通り。早期からの栄養ケアによる対応が必要である。栄養の専門職だけでなく、医師、看護師・介護職員、歯科医師、歯科衛生士、言語聴覚士、リハビリテーション職員などの**多職種**による**口腔・嚥下機能評価**を行う。（下巻 p.372、408）

4 ○　設問の通り。食べることは、単なる栄養補給にとどまらず、食べること自体がおおきな**楽しみ**、**生きがい**となり、さらには食べることを通して社会参加への契機となって、QOL が向上する。その結果、**健康寿命が伸長**し、**自己実現が可能**となる。（下巻 p.358）

5 × 対象者をケアすることが目的ではあるが、介護する家族の**体調や症状なども考慮**し、無理なく食支援を実施できる方法を検討することが望ましい。（下巻 p.372）

問題 37　　正解 3、4、5

1 × 末梢静脈ではなく、**太い静脈**である**中心静脈**を用いる。長さ 15 ㎝～40 ㎝程度のカテーテルを体表を通して血管内に挿入して行う。（下巻 p.51）

2 × 経鼻胃管ではなく、胃ろうの種類のひとつである。**胃ろう**の種類には、バルーン型とバンパー型があり、**バルーン型**は、胃の中で膨らませた風船で固定するもので、**バンパー型**は、ゴム製のストッパーで固定するものである。（下巻 p.54）

3 ○ 設問の通り。**静脈と動脈を自己血管もしくは人工血管**でつなぎ合わせた部位のことである。シャントに針を刺し、血液を透析装置に通すことで血液透析が行われる。（下巻 p.49）

4 ○ 設問の通り。ネブライザーにはいくつか種類があり、在宅では**コンプレッサー式**と**超音波式**が主に使用される。（下巻 p.63）

5 ○ 設問の通り。**手足の指先に光センサーを装着**するもので、利用者が気管切開をしている場合や人工呼吸器を装着している場合には、呼吸の苦しさを訴えることができないため、パルスオキシメーターによる測定は、**酸素飽和度の変化**を判断する目安になる。（下巻 p.65）

問題 38　　正解 1、3、5

1 ○ 設問の通り。このほかに、脱水の症状として、**ふらつき、めまい、だるさ、顔が赤くなる、舌の乾燥、排尿回数の減少、体重減少、血圧低下、微熱、頻脈**などがある。（下巻 p.182）

2 × 食事中ではなく、**食事と食事の間**（食事の２時間後が目安）のことである。（下巻 p.349）

3 ○ 設問の通り。**言葉が出てこない**又は**ろれつが回らない**という症状が生じるほか、**顔の片側が下がる**又は**ゆがみがある**こと、**腕の麻痺を示し片側の腕に力が入らない**、などの症状は、脳卒中の可能性がある。（下巻 p.180）

4 × 頭部打撲後は、**すぐに医療機関に連絡**し、**頭部 CT 検査**などの検査が必要である。打撲により､硬膜下血腫、硬膜外出血、脳内出血など生じる場合がある。（下巻 p.174）

5 ○ 設問の通り。このほか、**便秘をしないようにする、適度な運動をする、適度な水分を摂る、過度なアルコール摂取は控える、刺激の強い食事は控える、新しい薬を飲むときは医師に相談する**といった点に留意が必要である。（下巻 p.137）

問題 39　　　　　正解　1、4、5

1　○　設問の通り。（下巻 p.90）

〈健康日本 21　国民の健康の増進の推進に関する基本的な方向〉

①**健康寿命の延伸**と健康格差の縮小 ②生活習慣病の発症予防と重症化予防の徹底 ③社会生活を営むために必要な機能の維持及び向上 ④健康を支え、守るための社会環境の整備 ⑤栄養・食生活、身体活動・運動、休養、飲酒、喫煙及び歯・口腔の健康に関する生活習慣及び社会環境の改善

2　×　フレイル予防に役立つ。フレイル予防には、①**栄養**（食・口腔機能）、②**身体活動**（運動、社会活動など）、③**社会参加**（就労、余暇活動、ボランティア活動など）が、バランスよく生活に取り入れられることが求められている。（下巻 p.92）

3　×　**運動療法は必要**である。運動しないで過ごしていると、廃用症候群を加速させ､より機能が低下する。（下巻 p.108）

4　○　設問の通り。**定期的な運動**は、筋肉の強化を促し、**痛みや腫脹を抑える**効果がある。不適切な強化運動は、筋肉の断裂や関節の疼痛が悪化する要因にもなるため、症状に応じ、適切な指導を受けることが重要である。（下巻 p.116）

5　○　設問の通り。骨粗鬆症は、骨折してから骨の脆弱性に気付くことが多い病気である。**無症状のうち**に骨粗鬆症の**検査**を受け、必要であれば**治療**することによって、将来的な**骨の健康を保つ**ことが重要である。（下巻 p.120）

問題 40　　　　　正解　1、3、5

1　○　設問の通り。生命予後の予測や今後予測される経過について、医師から情報を得るとともに、主治医や訪問看護師と密に連携し、利用者家族に対して状況に即した病状説明がなされるよう配慮する。（下巻 p.321）

2　×　呼吸停止の瞬間に、**必ずしも医師が立ち会えない**。呼吸が止まったことを確認したら主治医へ連絡し、主治医が往診して、死亡を確認する。救急車ではなく、かかりつけ医に連絡することを共有しておく必要がある。（下巻 p.332）

3　○　設問の通り。呼吸器の症状、呼吸の変化には、**死前喘鳴**のほか、**チェーンストークス呼吸**や**下顎呼吸**が起こる。（下巻 p.330）

4　×　本人への語りかけをやめない。耳は最期まで聞こえているといわれている。反応がないようにみえても、**いつも通り声をかけ**、**尊厳を保持**することに大切な意味がある。（下巻 p.330）

5　○　設問の通り。エンゼルケアでは、**身体を清潔**にし、**その人らしい外見に整える**ことを行う。悲しみを癒すために大切な手順であり、このような**遺族の悲嘆への配慮や対応**は、**グリーフケア**と呼ばれ、重要な意味をもつ。（下巻 p.332）

問題 41　　　　　正解　2、3、4

1　×　介護保険ではなく、**医療保険**から給付が行われる。（上巻 p.461）医療保険から給付される訪問看護には、①**急性増悪時の訪問看護**（特別訪問看護指示書が必要）、②**末期の悪性腫瘍**（末期がん）の患者への訪問看護、③**神経難病**など厚生労働大臣が定める疾病等の患者への訪問看護、④**精**

神科訪問看護（認知症を除く）がある。（上巻 p.454）

2　○　設問の通り。指定居宅サービス等の事業の人員、設備及び運営に関する基準第 61 条第 1 項、第 2 項に規定されている。（上巻 p.464）

3　○　設問の通り。同基準第 68 条第 4 号に規定されている。（上巻 p.456）

4　○　設問の通り。訪問看護事業所には、①指定訪問看護ステーション、②病院又は診療所から訪問看護を提供する指定訪問看護事業所がある。②については、**保険医療機関**であれば**指定があったものとみなされる**。（上巻 p.463）

5　×　すべての訪問看護事業所が、24 時間 365 日サービス提供するのではなく、**緊急時訪問看護（加算）**を算定する訪問看護事業所については、24 時間 365 日、連絡が取れる体制を取ったうえで、必要に応じ、訪問看護を提供する。（上巻 p.460）

問題 42　　　　　正解　1、4、5

1　○　設問の通り。指定居宅サービス等の事業の人員、設備及び運営に関する基準第 114 条第 1 号に規定されている。（上巻 p.492）

2　×　介護老人福祉施設では提供されない。通所リハビリテーションは、**介護老人保健施設、介護医療院、病院、診療所**その他**厚生労働省令で定める施設**で提供されるものである。（介護保険法第 8 条第 8 項）。（上巻 p.492）

3　×　生活相談員の配置は義務付けられていない。指定通所リハビリテーション事業者は、**医師、理学療法士、作業療法士、言語聴覚士、看護職員・介護職員**などの人員を配置する必要がある（指定居宅サービス等の事業の人員、設備及び運営に関する基準第 111 条）。（上巻 p.501）

4　○　設問の通り。同基準第 115 条第 1 項に規定されている。（上巻 p.493）

5　○　設問の通り。（上巻 p.499）介護保険制度におけるリハビリテーションマネジメントでは、SPDCA サイクルを用いている。Survey（調査）、Plan（計画）、Do（実行）、Check（評価）、Act（改善）のサイクルのうち、Check（評価）は定期的に行われ、評価結果を踏まえ、Plan（計画）の見直し、Act（改善）が行われる。（下巻 p.295）

問題 43　　　　　正解　1、2、4

1　○　設問の通り。指定居宅サービス等の事業の人員、設備及び運営に関する基準第 141 条に規定されている。（上巻 p.516）

2　○　設問の通り。選択肢 1 の解説を参照。（上巻 p.516）

3　×　あらかじめ位置づけられていない場合にも、**緊急に利用することが可能**である。居宅サービス計画において計画的に行うこととなっていない指定短期入所療養介護を緊急に行った場合は、**緊急短期入所受入加算**を算定できる。緊急時の受け入れは、短期入所療養介護の大きな特徴のひとつである（「指定居宅サービスに要する費用の額の算定に関する基準別表 9」）。（平成 12 年 2 月 10 日厚生省告示第 19 号）（上巻 p.518、519）

4　○　設問の通り。**相当期間以上にわたり継続して入所することが予定さ**

れる利用者について作成することと規定されている。相当期間以上とは、おおむね**4日以上**とされている。（同基準第147条第1項）。（上巻p.516、参考：p.509）

5 × **ターミナルケア**も実施する。医療ニーズの高い要介護者の利用が多いことも、短期入所療養の特徴のひとつである。なお、短期入所療養介護の内容は、①疾病に対する医学的管理、②装着された医療機器の調整・交換、③リハビリテーション、④認知症患者への対応、⑤緊急時の受け入れ、⑥急変時の対応、⑦ターミナルケアである。（上巻p.519）

問題44　　　　　　正解　1、4、5

1 ○ 設問の通り。指定地域密着型サービスの事業の人員、設備及び運営に関する基準第3条の2に規定されている。（上巻p.608）

2 × 要支援者は利用できない。利用できるのは、**居宅要介護者**である（介護保険法第8条第15項）。（上巻p.607）

3 × 利用者の心身状況等に応じて、**訪問を行わない日**もある。定期巡回・随時対応型訪問介護看護計画は、既に居宅サービス計画が作成されている場合は、居宅サービス計画の内容に沿って作成しなければならない。ただし、提供する日時等については、居宅サービス計画に定められた指定定期巡回・随時対応型訪問介護看護が提供される日時等にかかわらず、**居宅サービス計画の内容及び利用者の日常生活全般の状況及び希望を踏まえ、計画作成責任者が決定する**ことができる（指定地域密着型サービスの事業の人員、設備及び運営に関する基準第3条の24第2項）。（上巻p.610）

4 ○ 設問の通り。随時対応サービスにおいて、オペレーターは、計画作成責任者及び定期巡回サービスを行う訪問介護員等と密接に連携し、利用者の心身の状況、その置かれている環境等の的確な把握に努め、**利用者又はその家族に対し、適切な相談及び助言**を行うものとする（同基準第3条の22第2号）。（上巻p.610）

5 ○ 設問の通り。おおむね**6か月に1回**以上、サービス提供状況等を報告し、評価を受けるとともに、必要な要望、助言等を聴く機会を設けなければならない(同基準第3条の37)。（上巻p.614）

問題45　　　　　　正解　1、3

1 ○ 設問の通り。**地方公共団体、医療法人、社会福祉法人**が開設できる（介護保険法第94条第3項）。（基本テキスト記載なし）

2 × 15人を超えることではなく、**15人を超えない**ものと定められている。なお、**原則は10人以下**とされている（介護老人保健施設の人員、施設及び設備並びに運営に関する基準第41条第2項第1号イ（2））。（上巻p.716）

3 ○ 設問の通り。同基準第2条第1項第6号に規定されている。（上巻p.723）

4 × 処置室の設置は必須ではない。医療機関併設型小規模介護老人保健施設の場合、併設される介護医療院又は病院若しくは診療所の施設を利用することにより、入所者及び入院患者の処遇が適切に行われると認められるときは、療養室及び診察室を除き、**共用**することができる（同基準第3条）。（参考：上巻 p.716、723）

5 ×　80%以上ではなく、約**45**%である。他の施設と比較し、要介護4と5の入所者が少ないため、**平均要介護度が低く**、**要介護1～5の入所者**がある程度**平均的に分布**している。（上巻 p.717）

問題 46　　　　　　正解　2、3、5

1 ×　必ずしも混乱するとは限らない。例えば、言語障害のある人とのコミュニケーションでは、**イラスト**や**写真**、**手話**、**筆談**などによるコミュニケーション、さまざまな**コミュニケーション補助具**など、**クライエントに応じて適切に活用**する。（下巻 p.437）

2 ○　設問の通り。クライエントが否認していることによって生じている**矛盾点を指摘**することで、クライエント自身が、感情・体験・行動を**見直し**ていく（**成長を促す**）ことができるコミュニケーション技法である。（下巻 p.442）

3 ○　設問の通り。非言語的コミュニケーションには、ジェスチャー、表情、姿勢、うなずき等がある。**言語的コミュニケーション**では情報の内容を、**非言語的コミュニケーション**では思い、気持ち、感情を伝えることができる。両者は異なるメッセージを伝えることが多くあることから、クライエントの主訴の把握にあたっては、言語的コミュニケーションだけでなく、非言語的コミュニケーションも用いることが望ましい。（下巻 p.436）

4 ×　関係を投影するのではなく、援助者が**クライエントの世界**を、**クライエント自身がとらえる**よう（その人の内に入っているかのよう）に理解する能力である。（下巻 p.439）

5 ○　設問の通り。**クローズドクエスチョン**（閉じられた質問）は、「はい」「いいえ」で答えられる質問で、明確な回答を得たいときに用いる。それに対し、話を広げて得られる情報を増やしていく質問のことを、**オープンクエスチョン**（開かれた質問）という。（下巻 p.441）

問題 47　　　　　　正解　3、4、5

1 ×　地域援助技術ではなく、**面接技術**の一つである。（下巻 p.430）

2 ×　支援過程の後期ではなく、**始め**に実施する面接である。（下巻 p.430）相談面接は、①開始（受付・初期面接相談・インテーク）、②アセスメント、③契約、④援助計画、⑤実行・調整・介入、⑥援助活動の見直し・過程評価、⑦終結、⑧フォローアップ・事後評価・予後という流れで実施される。（上巻 p.266）

3 ○　設問の通り。クライエントの主訴を**言語化**し、クライエントの**同意**を得ながら、問題解決に向け一定の方向性を確認する。（上巻 p.268）

4 ○　設問の通り。クライエントに関する情報収集とそれに対する同意を得ながら、**繰り返し**理解を深めていく作業である。また、クライエントの生活観・価値観は、**1回の面接だけで把握できるものではない**。（上巻 p.268、

273）

5 ○ 設問の通り。インテーク面接では、クライエントが訪れた支援機関の**契約に関する説明**を行い、**同意**を得る。（上巻 p.267）

問題 48　　正解 1、3

1 ○ 設問の通り。対象者の人生観・価値観および対象者を取り巻く環境を**アセスメント**し、必要なサービスやその他の社会資源を活用しながら、対象者のウェルビーイングを高める支援を行う。（下巻 p.417）

2 × **問題発見・アウトリーチ**は、支援者である専門職が、積極的に地域に出向き、ニーズの発見を行うものである。（参考：p.420）**家族、地域住民**も対象である。

3 ○ 設問の通り。インフォーマルな支援の開発や、対象者の権利を擁護するために地域や制度へ働きかける（**ソーシャルアクション**）ことが求められる。（下巻 p.417）

4 × 支援を中止するのではなく、必要な**支援が導入できるよう環境整備**を行う。支援にあたる専門職は、まず支援を拒否する背景や要因を明らかにする（**アセスメント**する）ことが重要である。（下巻 p.446）

5 × 対象者の**権利擁護**にむけた支援が必要である。家族の問題であるが、家族関係の悪化や介護負担の増加が高齢者への虐待につながる事例も認められる。家族一人ひとりの考え方、感情、生活様式、それぞれの関係性を理解し、家族システム全体の特性や力動を考慮しながら、システム全体の機能を好転させる糸口を見つけ出し、働きかける。（下巻 p.448）

ソーシャルワークでは、さまざまな対象に対して、①アセスメント、②問題発見・アウトリーチ、③支持・支援、④助言・相談、⑤アドボカシー（権利擁護）、⑥運営・管理、⑦プログラム開発、⑧スーパービジョン、⑨コンサルテーション、⑩評価、⑪教育・研修、⑫照会・送致、⑬組織化、⑭交渉、⑮連携、⑯政策分析、⑰プランニング、⑱政策立案、⑲ソーシャルアクションなどの多様な機能が活用される。（下巻 p.416）

問題 49　　正解 1、3、5

ソーシャルワークにおける集団援助は、人々や人と身近な組織との力動を活用して、個人の成長や抱える問題の解決を目指すものである。

1 ○ 設問の通り。認知症高齢者の家族を対象とした交流活動は、集団援助である。（下巻 p.421、423）

2 × 地域の認知症高齢者の見守り活動は、**個別援助**である。個別援助は、個人・家族に対し心理社会的な働きかけを行い、多様な社会資源の活用や調整を通じて、生活課題を個別的に解決するものである。（下巻 p.419、423）

3 ○ 設問の通り。難病の当事者による分かち合いの場の体験は、集団援助である。（参考：下巻 p.421、423）

4 × ヤングケアラー支援のための地域ネットワークの構築は、**地域援助**である。地域援助は、専門職による社会資源の組織化、継続的な啓発活動、地域住民の協働作業等を通じて、主体性を促しながら個人及び家族の生活課題を解決するものである。（下

巻 p.422、423）
5 ○ 設問の通り。入所者グループに対するプログラム活動は、集団援助である。（下巻 p.421、423）

問題 50 正解 2、3、4
1 × 管理者ではなく、**サービス提供責任者**の業務として位置づけられている（指定居宅サービス等の事業の人員、設備及び運営に関する基準第 24 条第 1 項）。（上巻 p.428、438）
2 ○ 設問の通り。同基準第 24 条第 2 項に規定されている。（上巻 p.428、438）
3 ○ 設問の通り。指定訪問介護事業者は、指定訪問介護を提供するに当たっては、**居宅介護支援事業者**その他保健医療サービス又は福祉サービスを提供する者との**密接な連携**に努めなければならない（同基準第 14 条第1項）。（上巻 p.424、439）
4 ○ 設問の通り。指定訪問介護事業者は、指定訪問介護を受けている利用者が、①正当な理由なしに指定訪問介護の利用に関する指示に従わないことにより、要介護状態の程度を増進させたと認められるとき、②**偽り**その他**不正な行為**によって保険給付を受け、又は受けようとしたときは、遅滞なく、意見を付してその旨を**市町村に通知**しなければならない（同基準第 26 条）。（上巻 p.425）
5 × 指定訪問介護事業者は、法定代理受領サービスに該当しない指定訪問介護に係る利用料の支払を受けた場合は、提供した指定訪問介護の内容、費用の額その他必要と認められる事項を記載した**サービス提供証明書**を利用者に対して**交付**しなければならない（同基準第 21 条）。（上巻 p.425）

問題 51 正解 1、3、4
1 ○ 設問の通り。指定居宅サービス等の事業の人員、設備及び運営に関する基準第 92 条に規定されている。（上巻 p.482、485）
2 × 居宅サービス計画に沿ったものであるか、確認しなければならない。通所介護計画は、既に居宅サービス計画が作成されている場合は、その**居宅サービス計画の内容に沿って作成しなければならない**（同基準第 99 条第 2 項）。（上巻 p.483、488）
3 ○ 設問の通り。同基準第 99 条第 3 項に規定されている。（上巻 p.482、488、490）
4 ○ 設問の通り。目標設定にむかって、利用日ごとに異なる提供時間数のサービスを受けることができる。指定通所介護は、利用者の要介護状態の軽減又は悪化の防止に資するよう、**その目標を設定し計画的に行われなければならない**とされており（同基準第 97 条）、同じ提供時間数でなければならないという規定はない。（参考：上巻 p.485）
5 × 経理を区分しなければならない。指定通所介護事業者は、**指定通所介護事業所ごとに経理を区分する**とともに、指定通所介護の事業の会計とその他の事業の会計を区分しなければならない。同基準第 38 条の指定訪問介護事業者を、指定通所介護事業者に準用する旨、同基準第 105 条で規定されている。（上巻 p.426）

問題52　　　　　　　　正解　3、5

1　×　医師1人以上の配置は義務付けられていない。義務付けられているのは、**1人以上の看護師又は准看護師と2人以上の介護職員**である（指定居宅サービス等の事業の人員、設備及び運営に関する基準第45条第1項）。（上巻 p.451）

2　×　管理者に、**特段の専門資格は不要**である。管理者は、常勤専従で1名の配置が義務付けられている（同基準第46条）。（上巻 p.451）

3　○　設問の通り。介護保険法第8条第3項に規定されている。（上巻 p.442）

4　×　算定できない。小規模多機能型居宅介護は、要介護者について、その居宅において、又はサービスの拠点に通わせ、若しくは短期間宿泊させ、当該拠点において、家庭的な環境と地域住民との交流の下で、**入浴、排せつ、食事等の介護その他の日常生活上の世話及び機能訓練**を行うものである。入浴を提供するものであるから、重複して算定できない（指定地域密着型サービスの事業の人員、設備及び運営に関する基準第62条）。（上巻 p.640）

5　○　設問の通り。指定訪問入浴介護事業者は、指定訪問入浴介護事業所ごとに、次に掲げる事業の運営についての**重要事項に関する規程（運営規程）**を定めておかなければならない。

〈定めておくべき運営規程〉

①事業の目的及び運営の方針 ②従業者の職種、員数及び職務の内容 ③営業日及び営業時間 ④指定訪問入浴介護の内容及び利用料その他の費用の額 ⑤通常の事業の実施地域 ⑥**サービスの利用に当たっての留意事項** ⑦緊急時等における対応方法 ⑧虐待の防止のための措置に関する事項 ⑨その他運営に関する重要事項

（指定居宅サービス等の事業の人員、設備及び運営に関する基準第53条）（上巻 p.451）

問題53　　　　　　　　正解　3、4

1　×　**家族の冠婚葬祭や出張**を理由として利用できる。指定居宅サービス等の事業の人員、設備及び運営に関する基準第126条第1項に規定されている。（上巻 p.505）

2　×　**災害、虐待その他のやむを得ない事情**がある場合は、利用定員を超えることが認められる（同基準第138条）。（基本テキスト記載なし）

3　○　設問の通り。同基準第129条第2項に規定されている。なお、第129条第1項では、**相当期間以上にわたり継続して入所することが予定される利用者**について作成することと規定されている。相当期間以上とは、おおむね4日以上とされている。（上巻 p.505、509）

4　○　設問の通り。同基準第124条第6項第1号イに規定されている。（上巻 p.513）

5　×　**要介護認定の有効期間のおおむね半数を超えないよう**にしなければならない（指定居宅介護支援等の事業の人員及び運営に関する基準第13条第21号）。（上巻 p.330）

問題 54　　　　　　正解　2、3、4

1　×　**介護負担の軽減**も目的である。福祉用具貸与の事業は、要介護状態となった場合においても、その利用者が可能な限りその居宅において、その有する能力に応じ自立した日常生活を営むことができるよう、利用者の心身の状況、希望及びその置かれている環境を踏まえた適切な福祉用具の選定の援助、取付け、調整等を行い、福祉用具を貸与することにより、**利用者の日常生活上の便宜**を図り、その**機能訓練に資する**とともに、**利用者を介護する者の負担の軽減を図る**ものでなければならない（指定居宅サービス等の事業の人員、設備及び運営に関する基準第 193 条）。（上巻 p.538）

2　○　設問の通り。同基準第 199 条の 2 第 1 項に規定されている。また、指定特定福祉用具販売の利用があるときは、特定福祉用具販売計画と一体のものとして作成されなければならない。（上巻 p.549、551）

3　○　設問の通り。**同一利用者に二つ以上の福祉用具を貸与**する場合、あらかじめ届け出を行った上で、**福祉用具貸与事業者が実情に応じて減額を行う**ことができる（老振発第０３２７第３号（平成 27 年3月 27 日）厚生労働省老健局振興課長「複数の福祉用具を貸与する場合の運用について」）。（上巻 p.554）

4　○　設問の通り。介護保険での福祉用具の給付には、①**貸与**、②**販売**がある。利用者の状態の変化に応じてよりよい機能の福祉用具を提供するために、**貸与が原則**である。貸与は、使用後に消毒点検·整備され、再利用されている。ただし、**使用すると元の形状や品質が変化**するもの、また**入浴や排せつに関する福祉用具**は、他人が使用したものに対する心理的抵抗や、衛生上好ましくない場合もある。このような福祉用具は「**特定福祉用具**」として**販売**の対象になっている（介護保険法第８条第 13 項）。（上巻 p.537、546、547）

5　×　**取付工事が必要な手すり**は、福祉用具貸与の対象外である。（上巻 p.537、543）**住宅改修の給付対象**となる。（上巻 p.556）

問題 55　　　　　　正解　1、2、5

1　○　設問の通り。**通い**については、**登録者数の 2 分の 1 から 15 人**（登録者数が 25 人を超える場合、26 人～ 27 人までは 16 人まで、28 人では 17 人まで、29 人では 18 人）まで、**宿泊**については、**通いサービスの 3 分の1から 9 人まで**と定められている（指定地域密着型サービスの事業の人員、設備及び運営に関する基準第 66 条）。（上巻 p.642、646）

2　○　設問の通り。宿泊室の定員は、一人とする。ただし、利用者の処遇上必要と認められる場合は、**二人とすることができる**ものとする（同基準第 67 条第 2 項第 2 号イ）。（上巻 p.646）

3　×　身体介護のみが提供されるものではない。第 25 回問題 52 選択肢 4 の解説を参照。（上巻 p.640）

4　×　**日数の上限は定められていない**。通いサービスを中心として、利用者の希望と状態に応じた宿泊サービスを

柔軟に組み合わせて提供するものである（同基準第73条第1項）。（上巻 p.640）

5 ○ 設問の通り。指定小規模多機能型居宅介護事業所の管理者は、**介護支援専門員**に、登録者の居宅サービス計画の作成に関する業務を担当させるものとする(同基準第74条)。（上巻 p.647）

問題 56 正解 1、2、3

1 ○ 設問の通り。指定地域密着型サービスの事業の人員、設備及び運営に関する基準第94条第2項に規定されている。（上巻 p.656）

2 ○ 設問の通り。同基準第93条第5項に規定されている。（上巻 p.655）

3 ○ 設問の通り。同基準第91条第3項に規定されている。（上巻 p.655）

4 × 利用料として、**利用者から支払いを受ける**ことができる。利用者の食材料費、理美容代、おむつ代は、事業者が負担するものではない（同基準第96条第3項）。（上巻 p.656）

5 × 1以上5以下ではなく**1以上3以下**である(同基準第93条第1項)。（上巻 p.655）

問題 57 正解 1、3、4

1 ○ 設問の通り。指定介護老人福祉施設は、**明るく家庭的な雰囲気**を有し、**地域や家庭との結び付きを重視**した運営を行い、市町村、居宅介護支援事業者、居宅サービス事業者、他の介護保険施設その他の保健医療サービス又は福祉サービスを提供する者との密接な連携に努めなければならない（指定介護老人福祉施設の人員、設備及び運営に関する基準第1条の2第3項）。（上巻 p.704）

2 × 市町村長ではなく、**都道府県知事**の指定である。老人福祉法に基づき都道府県知事の認可を受けて設置された特別養護老人ホームが、都道府県知事の指定を受けて事業を行うことができる（介護保険法第8条第27項、老人福祉法第15条第1項）。（上巻 p.703、709）

3 ○ 設問の通り。指定介護老人福祉施設は、入所者に対し、その負担により、当該指定**介護老人福祉施設の従業者以外の者による介護**を受けさせてはならない（指定介護老人福祉施設の人員、設備及び運営に関する基準第13条第8項）。（上巻 p.713）

4 ○ 設問の通り。指定介護老人福祉施設は、**褥瘡**が発生しないよう**適切な介護**を行うとともに、その**発生を予防**するための**体制を整備**しなければならない(同基準第13条第5項)。（上巻 p.712）

5 × まず、教養娯楽施設等を備えた上で、適宜入所者のためのレクリエーション行事を行わなければならない（同基準第16条第1項）。従って、**教養娯楽施設等の備え**は必須である。（上巻 p.713）

問題 58 正解 1、2、5

1 ○ 設問の通り。保護の補足性として、生活保護法第4条に規定されている。資産、能力その他あらゆるものが認定される。（下巻 p.469）

2 ○ 設問の通り。申請に基づく保護が原則であるが、**要保護者が急迫した状況**にあるときは、保護の申請がな

くても必要な保護を行うことができる（同法第7条）。（下巻 p.469）

3 × 介護扶助ではなく、**生活扶助**の介護施設入所者基本生活費として給付される。（下巻 p.472）

4 × 現物給付ではなく、原則として**金銭給付**である（同法第32条第1項）。（下巻 p.470）

5 ○ 設問の通り。介護扶助の範囲は、同法第15条の2第1項に規定されている。（下巻 p.472）

問題59 正解 4、5

1 × 判断能力を喪失した人ではなく、**十分な判断能力を有する**うちに、あらかじめ、任意後見人となる人や将来その人に委任する事務（本人の生活、療養看護及び財産管理に関する事務）の内容を定めておき、本人の判断能力が不十分になった後に、任意後見人がこれらの事務を本人に代わって行う制度である（任意後見契約に関する法律第2条）。（法務省「成年後見制度・成年後見登記制度」）。（下巻 p.510）

2 × 都道府県知事ではなく、**市町村長**である。親族がいない、居ても遠方にいる、あるいは申し立てることを拒否する等の場合、本人が居住する地域の首長（市区町村長）が制度利用を申し立てることができる。これを成年後見制度の首長申し立てという（老人福祉法第32条）。（下巻 p.508）

3 × 公正証書以外の方法では、**任意後見契約が成立しない**（任意後見契約に関する法律第3条）。（下巻 p.511）

4 ○ 設問の通り。基本理念では、**本人の意思決定支援**と**身上保護**が重視されている（成年後見制度の利用促進に関する法律第3条第1項）。（下巻 p.506）

5 ○ 設問の通り。民法第9条に規定されている。（下巻 p.508）

問題60 正解 1、2、4

1 ○ 設問の通り。障害者の日常生活及び社会生活を総合的に支援するための法律第2条第1項に規定されている。自立支援給付は、**介護給付、訓練等給付、地域相談支援給付、計画相談支援給付、自立支援医療、補装具**、地域生活支援事業は、**市町村地域生活支援事業**と**都道府県地域生活支援事業**により構成される。（下巻 p.465）

2 ○ 設問の通り。自立支援医療の種類として、**育成医療、更生医療、精神通院医療**が規定されている（同法第5条第24項、同法施行令第1条の2）。（下巻 p.467）

3 × 地域生活支援事業ではなく、**自立支援給付**の一つである（同法第6条）。（下巻 p.467）

4 ○ 設問の通り。同法第4条に規定されている。対象とする障害者は、**身体障害者、知的障害者、精神障害者**（発達障害を含む）、**難病の者**（治療方法が確立していない疾病で一定の障害の程度にある者）である（同法第4条）。（下巻 p.464）

5 × 都道府県ではなく、**市町村**に対して支給申請を行う（同法第20条）。（下巻 p.464）

第24回
（令和3年度）

問題1　　　　正解　1、4

1　○　設問の通り。**2020（令和2）年**の介護保険制度改正により、介護保険法の第5条第4項に追加された。（上巻 p.31）

2　×　**2014（平成26）年**の介護保険制度改正の内容である。（上巻 p.29）

3　×　**2017（平成29）年**の介護保険制度改正の内容である。（上巻 p.29）

4　○　設問の通り。**2020（令和2）年**の介護保険制度改正により、介護保険法の第118条の2に追加された。（上巻 p.31）

5　×　**2017（平成29）年**の介護保険制度改正の内容である。（上巻 p.29）

問題2　　　　正解　2、4、5

1　×　給付費は、2018（平成30）年度、**約9兆円**（令和3年度では10.4兆円）である（厚生労働省「平成30年度介護保険事業状況報告」）。（上巻 p.36）

2　○　設問の通り。給付費は、平成12年度以降、**年々増加**している（同報告書）。（上巻 p.36、37）

3　×　給付費が最も多いサービスは居宅サービスで、**約4.5兆円**（同4.9兆円）である。次いで施設サービスが**約3兆円**（同3兆円）、地域密着型サービスが**約1.5兆円**（同1.7兆円）となっている（同報告書）。（基本テキスト記載なし）

4　○　設問の通り。選択肢3の解説を参照（同報告書）。（基本テキスト記載なし）

5　○　設問の通り。第1号被保険者一人当たりの給付費は、2018（平成30）年度、**25万7千円**（同27万4千円）である（同報告書）。（基本テキスト記載なし）

問題3　　　　正解　1、2、4

1　○　設問の通り。社会保険方式では、**保険料を負担するかわりに、給付を受ける**ことができる。保険料と給付の関係性が可視化されることで国民の理解を得やすくなる。（上巻 p.23）

2　○　設問の通り。一定の条件に該当する者を**強制加入**させることで被保険者数が国民全体に拡大する。**リスク（保険事故）を国民全体に分散させる**ことで、**保険財政の安定化を図る**ことができる。（上巻 p.44）

3　×　社会保険制度の**主な財源は社会保険料**である。ただし、公費で一部賄われることもある。（上巻 p.23～25）

4　○　設問の通り。なお、介護保険は強制加入のため、加入手続きは不要で、**保険料を納付**することで、保険事故が発生した場合に、保険金などの**給付を受ける**ことができる。（上巻 p.44）ただし、保険料を滞納している場合には、給付を一時受けられないことがある。（上巻 p.66）

5　×　本肢は、生活保護の説明である。介護保険では、**保険事故の発生**により、受給者は保険者から**保険給付を受ける権利を取得**できる。（上巻 p.40）

問題４　　　　　　　　正解　2、4

1　×　第２号被保険者は、市町村の区域内に住所を有する40歳以上65歳未満の者であって、**医療保険加入の者**である。（上巻 p.45）

2　○　設問の通り。第２号被保険者のうち保険給付の対象となるのは、**特定疾病（16種類）を原因として**要支援・要介護状態になった者である（介護保険法第７条第３項第２号、同条第４項第２号）。（上巻 p.45、72）

〈特定疾病〉

- がん末期
- 関節リウマチ
- 筋萎縮性側索硬化症
- 後縦靭帯骨化症
- 骨折を伴う骨粗しょう症
- 初老期における認知症
- 進行性核上性麻痺・大脳皮質基底核変性症・パーキンソン病
- 脊髄小脳変性症
- 脊柱管狭窄症
- 早老症
- 多系統萎縮症
- 糖尿病性神経障害、糖尿病性腎症及び糖尿病性網膜症
- 脳血管疾患
- 閉塞性動脈硬化症
- 慢性閉塞性肺疾患
- 両側の膝関節又は股関節に著しい変形を伴う変形性関節症

3　×　第２号被保険者の保険料は、**社会保険診療報酬支払基金**が医療保険者から介護給付費・地域支援事業支援納付金として徴収する。（上巻 p.45）

4　○　設問の通り。地域支援事業の**包括的支援事業と任意事業の財源には充当されない**。（上巻 p.150）

5　×　要介護３以上であれば、**入所できる**。指定介護老人福祉施設は、**第１号被保険者、第２号被保険者である要介護者**が入所する施設である。（上巻 p.709）

問題５　　　　　　　　正解　1、2、4

介護保険法第４条に規定されている国民の努力及び義務は、以下の通りである。

「国民は、自ら要介護状態となることを予防するため、**加齢に伴って生ずる心身の変化を自覚して常に健康の保持増進に努める**とともに、**要介護状態となった場合においても**、進んでリハビリテーションその他の適切な保健医療サービス及び福祉サービスを利用することにより、**その有する能力の維持向上に努める**ものとする」「国民は、共同連帯の理念に基づき、**介護保険事業に要する費用を公平に負担する**ものとする」（上巻 p.42）

1　○　設問の通り。規定されている。

2　○　設問の通り。規定されている。

3　×　規定されていない。介護保険法第２条第４項に介護保険の保険給付の内容及び水準として、「被保険者が要介護状態となった場合においても、**可能な限り、その居宅において**、その有する能力に応じ自立した日常生活を営むことができるように配慮されなければならない」と規定されている。（上巻 p.42）

4　○　設問の通り。規定されている。

5　×　規定されていない。介護保険法第５条の２に認知症に関する施策の総合的な推進等として、「**国及び地方公共団体**は、認知症に対する国民の関心及び理解を深め、認知症である者への支援が適切に行われるよう、**認知症に関する知識の普及及び啓発に努めなければならない**」と規定されている。（上巻 p.31、下巻 p.205）

問題６　　　　　　　　正解　2、3、5

1　×　保健福祉事業は市町村が行うこ

とができる（介護保険法第 115 条の 49）とされているものの、同法上では、条例の定めるところにより、という一文が明記されていないため、必ずしも**条例で定めるものではない**。（上巻 p.58）

2 ○　設問の通り。区分支給限度基準額の上乗せおよび管理は、市町村が**条例**で定める（同法第 43 条第 3 項）。（上巻 p.58）

3 ○　設問の通り。市町村特別給付は、市町村が条例で定める（同法第 62 条）。（上巻 p.58）

4 ×　指定介護老人福祉施設に係る入所定員の人数などの介護保険施設等の人員・設備・運営に関する基準は**都道府県**が定める。（上巻 p.55）

5 ○　設問の通り。地域包括支援センターの基準は、市町村が**条例**で定める（同法第 115 条の 46 第 5 項）。（上巻 p.58）

問題 7　　　　　　　　　正解　1、2、5

区分支給限度基準額は、月の初日から終わりまでの 1 か月を単位として、給付費の支給を受けることのできる限度額のことである。利用期間が 1 か月と定まらない**施設介護サービス**と、**適用することで不利益が生じる恐れのあるサービス、居宅介護支援、介護予防支援、居宅療養管理指導、介護予防居宅療養管理**には、区分支給限度基準額が適用されない。

1 ○　設問の通り。区分支給限度基準額が適用される（介護保険法第 43 条）。（上巻 p.98、99）

2 ○　設問の通り。区分支給限度基準額が適用される（同法第 43 条）。（上巻 p.98、99）

3 ×　**居宅療養管理指導**には、区分支給限度基準額は適用されない。（上巻 p.98、99）

4 ×　**地域密着型介護老人福祉施設入所者生活介護**には、区分支給限度基準額は適用されない。（上巻 p.98、99）

5 ○　設問の通り。区分支給限度基準額が適用される（同法第 43 条）。（上巻 p.98、99）

問題 8　　　　　　　　　正解　1、2、4

共生型サービスとは、介護保険又は障害福祉のいずれかの指定を受けた事業所がもう一方の制度における指定を受けやすくする制度である。**訪問介護、通所介護、短期入所生活介護**が対象（**地域密着型サービス、介護予防サービス、地域密着型介護予防サービス**含む）となる（介護保険法第 72 条の 2）。

1 ○　設問の通り。**地域密着型通所介護**は、共生型サービスの指定の対象となる（同法第 78 条の 2 の 2）。（上巻 p.130）

2 ○　設問の通り。**介護予防短期入所生活介護**は、共生型サービスの指定の対象となる（同法第 115 条の 2 の 2）。（上巻 p.130）

3 ×　通所リハビリテーションは、共生型サービスの指定の対象とならない。（上巻 p.130）

4 ○　設問の通り。**訪問介護**は、共生型サービスの指定の対象となる（同法第 72 条の 2）。（上巻 p.130）

5 ×　定期巡回・随時対応型訪問介護看護は、共生型サービスの指定の対象とならない。（上巻 p.130）

問題9 正解 1、4

サービス提供事業者・施設には、都道府県知事に申請を行い、指定を受けるものと、市町村長に申請を行い、指定を受けるものとがある。

1 ○ 設問の通り。特定福祉用具販売は、**都道府県知事**が指定する指定居宅サービス事業者である（介護保険法第70条）。（上巻 p.127）

2 × 認知症対応型共同生活介護は、**市町村**が指定する指定地域密着型サービス事業者である（同法第78条の2）。（上巻 p.135）

3 × 介護予防支援は、**市町村**が指定する指定介護予防支援事業者である（同法第115条の22）。（上巻 p.135）

4 ○ 設問の通り。介護予防短期入所療養介護は、**都道府県知事**が指定する指定介護予防サービス事業者である（同法第115条の2）。（上巻 p.134）

5 × 看護小規模多機能型居宅介護は、**市町村**が指定する指定地域密着型サービス事業者である（同法第78条の2）。（上巻 p.135）

問題10 正解 1、3、5

1 ○ 設問の通り。介護支援専門員は、その業務を行うにあたり、関係者から請求があったときは、介護支援専門員証を提示しなければならない（介護保険法第69条の9）。（上巻 p.123、124）

2 × 移転先の都道府県知事が実施する介護支援専門員実務研修を受講する必要はない。他の都道府県へ登録を移転する場合には、**登録している都道府県知事を経由して**、移転先の都道府県知事に**登録の申請をする**（同法第69条の3、第69条の7第5項）。（参考：上巻 p.123）

3 ○ 設問の通り。介護支援専門員証の有効期間は**5年**である（同法第69条の7第3項）。（上巻 p.123）都道府県知事の登録を受けている者が、都道府県知事に対し、介護支援専門員証の交付を申請することができる（同法第69条の7第1項）。（上巻 p.123）

4 × 介護支援専門員は、介護支援専門員証を不正に使用し、又はその名義を他人に介護支援専門員の業務のため使用させてはならない（同法第69条の35）。（上巻 p.125）

5 ○ 設問の通り。介護支援専門員は、正当な理由なしに、その業務に関して知り得た人の秘密を漏らしてならない。介護支援専門員でなくなった後においても、同様とする（同法第69条の37）。（上巻 p.125）

問題11 正解 3、5

1 × 財政安定化基金を設けるのは、**都道府県**である（介護保険法第147条）。（上巻 p.69）

2 × 財政安定化基金の財源の負担割合は、**国、都道府県、市町村それぞれ3分の1**である（同法第147条第5項、第6項）。（上巻 p.70）

3 ○ 設問の通り。すべて財政安定化基金に充てなければならない（同法第147条第7項）。（基本テキスト記載なし）

4 × 財政安定化基金の財源に充当されるのは、**第1号被保険者の保険料**である（同法第129条第1項、第2項）。（上巻 p.70）

5 ○ 設問の通り。政令で定めるところにより、必要な額を貸し付ける（同法第147条第1項第2号）。（上巻 p.69）

問題12 正解 1、2、3

1 ○ 設問の通り。介護給付及び予防給付に要する費用は、**公費と保険料により50%ずつ**賄われている。（上巻 p.61）

2 ○ 設問の通り。施設等給付の場合の公費負担50％の内訳は、国が20%、**都道府県が17.5%**、市町村が12.5%である。（上巻 p.61）

3 ○ 設問の通り。**国が全額負担**する（介護保険法第122条第1項）。（上巻 p.61）

4 × 調整交付金は、**一律に交付されない**。前年度以前に交付していない額を加算する、または前年度に交付すべき額を超えて交付した場合には減額する、といった調整が行われるためである(同法第122条第3項)。（参考：上巻 p.61）

5 × 調整交付金は、市町村ごとの介護保険財政の調整を行うため、全国的に平均給付費の5%相当分を交付するもので、**普通調整交付金**と**特別調整交付金**がある。前者は所得の分布状況などにより交付され、後者は**災害等の特別な事情**がある場合などに交付される(同法第122条第1項)。（参考：上巻 p.61）

問題13 正解 2、3、5

1 × 介護保険施設等における生活環境の改善を図るための事業に関する事項は、**都道府県介護保険事業支援計画において定める事項**である（介護保険法第118条第3項第1号）。（上巻 p.171）

2 ○ 設問の通り。市町村介護保険事業計画において定める事項である（同法第117条第2項第1号）。（上巻 p.166）

3 ○ 設問の通り。市町村介護保険事業計画において定める事項である（同法第117条第3項第1号）。（上巻 p.166）

4 × **厚生労働省**が、地域支援事業に関する過去の実績に関する調査と分析を行う（同法第118条の2第1項第4号）。（上巻 p.168）

5 ○ 設問の通り。市町村介護保険事業計画において定める事項である（同法第117条第2項第3号）。（上巻 p.166）

＜市町村介護保険事業計画と都道府県介護保険事業支援計画＞

	市町村	都道府県
定めるべき事項	①各年度における地域支援事業の量の見込み ②各区域における各年度の認知症対応型共同生活介護、地域密着型特定施設入居者生活介護、地域密着型介護老人福祉施設入所者生活介護に係る必要利用定員総数	①介護保険施設の種類ごとの必要入所定員総数 ②各区域における各年度の介護専用型特定施設入居者生活介護、地域密着型特定施設入居者生活介護、地域密着型介護老人福祉施設入所者生活介護に係る必要利用定員総数

問題14 正解 1、2、4

1 ○ 設問の通り。**要支援者**は、介護予防・生活支援サービス事業の対象である。ほかに対象となるのは、**事業対象者**である。（上巻 p.154）

2 ○ 設問の通り。一般介護予防事業の対象は、**第1号被保険者等**である。同じく介護予防・日常生活支援総合事業の介護予防・生活支援サービス

事業は、**要支援者等**を対象としている。（上巻 p.152）

3 × 家族介護支援事業は、介護予防・生活支援サービス事業ではなく、**任意事業**に含まれる。（上巻 p.148、159）

4 ○ 設問の通り。地域支援事業として介護保険法に定められている。「**市町村**は、被保険者の要介護状態等になることの予防又は要介護状態等の軽減若しくは悪化の防止及び地域における自立した日常生活の支援のための施策を総合的かつ一体的に行うため、厚生労働省令で定める基準に従って、**地域支援事業**として介護予防・日常生活支援総合事業を行う」（介護保険法第 115 条の 45）。（上巻 p.150）

5 × **地域支援事業**の一部である。地域支援事業の中に、①介護予防・日常生活支援総合事業、②包括的支援事業、③任意事業がある。（上巻 p.148）

問題 15　　正解　1、2、4

介護サービス情報の公表制度における介護サービス情報とは、介護サービスの内容及び介護サービスを提供する事業者又は施設の運営状況に関する情報であって、介護サービスを利用する機会を確保するために公表されることが必要なものとして、厚生労働省令で定めるもののことである（介護保険法第 115 条の 35 第 1 項）。（参考：上巻 p.143）

1 ○ 設問の通り。居宅介護支援に係る公表項目である。

2 ○ 設問の通り。居宅介護支援に係る公表項目である。

3 × ターミナルケアの質の確保のための取組の状況は、**介護老人福祉施設、介護療養型医療施設、介護医療院**に係る公表項目である。（参照：介護サービス情報公表総合サイト「各事業所向けの必要研修項目」）

4 ○ 設問の通り。居宅介護支援に係る公表項目である。

5 × 身体拘束等の排除のための取組の状況は、**通所介護、特定施設入居者生活介護、介護老人福祉施設、介護老人保健施設、介護療養型医療施設、介護医療院、通所リハビリテーション、小規模多機能型居宅介護、認知症対応型共同生活介護**に係る公表項目である。（参照：同サイト）

問題 16　　正解　2、3、4

1 × 都道府県に委託することはできない。認定調査は、介護保険法に基づき、**市町村の担当職員**が行う（介護保険法第 27 条第 2 項）。（上巻 p.75）

2 ○ 設問の通り。新規認定の調査は、適正化を図るために、**市町村**が行うこととされている。選択肢 1 の解説を参照。（上巻 p.75）

3 ○ 設問の通り。更新認定の調査は、委託することができる。委託できるのは、**指定居宅介護支援事業者、地域密着型介護老人福祉施設、介護保険施設、地域包括支援センター、介護支援専門員**である（同法第 28 条第 5 項）。（上巻 p.76）

4 ○ 設問の通り。申請を却下することができる。ほかに**主治医意見書記載に必要な診断を受けない場合**にも申請を却下することができる（同法第

31 条)。(上巻 p.86)

5 × 認定調査前に受けた介護サービスでも、保険給付の対象となる。これは、**認定の遡及効力**といわれるもので、認定の申請日にさかのぼり、**認定の申請日から受けた介護サービス**が対象となる(同法第 27 条第 8 項)。(上巻 p.83)

問題 17 正解 2、4

1 × 要介護認定の更新を申請することができる期間は原則として、**有効期間満了日の 60 日前から満了日**までとされている(介護保険法第 28 条第 2 項)。(上巻 p.85)

2 ○ 設問の通り。地域包括支援センターが更新認定の申請を代行できる。ほかに申請を代行できるのは、**指定居宅介護支援事業者、地域密着型介護老人福祉施設**、または**介護保険施設であって厚生労働省令で定める事業者**である(同法第 27 条第 1 項)。(上巻 p.74)

3 × 更新認定の調査は、介護保険施設に委託できる。ほかに委託できるのは、**指定居宅介護支援事業者、地域密着型介護老人福祉施設**、そのほか**厚生労働省令で定める事業者と施設**である(同法第 28 条第 5 項)。(上巻 p.75)

4 ○ 設問の通り。更新認定の有効期間は**原則 12 か月間**である。市町村が介護認定審査会の意見に基づき必要と認められる場合には、**3 か月間〜 36 か月間**(要介護度・要支援度が変わらない場合は、**3 か月間〜 48 か月間**)での範囲で市町村が認める期間となることがある。(上巻 p.84)

5 × 更新認定の効力は、**有効期間の満了日の翌日から厚生労働省令で定める期間(有効期間)内**に有する(同法第 28 条第 10 項)。(上巻 p.85)

問題 18 正解 3、4、5

1 × 一次判定は市町村が行い、二次判定は**介護認定審査会**が行う。流れとしては、①市町村が、一次判定の結果、特記事項、主治医意見書を介護認定審査会に通知する。②介護認定審査会による二次判定において、要介護認定に関する最終判定が行われる(介護保険法第 27 条第 4 項)。(上巻 p.75、77、80)

2 × 介護認定審査会は、**厚生労働大臣が定める基準**に従い、審査判定を行う(同法第 27 条第 5 項)。(上巻 p.82)

3 ○ 設問の通り。一次判定での要介護度にかかわらず、二次判定まで必ず行われる。要介護認定は、選択肢 1 の解説の通り、市町村において、一次判定を行い、その結果と特記事項、主治医意見書とを介護認定審査会に通知し、介護認定審査会による**二次判定において、要介護認定に関する最終判定**が行われる(同法第 27 条第 4 項)。(上巻 p.80)

4 ○ 設問の通り。二次判定では、**要介護状態に該当するか否か**、また**その要介護区分を判定**する。第 2 号被保険者の場合には、加えて**その要介護状態の原因である身体上又は精神上の障害が、特定疾病によって生じたものか**も審査する(同法第 27 条第 4 項)。(上巻 p.80)

5 ○ 設問の通り。介護認定審査会は、

市町村に意見を述べることができる。**被保険者の要介護状態の軽減又は悪化の防止のために必要な療養についての意見**と、**サービス等の適切かつ有効な利用等に対し被保険者が留意すべき事項**を述べることができる（同法第 27 条第 5 項）。（上巻 p.82）

問題 19　　　　　　　正解　1、5

1　○　設問の通り。事業所ごとに**常勤 1 人以上の介護支援専門員**が必要である。利用者の人数が 35 人以上の場合、その端数ごとに介護支援専門員が 1 人必要となる。（上巻 p.311）

2　×　指定居宅介護支援事業は、**通常の事業の実施地域を越えて行うことができる**。また、あらかじめ説明した上で、必要な交通費の支払いを受けることができる。（上巻 p.312）

3　×　必ず参加させるものではない。**利用者やその家族の参加が望ましくない場合（家庭内暴力等）**、また**末期の悪性腫瘍の利用者**については、心身の状況等に配慮し、サービス担当者会議ではなく、**サービス担当者等に対する照会等により意見を求める**ことができるとされている（指定居宅介護支援等の事業の人員及び運営に関する基準について第二 3(8)⑨）。（上巻 p.320、321）

4　×　保険者への報告は求められていない。運営基準に従い、要介護者の心身の状況等に応じて適切な居宅介護支援を提供するとともに、**自らその質の評価を行う**等により、常に**利用者の立場に立ち**、また被保険者証に介護認定審査会の意見が記載されているときは**介護認定審査会の意見に配慮して、サービスを提供する**ように努めなければならない（介護保険法第 80 条）。（上巻 p.310）

5　○　設問の通り。あらかじめ利用者又は家族に、**重要な事項を文書で説明**した上で、**同意を得て**おかなければならない（指定居宅介護支援等の事業の人員及び運営に関する基準第 23 条第 3 項）。（上巻 p.210、311）

問題 20　　　　　　　正解　2、5

1　×　アセスメントは、初回面接から居宅サービス計画の作成・交付までの**過程**において行われるものである。なおケアマネジメントの流れは次の通りである。①インテーク（初回面接）、②**アセスメント**、③ケアプラン、④サービス担当者会議、⑤モニタリング、⑥再アセスメント、⑦終結である。（上巻 p.266）

2　○　設問の通り。課題分析標準項目の基本情報に関する項目では、現在利用しているサービスの状況に含まれる。**介護保険の給付以外のものも含めて把握**することとされている。（上巻 p.273）

3　×　アセスメントにあたっては、**利用者が入院中であることなど物理的な理由がある場合を除き**、必ず利用者の居宅を訪問し、利用者及びその家族に面接して行わなければならない（指定居宅介護支援等の事業の人員及び運営に関する基準について第二 3（8）⑦）。（上巻 p.319）

4　×　課題分析標準項目の基本情報に関する項目、課題分析に関する項目のいずれにも、**地域の社会資源に関する項目は含まれない**。（上巻 p.273、274、278）

5　○　設問の通り。指定居宅介護支援

では、**支援の完結の日から2年間保存**しなければならない記録がいくつか定められている。そのなかに、アセスメントの結果の記録も含まれる。（上巻 p.254、255）

問題21　　　　　　　　　　正解　3、4

1　×　**地域におけるサービスの提供体制を理解した上で**利用者自身が選択できるよう支援する。利用者が居住する地域の指定居宅サービス等に関するサービスの内容、利用料などの情報を適正に利用者又は家族に提供した上で、利用者が選択することができるよう、支援するとされている（指定居宅介護支援等の事業の人員及び運営に関する基準について第二3（8）⑤）。（上巻 p.318）

2　×　**地域住民による自発的な活動によるサービス等の利用も含めて**、居宅サービス計画上に位置付けるよう努めなければならない（指定居宅介護支援等の事業の人員及び運営に関する基準第13条第4号）。（上巻 p.209、317）

3　○　設問の通り。居宅サービス計画書第二表に**必ず記載**する。「利用者及びその家族の生活に対する意向、総合的な援助の方針、生活全般の解決すべき課題、提供されるサービスの目標及びその達成時期、サービスの種類、内容及び利用料並びにサービスを提供する上での留意事項等を記載した居宅サービス計画の原案を作成しなければならない」とされている（同基準第13条第8号）。（上巻 p.302、303、320）

4　○　設問の通り。介護認定審査会の意見は**必ず反映**する。「認定審査会意見又は（中略）居宅サービス若しくは地域密着型サービスの種類についての記載がある場合には、利用者にその趣旨を説明し、理解を得た上で、その内容に沿って居宅サービス計画を作成しなければならない」とされている（同基準第13条第24号）。（上巻 p.310、332）

5　×　利用者の選択は**必ず求める**。「利用者の選択を求めることなく、同一の事業主体のサービスのみによる居宅サービス計画原案を最初から提示するようなことがあってはならない」とされている（指定居宅介護支援等の事業の人員及び運営に関する基準について第二3（8）⑤）。（上巻 p.318）

問題22　　　　　　　　　正解　1、3、5

1　○　設問の通り。目標は、**実際に実現**あるいは、**解決が可能と見込まれるもの**を設定する。（上巻 p.395）

2　×　目標の期間は、**認定の有効期間内を考慮**する。（上巻 p.396）

3　○　設問の通り。サービス実施の頻度には、週に1回、1日に1回のように**一定期間内での回数、実施曜日等を明確に記入**する。（上巻 p.397）

4　×　利用者および家族の生活に対する意向には、**利用者と家族、それぞれの意向を記入**してよい。利用者と家族の意向が異なる場合は、利用者と家族の意向を**区別して記入**する。（上巻 p.394）

5　○　設問の通り。サービス内容は、短期目標の達成に必要であって、**最適なサービス内容とその方針を適切かつ簡潔に記入**する。（上巻 p.396）

問題 23　　　　　　　正解　1、3、5

居宅介護支援のプロセスは、次の通りである。①インテーク、②アセスメント、③ケアプラン、④サービス担当者会議、⑤モニタリング評価、⑥再アセスメント、⑦終結である。

②アセスメントから③ケアプランの過程では、ア主訴に関する同意、イ顕在化している問題に関する同意、ウ潜在化している問題に関する同意、エ生活ニーズに関する同意、オ目標に関する同意、を行う。（上巻 p.266、269）

1　○　設問の通り。収集するべき情報には、**客観的事実**と**主観的事実**がある。介護支援専門員は、Aさんの言葉を受容しつつ、「夫の介護度では二人一緒の入所はできない」と言った**福祉事務所のケースワーカーに発言の意図を確認することは必要**である。（上巻 p.269）

2　×　Aさんの同意なく居宅サービスの追加を調整することは適切ではない。まずは、介護支援専門員として、Aさんの主訴である**自宅での生活が困難になっていることについての情報を収集し、意向を確認**する。（上巻 p.268）

3　○　設問の通り。居宅介護支援のプロセスとして適切である。まずは、介護支援専門員として**Aさんの情報を収集**する。

4　×　夫に関する情報を収集する前に、説得を依頼することは適切ではない。まずは、**夫に潜在化している問題について情報を収集**する必要がある。（上巻 p.270）

5　○　設問の通り。Aさんの許可を得た上で、現在利用している**居宅サービス事業所の専門職から情報を収集**することは適切である。すでに利用者が関わっている専門職から情報を得ることで**アセスメントを深めることができる**。（上巻 p.280）

問題 24　　　　　　　正解　3、4

1　×　介護支援専門員は**問題解決のパートナー**であることなど、介護支援専門員の役割をAさんに説明する必要がある。（上巻 p.267）介護支援専門員は、解決すべき課題の把握（アセスメント）にあたっては当該利用者が入院中であることなどの理由を除き、**必ず利用者及びその家族に面接して**行わなければならない（指定居宅介護支援等の事業の人員及び運営に関する基準について第二 3(8)⑦）。（上巻 p.319）

2　×　指定居宅介護支援の事業は、利用者の心身の状況、その置かれている環境等に応じて、利用者の選択に基づき、**適切な保健医療サービス及び福祉サービスが多様な事業者から、総合的かつ効率的に提供されるよう配慮して行われるもの**でなければならない（介護保険法第2条第3項）。（上巻 p.209）また利用者の生活を支えるためには、顕在化している困りごとだけに目をむけるのではなく、**潜在化している問題をみつけていく**ことも大切である。（上巻 p.270）

3　○　設問の通り。選択肢1の解説を参照。

4　○　設問の通り。指定居宅介護支援は、要介護状態の軽減又は悪化の防止に資するよう行われるとともに、**医療サービスとの連携に十分配慮**して行わ

れなければならない（指定居宅介護支援等の事業の人員及び運営に関する基準第12条第1項）。（上巻 p.209）

5 × 介護支援専門員は、居宅サービス計画の作成にあたり、介護保険給付等対象サービス以外の保健医療サービス又は福祉サービス、**当該地域の住民による自発的な活動によるサービス等の利用も含めて居宅サービス計画上に位置付けるよう**努めなければならない。**支給限度額の枠があることのみをもって**、特定の時期に偏って継続が困難な、また必要性に乏しい**居宅サービスの利用を助長するようなことがあってはならない**（指定居宅介護支援等の事業の人員及び運営に関する基準について第二3(8)③）。（上巻 p.317）

問題25　　正解　1、2、4

パーキンソン病は、発症後、徐々に進行し、①起立性低血圧、②排尿障害などの自律神経症状、③認知症および治療薬の副作用としての幻覚、④妄想などの精神症状が加わり、発症から15～20年を経過して自立困難となる疾患である。セルフケアの継続が困難になりつつある利用者の生活を支える介護支援専門員には、多職種協働のハブとしての役割が期待される。（下巻 p.107）

1 ○ 設問の通り。訪問介護事業所から得た**利用者の変化**について、介護支援専門員として**再アセスメント**を行い、**Aさんの状態を把握**する。（上巻 p.279、292）

2 ○ 設問の通り。より多くの時間を利用者、家族と過ごしている**訪問介護事業所が把握した情報を、医療職に伝える**ことは大きな意義がある。その上で医療職は、利用者に起きている**状況を利用者、家族に示す**必要がある。（下巻 p.313、316、317）

3 × 介護支援専門員は、養護者による高齢者虐待を受けたと思われる高齢者を発見した者は、速やかに市町村に通報するよう努めなければならない（高齢者虐待防止法第7条第2項）（下巻 p.500）とされているが、選択肢のケースでは、虐待案件と判断する前に、まずは、夫による介護の仕方が乱暴になっているという**事実を詳しく確認**した上で、**地域包括支援センターと連携を図りながら**適切に対応する必要がある。（基本テキスト記載なし）

4 ○ 設問の通り。訪問介護事業所から得た**介護者の変化**について、介護支援専門員として**再アセスメント**を行い、**Aさんを取り巻く環境を把握**する。（上巻 p.279、292）

5 × 介護支援専門員が難しいと判断するのではなく、サービス担当者会議等を開催し、**さまざまな職種から専門的なアドバイスをもらう**。利用者が終末期に近づき、不安定な病態にある場合には、短期入所、短期入院などの利用を検討し**家族の休息時間を確保**することも大切である。（下巻 p.321）

問題26　　正解　2、3、5

1 × 薬疹は、**薬剤服用後1～2週間**で出ることが多い。（下巻 p.154）

2 ○ 設問の通り。高齢者の肺炎は、患者の低栄養、基礎疾患、加齢に伴う免疫力の低下、咳反射の減弱、誤嚥の反復、長期臥床などにより、**再発・再燃を繰り返し**、**難治化**することがあ

る。（下巻 p.151）

3　○　設問の通り。白内障は、**水晶体の混濁**により視力低下をきたす。その原因の多くは加齢によるものである。（下巻 p.159）

4　×　脱水が強くなると、**たちくらみ（起立性低血圧）や全身倦怠感、頭痛、吐き気、食欲不振**などを起こす。（下巻 p.9）

5　○　設問の通り。高齢者は自覚症状のないまま、**電解質異常**（なかでも発症頻度が高いものが**低ナトリウム血症**）になっていることがある。（下巻 p.144）

問題 27　　正解　1、2、5

1　○　設問の通り。バイタルサインとは、生命の維持にかかる人体の最も基本的な情報のことで、**体温、脈拍、血圧、意識レベル、呼吸**の 5 つのことをさす。（下巻 p.68）

2　○　設問の通り。高齢者の場合は、感染症に罹患しても発熱がみられないことがある。**発熱と疾患は必ずしも一致しない**。（下巻 p.69）

3　×　1 分あたりの心拍数が **100 以上を頻脈、60 未満を徐脈**という。（下巻 p.69）

4　×　日本高血圧学会によると、**65 ～ 74 歳の前期高齢者**では診察室血圧 **130/80mmHg** 未満を、**75 歳以上の後期高齢者**では **140/90mmHg** 未満を目指すことが推奨されている。（下巻 p.70）

5　○　設問の通り。口すぼめ呼吸は、**慢性閉塞性肺疾患（COPD）**や**慢性気管支炎**などの患者によくみられる呼吸のことである。呼気時に気管支が狭くなって呼吸が苦しくなる際に、口をすぼめて息を吐くことで、気管支内の圧力が高くなって気管支の閉塞が弱まり、呼吸しやすくなる。（下巻 p.73）

問題 28　　正解　3、4

1　×　血清クレアチニン値は、**腎機能が悪化**すると高値になる。（下巻 p.75）

2　×　血清アルブミン値は、**高齢者の長期にわたる栄養状態をみる指標**として用いる。（下巻 p.75）

3　○　設問の通り。上腕や下腿の周囲長は、**低栄養判定**に使われる。上腕（周囲長）は、男性で 20 ㎝未満、女性で 19 ㎝未満の場合に低栄養が疑われる。（下巻 p.75）

4　○　設問の通り。胸部 X 線検査は、**呼吸器疾患、心疾患の診断に有用な検査**である。（下巻 p.77）

5　×　間欠熱は、**急激な発熱と解熱とを繰り返す**ことである。解熱せずに持続する発熱は、**稽留熱**という。（下巻 p.69）

問題 29　　正解　1、4、5

1　○　設問の通り。排泄の場所がトイレの場合には、トイレ内での動作環境確認とともに、移動する際の動作環境も確認を行う。高齢者は夜中にトイレに行くことも増えるため、**夜中に移動する**ことも想定し、**温度や照明などの明るさ**をアセスメントしておくことも必要である。（下巻 p.392）

2　×　排泄のアセスメントは、**一定の期間、定期的に記録**することで、利用者の排泄の状態を把握することができる。（下巻 p.390）

3　×　本肢は、**切迫性尿失禁**の説明である。腹圧性尿失禁とは、咳やくしゃみをした際に漏れる尿失禁である。（下巻 p.390）

4 ○ 設問の通り。家族は、利用者の排泄障害により、排泄介助やおむつ交換に伴う、腰痛や睡眠不足、慢性疲労のほか**精神的負担**、おむつ代などの**経済的負担**、定期的な排泄介助のために外出できないなどの**社会的負担**などを受けることがある。(下巻 p.392)

5 ○ 設問の通り。排泄をコントロールするために、**飲水量**、**食事摂取量**、**食事内容**や**食事時間**など確認する必要がある。(下巻 p.391、392)

問題 30 正解 2、3、4

1 × 本肢は、**早朝覚醒**の説明である。熟眠障害は、睡眠時間はある程度とれているが、**眠りが浅く、すっきりと目覚めることができない**症状のことである。(下巻 p.397)

2 ○ 設問の通り。唾液には、粘膜保護・**自浄**・水分平衡・潤滑・緩衝・抗菌・消化・組織修復・再石灰化・発がん予防などの作用がある。口腔のみならず、身体が正常な機能を発揮するためになくてはならないものである（厚生労働省 e- ヘルスネット「唾液分泌」)。(基本テキスト記載なし)

3 ○ 設問の通り。誤嚥性肺炎の発症を防ぐには、**口腔ケアを徹底する**ことが重要である。(下巻 p.13、405)

4 ○ 設問の通り。**歯科疾患に罹患した場合**や、**明らかに口腔内に問題がある場合**には、**歯科受診を検討**する。う蝕や歯周疾患が重度になった場合には、口腔内の細菌が血液を介して他の臓器に移動し、心内膜炎や感染症等を引き起こすことがある。(下巻 p.405、406)

5 × ヒートショックとは、**急激な温度の変化によって血圧が大きく変動する**など、身体に大きな負荷がかかることで起こり、失神、不整脈などの症状がみられ、重症の場合は死に至ることも多く、高齢者では冬場の浴室で起こりやすい（健康長寿ネット「高齢者の入浴　事故ヒートショック対策と予防」)。(基本テキスト記載なし)

問題 31 正解 1、3、5

1 ○ 設問の通り。医療従事者等の認知症対応力向上の促進を図るため、**かかりつけ医認知症対応力向上研修の受講者数**と**認知症サポート医を増やすこと**を目標に掲げている。(下巻 p.254)

2 × 認知症疾患医療センターは、**地域のなかで医療研修会などを開催**している（参照：下巻 p.250)。認知症疾患医療センターの役割は、保健医療・介護機関等と連携を図りながら、認知症疾患に関する鑑別診断とその初期対応、周辺症状と身体合併症の急性期治療に関する対応、専門医療相談等を実施するとともに、地域保健医療・介護関係者への研修等を行うことにより、地域において認知症に対して進行予防から地域生活の維持まで必要となる医療を提供できる機能体制の構築を図ることである（厚生労働省「認知症施策等総合支援事業の実施について」)。

3 ○ 設問の通り。認知症施策推進大綱では、2025（令和 7）年までに、市町村における**認知症ケアパス作成率 100 %**を目指している。(下巻 p.254)

4 × 本肢は、**SOS ネットワーク**の説明である。（下巻 p.257）認知症初期集中支援チームとは、複数の専門家が、認知症が疑われる人や認知症の人およびその家族を訪問し、観察・評価を行った上で、**家族支援等の初期の支援を行うチーム**のことである。（下巻 p.254）

5 ○ 設問の通り。認知症地域支援推進員は、地域包括支援センターや市町村本庁、認知症疾患医療センターなどに配置されている場合、認知症初期集中支援チーム員として兼務している場合など、配置の実態はまちまちである。（下巻 p.256）

問題 32 正解 1、2、5

1 ○ 設問の通り。高齢者の精神疾患の症状は**定型的でなく、訴えが多彩かつ曖昧**なのが特徴で、高齢になればなるほど精神症状がそもそもの生理的な変化なのか病的な変化なのか判断に迷う場面が多くなる。（下巻 p.262）

2 ○ 設問の通り。老年期の抑うつの背景要因には、**身体的な衰えや機能障害、慢性疾患への罹患、家族との死別、社会的な役割の喪失**などがある。（下巻 p.7）

3 × 老年期の**うつ病の一部**は認知症に移行することがあるが、すべてが移行するものではない。（下巻 p.264）

4 × アルコール依存症の患者数に占める高齢者の割合は、**年々増加**している。（下巻 p.267）

5 ○ 設問の通り。老年期のアルコール依存症には、若年期に発症し老年期まで持続した**若年発症型**と、若年期には問題がなく老年期になって発症した**老年発症型**とがある。（下巻 p.267）

問題 33 正解 2、3

1 × 医学的診断のプロセスでは、**主訴とともに現病歴、既往歴、家族歴**を聴取する。主訴では患者が最も困っている症状を、現病歴では主訴に関わる病状の経過を、既往歴では過去の病歴、家族歴では家族的に発生しやすい病気を確認する。（下巻 p.24）

2 ○ 設問の通り。診断や検査は、**患者の身体的負担が小さいものから行う**ことが原則で、負担が大きい場合には、患者自身がその負担について理解した上で検査を受ける必要がある。（下巻 p.24）

3 ○ 設問の通り。治療は、**診断に基づいて行われ、患者の理解力に応じて適切な手段を選択する**ことが重要である。（下巻 p.26）

4 × 常に最も治療効果の高い治療法が選択されるものではない。人生の残り時間が少ない高齢者では、推測される余命と、治療に伴う忍耐や苦痛の時間とを、**個々の人生観に基づいて治療を選択する。**（下巻 p.26）

5 × 介護支援専門員は、**第三者的な立場から**、必要に応じてアドバイスを行う。（下巻 p.26）

問題 34 正解 2、3、4

1 × 誤嚥性肺炎の予防には、嚥下機能の維持のほか、**口腔ケアの徹底**、夜間の胃食道逆流を予防するための**頭部挙上**なども行う。（下巻 p.13）

2 ○ 設問の通り。大腿骨頸部骨折は、太ももの付け根部分に激痛をきたし、立つことや歩くことができなくなるた

め、**寝たきりの原因**となりやすい。また要介護状態の要因ともなっている。（下巻 p.5）

3 ○ 設問の通り。アスピリンなどの薬剤の服用により、ふらつきが生じ、転倒を起こすことがある。（下巻 p.9、165）

4 ○ 設問の通り。褥瘡が生じやすくなる要因として、**加齢等による皮膚の脆弱化**、**摩擦**、失禁や発汗などによる皮膚の湿潤や汚染などがあげられる。（下巻 p.394）

5 × 褥瘡ができた直後から**約１～２週間の時期**を急性期と呼ぶ。それ以降は慢性期と呼ばれる。（下巻 p.155）

問題 35 正解 2、3、4

1 × 高齢者は若者に比べて**エネルギーの消費量が少なくなる**ため、身体がエネルギーを必要とせず、食欲が低下する。（下巻 p.8）だからといって、エネルギー摂取量が少ないことを前提としてアセスメントするのではない。

2 ○ 設問の通り。低栄養状態の徴候には、**たんぱく質の摂取不足**による**筋肉の萎縮**、**亜鉛の欠乏**などがある。（下巻 p.8）

3 ○ 設問の通り。低栄養状態になると、生活機能や免疫力が低下し、進行すると**フレイル**や**要介護状態**の要因のひとつになる。（下巻 p.368）

〈フレイルの診断基準〉

①体重減少（6 か月で、2 ㎏以上の（意図しない）体重減少）
②筋力低下（握力：男性＜ 28 kg、女性＜ 18 kg
③疲労感（(ここ 2 週間）わけもなく疲れたような感じがする）
④歩行速度（通常歩行速度＜ 1.0m ／秒）
⑤身体活動の低下
のうち、3 項目以上に該当する場合をフレイルという。

4 ○ 設問の通り。認知症高齢者の摂食行動では、**異食**、**盗食**のほか、**食事中の傾眠**、**失認**、**拒食**、**徘徊**などの症状が出現する。摂食行動のアセスメントの際には、有無を把握しておく必要がある。（下巻 p.370）

5 × 高齢者の摂食・嚥下障害は、**食事量の低下**、**摂食行動に関わる活動低下**を引き起こす。活動低下により廃用性に摂食・嚥下障害となり、さらに摂食・嚥下障害を悪化させていく。（下巻 p.370）

問題 36 正解 1、3、5

1 ○ 設問の通り。**標準予防策（スタンダード・プリコーション）**は、すべての人が感染症にかかっている可能性があると考えて行う感染予防対策のことで、この考え方が推奨されている。（下巻 p.189）

2 × 免疫のない職員が感染している利用者と接する場合など、**症状のない人であってもマスクを着用して**感染予防に努める。（下巻 p.192）

3 ○ 設問の通り。手洗いには流水と石鹸による手洗いと速乾性擦式手指消毒薬による手指消毒がある。ともに**指先**、**指の間**、**親指**、**手首**を洗い忘れないようにする。（下巻 p.190）

4 × マスクや手袋、エプロンやガウンといった個人防護具は、**使い捨てのものを使用**する。処理する際に触れた嘔吐物や排泄物などから感染が広がる場合がある。感染対策として、**感染を広げない**ことが大切である。（下巻 p.191）

5 ○ 設問の通り。高齢者でも**特に要介護者**については、呼吸器感染症、尿路感染症などの**感染症を起こしやすく**、また**認知症のある高齢者**では、**早期発見が遅れる場合もある**ため、日常からの感染症予防対策が推奨される。(下巻 p.194)

問題 37　　正解　1、4、5

1　○　設問の通り。在宅中心静脈栄養法とは、医療処置として**栄養剤を直接中心静脈に入れて栄養を補う**ものである。太い静脈から行う点滴であるため、**合併症への留意**が必要である。入浴方法など医師とよく確認しておく必要がある。(下巻 p.51)

2　×　在宅自己注射は、名前の通り、利用者自らが在宅で注射をすることで、**介護者である家族が行うこともある**。(下巻 p.46) 訪問介護員が行える医療行為として、現在、法制化されているのは、医師との連携によって安全が確保されている等の一定の条件のもと、**痰の吸引**（口腔内、鼻腔内、気管カニューレ内部）と**経管栄養**（胃ろう又は腸ろう、経鼻経管栄養）の行為のみである。(上巻 p.435)

3　×　経鼻胃管は、経管栄養法のひとつで、鼻から胃に到達する管を入れるものである。経鼻胃管では、**1か月を目途に交換**する必要がある。(下巻 p.54)

4　○　設問の通り。悪性腫瘍疼痛管理とは、がんの痛みへの対応のことをさす。**身体的側面**と**精神的側面**、ともにみていく必要がある。治療によく用いられるのは医療用の麻薬があり、薬以外の治療ではマッサージなど行う場合がある。(下巻 p.47)

5　○　設問の通り。人工呼吸療法には2種類がある。侵襲的（体への負担が大きい）なものとは、**気管の中に管を入れる**もので、**気管切開を伴ったものが多く**、非侵襲的なものとは、**鼻と口の両方、あるいは鼻のみにマスクなどを装着**するもののことをさす。(下巻 p.55)

問題 38　　正解　1、4、5

1　○　設問の通り。喘息や心不全による呼吸困難では、座った状態での**起座呼吸**で症状が楽になることが多い。(下巻 p.182)

2　×　高齢者では、必ずしも強い胸痛がみられるとは限らない。**冷や汗や吐き気、呼吸困難**が主症状のこともあるため留意が必要である。(下巻 p.181)

3　×　高齢者に多い脚の骨折で多い部位は、**足の付け根の骨折**（**大腿骨頸部骨折**）である。(下巻 p.175)

4　○　設問の通り。寝たきりの高齢者は、吐いたものが気管や肺に入り、誤嚥性肺炎を起こすことがあるため、吐き気がある場合は、**横向き**にし、嘔吐物の誤嚥を防ぐ必要がある。(下巻 p.180)

5　○　設問の通り。急激に浮腫が出現した場合には、**心不全、低栄養、肝硬変、腎臓病、悪性腫瘍**などの重篤な病気が考えられる。(下巻 p.182)

問題 39　　正解　3、4、5

1　×　**白内障による視力障害**では、転倒のリスクが高い。(下巻 p.159)

2　×　高齢者では、若者と異なり、一人で多くの病気を持っていることが多く、服薬する薬剤の量が多くなるため、**薬の副作用がでやすい**。(下巻 p.95)

3　○　設問の通り。骨粗鬆症は、**無症**

状のうちに骨が脆弱化し、骨折後に診断されることが多い。(下巻 p.120)

4 ○ 設問の通り。脳卒中は、発症から3年以内に10～15%の人が再発するとされており、**再発すると後遺症が重くなる**。(下巻 p.98)

5 ○ 設問の通り。糖尿病の薬物療法では、食後の血糖値の上昇を抑えるものがあり、患者が食事を摂らない場合には、血糖値が下がりすぎ、**低血糖になる可能性もある**。(下巻 p.343)

問題 40　　　　　　正解　1、2、4

1 ○ 設問の通り。つじつまの合わないことを言う場合も、**否定せずにいつも通りに対応する**ことで、安心が得られ、落ち着くことがある。(下巻 p.330)

2 ○ 設問の通り。反応ができなくなっても、**聴覚は最期まで保たれる**と言われている。反応が薄れても、**今までと同じように話しかける**、伝えたいことを伝えることが大切である。(下巻 p.330)

3 × 息苦しさが楽になるように、**姿勢を工夫**する。ベッドは平らな状態より、頭の角度を少し上げることで横隔膜が下がり、肺が広がり、息苦しさが和らぐことがある。(下巻 p.330)

4 ○ 設問の通り。口腔内は乾燥し、口臭も多くなるため、**保湿と清潔を保つことは必要**である。スポンジブラシなどを湿らせて**口腔内を清掃**する、**部屋を加湿**するなど環境を整えることも必要である。(下巻 p.331)

5 × 臨死期には病状が急変することも予測される。**急変時に備え**、家族や主治医連絡先の確認、救急車を要請するのか或いは訪問診療の先生に連絡をするのか、さらには延命治療を希望するのか等、**あらかじめ話し合っておく必要**がある。(下巻 p.332)

〈ターミナルケアの簡易プロセス〉

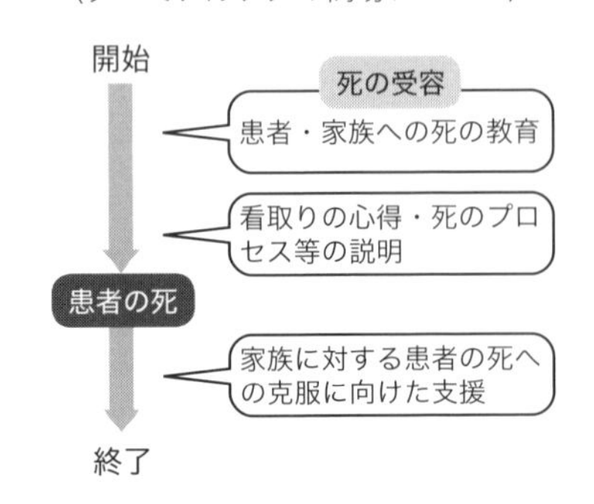

問題 41　　　　　　正解　1、2、5

1 ○ 設問の通り。要介護状態となった場合においても、その利用者が可能な限りその居宅において、その有する能力に応じ**自立した日常生活を営むことができるよう、その療養生活を支援**し、心身の機能の維持回復及び生活機能の維持又は向上を目指すものでなくてはならない(指定居宅サービス等の事業の人員、設備及び運営に関する基準第59条)。(上巻 p.453)

2 ○ 設問の通り。指定訪問看護ステーションの**実情に応じた適当数の理学療法士、作業療法士、言語聴覚士**を配置することができる。(上巻 p.453、464)

3 × 訪問看護には、薬剤の処方は含まれない。訪問看護で行うのは、居宅において看護師その他厚生労働省令で定める者により行われる**療養上の世話又は必要な診療の補助**である(介護保険法第8条第4項)。(上巻 p.456)

4 × 選択肢３の解説の通り。訪問看護は、**居宅において提供**される。（上巻 p.453）

5 ○ 設問の通り。訪問看護は、利用者の心身の機能の維持回復を図るよう妥当適切に行う。適切な看護技術をもってサービスを提供し、**利用者又はその家族に対し、適切な指導を行う**。（上巻 p.458、465）

問題 42 正解 1、2、5

1 ○ 設問の通り。指定訪問リハビリテーション事業所では、指定訪問介護事業所等の従業員に対する**介護の工夫に関する指導を行うことができる**。このほか、廃用症候群の予防と改善、基本的動作能力の維持回復、ADL の維持回復、IADL の維持回復、対人交流・社会参加の維持・拡大、介護負担の軽減、生活環境の整備を目的に定めている。（上巻 p.475、467）

2 ○ 設問の通り。指定訪問リハビリテーション事業所では、介護支援専門員を含む**多職種とともに**、リハビリテーション会議を開催する。（下巻 p.295）

3 × 介護報酬上、サービスの提供時間と回数には**限度がある**（参照：厚生労働省「訪問リハビリテーションの報酬、基準について」）。（基本テキスト記載なし）

4 × 訪問看護ステーションの理学療法士がサービスを提供した場合は、訪問看護の一環として行われたリハビリテーションとして、**訪問看護に分類**される。（上巻 p.458、469）

5 ○ 設問の通り。訪問リハビリテーションの対象者は、障害があり、**外来や通院でのリハビリテーションが困難な人、実際の生活場面での指導やかかわりが効果的な人、障害が重度な人、環境調整や整備が必要な人**などである。（上巻 p.470）

問題 43 正解 1、3、5

1 ○ 設問の通り。**訪問看護**と**小規模多機能型居宅介護**を組み合わせて提供する。具体的には、①**通い**サービス、②**訪問**サービス（看護、介護）、③**宿泊**サービスを組み合わせて提供する複合型サービスである（介護保険法第８条第 23 項、同法施行規則第 17 条の 12 第１項）。（上巻 p.669、672）

2 × 登録者の居宅サービス計画は、**看護小規模多機能型居宅介護事業所の介護支援専門員が作成**する。看護小規模多機能型居宅介護事業所には、**介護支援専門員が配置**され、サービスを一元管理している。（上巻 p.670、671、676）

3 ○ 設問の通り。指定地域密着型サービス事業者は、事業を運営するにあたり、**地域との結びつきを重視**し、**市町村、他の地域密着型サービス事業者又は居宅サービス事業者、その他の保健医療サービス及び福祉サービスを提供する者**との連携に努めなければならない（指定地域密着型サービスの事業の人員、設備及び運営に関する基準第３条）。（上巻 p.605）

4 × 通所介護費を別途算定することはできない。指定看護小規模多機能型居宅介護の介護報酬は**要介護度別の月単位の定額制**である。（上巻 p.673）

5 ○ 設問の通り。利用者の**在宅療養生活から看取りまでの支援**を行う。指定看護小規模多機能型居宅介護では、医療ニーズを抱える利用者が多く、常に心身の状態変化を早期に発見し、主治医との連携を図り、24時間必要に応じて臨機応変に看護および介護サービスを提供する。(上巻 p.673)

問題44　　正解　1、3

1　○　設問の通り。介護老人保健施設は、施設サービスの計画に基づいて、看護、医学的管理の下における介護及び機能訓練その他必要な医療並びに日常生活上の世話を行うことにより、入所者が**その有する能力に応じ自立した日常生活を営むことができるようにする**とともに、**その者の居宅における生活への復帰を目指す**ものでなければならない(介護老人保健施設の人員、施設及び設備並びに運営に関する基準第1条の2)。(上巻 p.714、715、718)

2　×　介護老人保健施設の対象者は、**要介護1～5の者**で、かつ、**病状が安定し入院治療の必要がない**こと、**リハビリテーションが必要な者**が対象である。(上巻 p.717)

3　○　設問の通り。サテライト型小規模介護老人保健施設の定員は、**29人以下**である。ただし、本体施設として一般的な介護老人保健施設・介護医療院又は病院・診療所が設置されていることが条件となっている。(上巻 p.716)

4　×　施設サービス計画は、入所者の希望や課題分析の結果、医師の治療方針等に基づき、施設内のサービスだけではなく、**地域住民によるインフォーマルサポート等も取り入れた総合的な計画**を作成することが求められている。(上巻 p.715)

5　×　**災害や虐待等のやむを得ない事情がある場合**には、**入所定員を超えて**入所させることができる(介護老人保健施設の人員、施設及び設備並びに運営に関する基準第27条)。(上巻 p.701)

問題45　　正解　4、5

1　×　介護医療院は、**要介護者**であって、主として**長期にわたり療養が必要である者**に対して、施設サービス計画に基づき、療養上の管理、看護、医学的管理の下における介護及び機能訓練、その他必要な医療並びに日常生活上の世話を行うことを目的とした施設である(介護保険法第8条第29項)。(上巻 p.726)

2　×　介護医療院の開設にあたっては、**介護保険法**に基づく都道府県知事の許可を受けなければならない(同法第8条第29項)。(参照：上巻 p.142)

3　×　介護医療院は、2020(令和2)年3月末時点で**全国に343施設**(令和5年6月末794)開設されている(厚生労働省ホームページ「介護医療院の開設状況について(令和5年8月25日)」)。(基本テキスト記載なし)

4　○　設問の通り。ユニット型介護医療院では、療養室の入居者が交流し、共同で日常生活を営むための場所(**共同生活室**)が設けられ、入居者の支援を行う。(上巻 p.727)

5　○　設問の通り。介護医療院は、適宜、入所者のための**レクリエーション行事を行うよう努めること**とされている(介護医療院の人員、施設及び設備並

びに運営に関する基準第24条)。(上巻 p.734)

問題46　　正解　1、3、4

1　○　設問の通り。「なぜ」ではじまる質問は、クライエントの戸惑いを増幅させるため、**多用せず**、ほかの方法を見つけ出すことが望ましい。(下巻 p.441)

2　×　「はい」「いいえ」で答えることができる質問は、相手の語ることを明確化し焦点をあてることができるもので、**クローズドクエスチョン**という。**オープンクエスチョン**は、開かれた質問で、相手が自分自身の選択や決定による答えを見つけることを促すことができる。(下巻 p.441)

3　○　設問の通り。要約とは**応用的技法**を用いたコミュニケーション技術で、クライエントの話を理解し、まとめて伝え返すことである。(下巻 p.439、442)

4　○　設問の通り。利用者のペースで語れるよう話を促し、潜在化している問題について話を聞いていきながら情報収集と同意を重ねていくといった**面接場面の構造的な配置に関わる技術**は、コミュニケーション技術に含まれる。(上巻 p.268)

5　×　チェックリストのみをもって利用者の生活状況がすべて把握できるわけではないため、初回面接は、介護支援専門員から利用者に対して一方的に行われる(質問する)のではなく、**利用者や家族の積極的な参加が重要**となる。(上巻 p.273、275)

問題47　　正解　1、4、5

1　○　設問の通り。支援困難事例では、多機関・多職種のかかわりが求められる。現在は、**地域ケア会議**によって多機関・多職種協働で取り組むしくみが構築されている。(上巻 p.162、下巻 p.443)

2　×　いきなりごみを片付けることから話をするのではなく、**独居高齢者の背景にあるものを考慮しながら**、独居高齢者が地域社会のなかで孤立することなく、適度な距離を保ちながら暮らせるよう支援する。(下巻 p.448)

3　×　家族関係の悪化や介護負担の増加が高齢者の虐待につながることもある。直ちに警察へ通報するのではなく、支援困難を形成する多様な**要因を分析**し、**相互関係を解きほぐす**知識と技術が求められる。(下巻 p.448、450)

4　○　設問の通り。クライエントがサービスの中止を希望した場合は、**できる限り支援が継続できるよう**、信頼関係を構築しながら**環境を整える**。支援を拒否していても、特定の人からの助言や支援を受け入れることもあるため、そのようなキーパーソンを探す方法もある。(下巻 p.446)

5　○　設問の通り。支援困難事例では、同居している家族が様々な課題を抱えている場合も多いため、**家族に働きかけ(家族自身が制度を利用する等)を行う**ことで、解決の糸口がみえてくることもある。(下巻 p.448)

問題48　　正解　1、2、4

1　○　設問の通り。インテークでは、支援機関(居宅介護支援等)の契約に関する説明と、利用者の全般的な状況把握を行い、**利用者の主訴と支援機関の役割が合致するか**を確認する。（上巻 p.267）

2 ○ 設問の通り。アセスメントは、調整・介入の援助過程の前提となるものである。**解決する問題、クライエント、取り巻く環境及びそれらの相互関係を確定する**ことが必要である。（下巻 p.432）

3 × 支援計画は、長期、中期、短期など**期間を分けて目標を立てる**ことが重要である。（下巻 p.433）

4 ○ 設問の通り。支援を終結する際には、**クライエントの不安に配慮し、**クライエントが支援の終結を受け入れられるよう終結にむけて丁寧に説明と準備を行い、クライエントが前に進むことを促す。（下巻 p.434）

5 × 支援の記録は、**経過評価**、スーパービジョンなどの**事後評価に欠かせない**ものである。（下巻 p.433）

問題 49　　　　　　正解　1、3、4

1 ○ 設問の通り。ソーシャルワークにおける**地域援助技術**である。地域社会における社会関係に働きかけ、個人や集団に対する支援が有効に機能するように社会資源を調整開発するほか、地域の多様な資源のネットワーキングを行っていく。（下巻 p.421）

2 × ソーシャルワークにおける**個別援助技術**である。個別援助は、個人・家族に対し心理社会的な働きかけを行い、多様な社会資源の活用や調整を通じ生活課題を個別的に解決する方法である。（下巻 p.419）

3 ○ 設問の通り。ソーシャルワークにおける**地域援助技術**である。（下巻 p.421）

4 ○ 設問の通り。ソーシャルワークにおける**地域援助技術**である。（下巻 p.421）

5 × ソーシャルワークにおける**集団援助技術**である。集団援助技術では、人々が集団となって活動することで、一人ひとりの成長発達や抱えている問題の解決を目指すことができる。（下巻 p.421）

問題 50　　　　　　正解　3、5

1 × **身体介護として算定**できる。「訪問介護におけるサービス行為ごとの区分等について」（平成 12 年老計第 10 号）に示されている。（上巻 p.429、430）

2 × 算定できない。生活援助についてはいくつかの**不適正事例**が示されている。大きくわけると、①**直接本人の援助に該当しない行為**、②**日常生活の援助に該当しない行為**である。自家用車の洗車は、①の直接本人の援助に該当しない行為に含まれる。（上巻 p.436）

3 ○ 設問の通り。「訪問介護におけるサービス行為ごとの区分等について」（平成 12 年老計第 10 号）は、2018（平成 30）年に一部見直しされた。手助け及び見守りしながら利用者と一緒に行う被服の補修は、**自立生活支援・重度化防止のための見守り的援助**に含まれ、身体介護として算定できる。（上巻 p.433）

4 × 算定できない。選択肢 2 の解説の通り。正月料理の調理は、②**日常生活の援助に該当しない行為**に含ま

れる。（上巻 p.436）

5　○　設問の通り。**専門的な判断や技術が必要でない場合**には、手足の爪切りを**身体介護として算定**できる。2005（平成 17）年に厚生労働省が医行為でないものとして 11 の行為が認められ、さらに 2011（平成 23）年には、専門的な管理が必要とされない場合、**パウチの交換も医行為には該当しない**とされた。（上巻 p.435）

問題 51　　　　　正解　1、3、4

1　○　設問の通り。通所介護費算定の基準となる所要時間は、当該通所介護事業所に**滞在した時間**である（厚生労働省「第 141 回社会保障審議会介護給付費分科会 参考資料 3」）。（上巻 p.485）

2　×　管理者は、**通所介護計画書を作成**し、利用者・家族に**説明**、利用者の**同意**を得た上で、利用者に交付しなければならない（指定居宅サービス等の事業の人員、設備及び運営に関する基準第 99 条第 1 項、第 3 項、第 4 項）。（上巻 p.490）

3　○　設問の通り。利用料以外の料金として、おむつ代の支払いを受けることができる。このほかに、支払いを受けることができるのは、通常の事業の実施地域以外に居住する利用者を**送迎する費用・通常の時間を超えるサービス（預かりサービス）の費用・食事費用・日常生活費**である（同基準第 96 条第 3 項）。（上巻 p.490）

4　○　設問の通り。宿泊する場合に、**延長加算などの通所介護費の算定はできない**。通所介護事業所によっては、当該事業所の設備を利用して宿泊する場合（いわゆるお泊りデイ）もあるが、**介護保険の適用とはならない**。（上巻 p.485）

5　×　災害等のやむを得ない場合には、利用定員を超えてサービス提供できる。その場合に**減算とはならない**（同基準第 102 条）。（基本テキスト記載なし）

問題 52　　　　　正解　2、3、4

1　×　訪問入浴介護費は、**入浴、部分浴・清拭**の 2 つに区分されている。利用者の体調を確認し、看護職員などの判断により主治の医師へ連絡相談し、指示を仰ぐ。（上巻 p.448）

2　○　設問の通り。**利用者の選定により提供される特別な浴槽水等に係る費用**は、通常の利用料以外の料金として受け取ることができる（指定居宅サービス等の事業の人員、設備及び運営に関する基準第 48 条第 3 項）。（上巻 p.452）

3　○　サービスの提供に用いる設備、器具その他用品の使用に際して安全及び清潔の保持に留意し、特に利用者の身体に接触する設備、器具その他の用品については、**サービスの提供ごとに消毒したものを使用**する。（上巻 p.452）

4　○　設問の通り。原則としては、看護職員 1 人、介護職員 2 人でサービス提供を行うが、**主治の医師の意見を確認した上で**、看護職員に代えて**介護職員のみで実施することができる**（同基準第 50 条第 4 号）。（上巻 p.452）

5　×　選択肢 1 の解説の通り。全身入浴と部分浴・清拭ではそれぞれ**単位数が異なる**。（参照：上巻 p.448）

問題 53　　　　　　　正解　4、5

1 ×　**管理者**が作成する。短期入所生活介護事業所の**管理者**が短期入所生活介護計画を**作成**し、計画の内容を利用者・家族に説明し、利用者の同意を得たうえで利用者に交付しなければならない（指定居宅サービス等の事業の人員、設備及び運営に関する基準第 129 条第 1 項）。（上巻 p.505、514）

2 ×　短期入所生活介護計画は、**おおむね 4 日以上継続して利用する場合**に作成することになっている。（上巻 p.509）

3 ×　選択肢 1 の解説の通り。**利用者の同意を得た上で**利用者に交付しなければならない。（同基準第 129 条第 3 項）（上巻 p.509、514）

4 ○　設問の通り。利用者に関するサービス提供に関しては、記録を整備し、**完結の日から 2 年間保存**しなければならない。その記録の中に、短期入所生活介護計画書も含まれる（同基準第 139 条の 2 第 2 項）。（上巻 p.426）

5 ○　設問の通り。**連続して 30 日を超える日以降**は、短期入所生活介護費を**算定できない**（厚生労働省「第 180 回社会保障審議会介護給付費分科会 資料 4」）。（基本テキスト記載なし）

問題 54　　　　　　　正解　1、4、5

介護保険制度に基づく住宅改修は次の 6 項目である。①手すりの取り付け、②段差の解消、③滑り止めの防止および移動の円滑化等のための床又は通路面の材料の変更、④引き戸等への扉の取り替え、⑤洋式便器等への取り替え、⑥その他①～⑤の住宅改修に付帯して必要となる住宅改修（上巻 p.556）

1 ○　設問の通り。便器を囲んで据え置いて使用する手すりは、**福祉用具貸与の対象**となる福祉用具である。（上巻 p.537、543、557）

2 ×　対象となる。浴室の段差解消に伴う給排水設備工事、スロープの設置に伴う転落や脱輪防止を目的とする柵や立ち上がりの設置は、**その他①～⑤の住宅改修に付帯して必要となる住宅改修**に含まれる。（上巻 p.559）

3 ×　対象にはならない。洋式便器等への取り替えに、**水洗化工事の費用は含まれない**。（上巻 p.559）

4 ○　設問の通り。引き戸等への扉の取り替えに、**自動ドアの動力部分の設置の費用は含まれない**。（上巻 p.558）

5 ○　設問の通り。畳敷から板製床材への変更は、**滑り止めの防止および移動の円滑化等のための床又は通路面の材料の変更**として支給対象となる。（上巻 p.558）

問題 55　　　　　　　正解　1、3、4

1 ○　設問の通り。夜間対応型訪問介護計画を**作成しなければならない**。なお、夜間対応型訪問介護計画には、利用者の日常生活全般の状況及び希望を踏まえて、定期巡回サービス及び随時訪問サービスの目標、当該目標を達成するための具体的な定期巡回サービス及び随時訪問サービスの内容等を記載する（指定地域密着型サービスの事業の人員、設備及び運営に関する基準第 11 条第 1 項、第 2 項）。（上巻 p.616）

2 ×　夜間対応型訪問介護を提供する

時間はそれぞれの事業所において設定できる。設定にあたっては**22時から6時までの間を最低限含む**必要がある。（上巻 p.616、619）

3 ○ 設問の通り。定期巡回サービス及び随時訪問サービスのそれぞれについて基本夜間対応型訪問介護費以外に、**1回ごとに介護報酬を算定**できる。その場合には利用者の自己負担額が増えていくことに配慮が必要である。（上巻 p.620）

4 ○ 設問の通り。オペレーターは専らその職務に従事する者でなければならない。ただし、**利用者の処遇に支障がない場合**は、定期巡回サービス等に従事することができ、**利用者に対するオペレーションセンターサービスの提供に支障がない場合**は、随時訪問サービスに従事できる（同基準第6条第3項）。（上巻 p.620）

5 × 利用が想定されるのは、一人暮らしの高齢者又は高齢者のみの世帯や中重度の者であるが、夜間対応型訪問介護は介護保険法で次のように定められている。「**居宅要介護者**について、夜間において、定期的な巡回訪問により、又は随時通報を受け、その者の居宅において介護福祉士その他第2項の政令で定める者により行われる」ものである（介護保険法第8条第16項）。（上巻 p.615、616）

問題56 正解 2、5

1 × **管理者**が作成する。認知症対応型通所介護事業所の**管理者**は、認知症対応型通所介護計画を**作成**し、その内容について利用者又はその家族に対して**説明**し、利用者の**同意**を得た上で、**交付**しなければならない（指定地域密着型サービスの事業の人員、設備及び運営に関する基準第52条第1項）。（上巻 p.635、639）

2 ○ 設問の通り。認知症対応型通所介護では、利用者の状況に応じて、入浴・食事・排泄などの介護、生活等に関する相談および助言・健康状態の確認、機能訓練指導員による個別機能訓練、**栄養改善サービス・口腔機能向上サービス**を行う。（上巻 p.636、637）

3 × **要介護**である**若年性認知症の者**は対象である。認知症対応型通所介護の利用者は、**居宅要介護者**であって**認知症である者**である。ただし認知症の疾患が急性期の場合は想定されていない（介護保険法第8条第18項）。（上巻 p.634、635）

4 × 本肢は、**共用型指定認知症対応型通所介護**の説明である。認知症対応型通所介護には、**単独型**、**併設型**、**共用型**の3つの類型がある。（上巻 p.636）

5 ○ 設問の通り。認知症対応型通所介護では、利用者の状態に応じてきめ細やかな配慮が行われる。機能訓練として**庭仕事や散歩、地域の子どもたちとの交流等、屋外でサービスを提供すること**ができる。（上巻 p.637）

問題57 正解 2、3、5

1 × 介護支援専門員は、**常勤専従の職員**で、**入所者の処遇に支障がない場合は、他の職務と兼務が可能**である（指定介護老人福祉施設の人員、設備及び運営に関する基準第2条第

9項)。(上巻 p.711)

2 ○ 設問の通り。管理者は、**常勤の者**でなければならないが、**支障がなければ**同一敷地内にある他の事業所、施設など職務に従事することができる(同基準第21条)。(上巻 p.711)

3 ○ 設問の通り。居宅において日常生活を営むことができると認められる入所者に対しては、**円滑な退所のために必要な援助を行う**(同基準第7条第6項)。安易に施設側の理由により退所を促すことがないよう留意する。(上巻 p.697)

4 × 計画担当介護支援専門員の責務として、**苦情の内容等の記録をすること**が定められている(同基準第33条第2項)。(上巻 p.701)

5 ○ 設問の通り。やむを得ない事情があるときを除き、**退院後再び当該施設に円滑に入所できるよう援助**しなければならない(同基準第19条)。(上巻 p.713)

問題58 正解 2、3、5

1 × 生活保護制度の実施機関は、**都道府県知事、市長及び社会福祉法に規定する福祉事務所を管理する町村長**である(生活保護法第19条)。(下巻 p.469)

2 ○ 設問の通り。すべて国民は、この法律の定める要件を満たす限り、この法律による保護を、**無差別平等**に受けることができる(同法第2条)。(下巻 p.468)

3 ○ 設問の通り。医療扶助における医療の給付は、医療保護施設を利用させ、又は**医療保護施設**若しくは**指定を受けた医療機関**に委託して行うものとする(同法第34条第2項)。(基本テキスト記載なし)

4 × **介護扶助**に含まれる(同法第15条の2)。(下巻 p.470、472)

5 ○ 設問の通り。生活保護による扶助の給付方法には、**金銭給付**と**現物給付**の2つの方法がある(同法第6条第4項、第5項)。(下巻 p.470)

<保護の種類とその範囲>

保護	範囲
生活扶助	①衣食等の日常生活の需要を満たすために必要なもの ②移送
教育扶助	①義務教育に必要な学用品 ②義務教育に必要な通学用品 ③学校給食等の義務教育に必要なもの
住宅扶助	①住居 ②補修等の住宅維持に必要なもの
医療扶助	①診察 ②薬剤・治療材料 ③医学的処置・手術・その他の治療・施術 ④居宅での療養上の管理・その療養に伴う世話等の看護 ⑤病院等への入院・その療養に伴う世話等の看護 ⑥移送
介護扶助	①居宅介護 ②福祉用具 ③住宅改修 ④施設介護 ⑤介護予防 ⑥介護予防福祉用具 ⑦介護予防住宅改修 ⑧介護予防・日常生活支援 ⑨移送
出産扶助	①分娩の介助 ②分娩前後の処置 ③脱脂綿やガーゼ等の衛生材料
生業扶助	①生業に必要な資金・器具・資料 ②生業に必要な技能の修得 ③就労に必要なもの
葬祭扶助	①検案 ②死体の運搬 ③火葬・埋葬 ④納骨等の葬祭に必要なもの

問題59 正解 1、3、5

1 ○ 設問の通り。生活困窮者自立相

談支援事業は、**親に扶養されている成人の子も支援の対象**である。生活困窮者自立支援法で定める生活困窮者とは、**現に経済的に困窮し、最低限度の生活を維持することができなくなるおそれのある者**である（同法第3条第1項）。（下巻 p.475）

2 × 弁護士の配置は義務付けられていない。生活困窮者自立相談支援事業の自立相談支援機関に配置が義務付けられているのは、**主任相談支援員、相談支援員、就労支援員**である。（下巻 p.476）

3 ○ 設問の通り。生活困窮者自立相談支援事業を行うことができるのは、**都道府県、市及び福祉事務所を設置する町村**である（同法第4条、5条）。（下巻 p.475）

4 × 生活困窮者自立相談支援事業は、**社会福祉法人**等にその業務の全部又は一部を委託できる。このほかに委託できるのは、**NPO法人、都道府県などが適当と認めるもの**である（同法第5条第2項）。（下巻 p.476）

5 ○ 設問の通り。生活困窮者一時生活支援事業は、**任意事業**である。生活困窮者自立支援法における事業には、①**必須事業**、②**任意事業**がある。①必須事業には、自立相談支援事業、住居確保給付金の支給、②任意事業には、就労準備支援事業、**一時生活支援事業**、家計改善支援事業、子どもの学習・生活支援事業がある（同法第3条第6項）。（下巻 p.475）

問題60　　正解　1、3、5

1 ○ 設問の通り。**親族も成年後見人になることができる**。近年の割合では、従来多かった親族後見人から、第三者後見人（司法書士・弁護士・社会福祉士等）の割合が増えている。（下巻 p.513）

2 × 市町村長は、**65歳以上の者について、その福祉を図るために特に必要があると認める場合**に、後見開始の審判を請求することができる（老人福祉法第32条）。（下巻 p.506、508）

3 ○ 設問の通り。成年後見制度の利用の促進に関する法律に理念が掲げられている。①成年被後見人等が、成年被後見人等でない者と等しく、基本的人権を享有する個人としてその尊厳が重んぜられ、その**尊厳にふさわしい生活を保障されるべき**こと、②成年被後見人等の**意思決定の支援が適切に行われるとともに**、成年被後見人等の**自発的意思が尊重されるべき**こと、③成年被後見人等の**財産の管理のみならず身上保護が適切に行われるべき**ことである（成年後見制度の利用の促進に関する法律第3条第1項）。（参考：下巻 p.506）

4 × 成年後見人は、**本人の財産に関する法律行為を本人に代わって行うことができる**。ただし成年被後見人の**居住用不動産を処分する**場合には、家庭裁判所の許可を得ずに行うことができない。（下巻 p.508）

5 ○ 設問の通り。**本人が請求**できる。ほかに請求できるのは、**配偶者、四親等内の親族、検察官**などである。（下巻 p.508）

第23回
(令和2年度)

問題1　　正解　2、4

1　×　第2号被保険者の割合は、**1割に満たない**。要介護（要支援）認定者数641万人（令和3年度では690万人）のうち13万人（同13万人）である（厚生労働省「平成29年介護保険事業状況報告書」）。（基本テキスト記載なし）

2　○　設問の通り。女性の要介護（要支援）認定者数は440万人（同471万人）で、男性の要介護（要支援）認定者数は200万人（同218万人）であり、**約2倍**である(同報告書)。（基本テキスト記載なし）

3　×　前年度に比べ、第1号被保険者は1.5%**増加**（同1.2%増）、第2号被保険者は1.9%**減少**（同0.1%増）している（同報告書）。（基本テキスト記載なし）※令和3年度末では、前年度に比べ、第1号被保険者、第2号被保険者ともに増加している。よって、現在では正しい。

4　○　設問の通り。要介護（要支援）認定者数641万人のうち**要介護1は129万人**（同143万人）**で最も多い**。次に多いのは要介護2の112万人(同116万人）である（同報告書）。（基本テキスト記載なし）

5　×　第1号被保険者に占める要介護（要支援）認定者の割合は、全国平均で18.0%（同18.9%）である（同報告書）。（基本テキスト記載なし）

問題2　　正解　1、2、5

1　○　設問の通り。要支援者については、**介護予防**認知症対応型共同生活介護を利用できる（介護保険法第8条の2第15項）。（上巻 p.689）

2　○　設問の通り。要支援者については、**介護予防**認知症対応型通所介護を利用できる（同法第8条の2第13項）。（上巻 p.681）

3　×　看護小規模多機能型居宅介護は、**要介護者のみ**が利用できるサービスである(同法第8条第23項)。（上巻 p.669）

4　×　地域密着型介護老人福祉施設入所者生活介護は、**要介護者のみ**が利用できるサービスである（同法第8条第22項）。（上巻 p.663）

5　○　設問の通り。要支援者については、**介護予防**小規模多機能型居宅介護を利用できる（同法第8条の2第14項）。（上巻 p.685）

問題3　　正解　1、2、3

1　○　設問の通り。老老介護とは、**高齢者が介護を要する高齢者を介護する**ことである。（基本テキスト記載なし）

2　○　設問の通り。8050問題とは、**ひきこもる中高年が50代、支える親が80代と高齢化している**ことが問題になっている。（上巻 p.14）

3　○　設問の通り。ダブルケアとは、**育児と介護が同時期に発生する**ことである。（上巻 p.14）

4　×　介護離職とは、介護職員の離職のことではなく、**労働者が介護を理由に仕事を辞める**ことである。（上巻 p.14）

5　×　限界集落とは、**人口の半数以上を65歳以上の高齢者が占める**集落のことである。（基本テキスト記載なし）

問題4　正解　1、4

1　○　設問の通り。**都道府県の事務**である。財政安定化基金の設置・運営等の**財政支援に関する事務**を行う（介護保険法第147条）。（上巻 p.55）

2　×　**社会保険診療報酬支払基金**の業務である。市町村に対する地域支援事業支援交付金の交付等の**介護保険関係業務**を行う（同法第160条第1項第3号）。（上巻 p.67、68）

3　×　**国の事務**である。第2号被保険者負担率の設定等の制度運営に必要な各種基準等の設定等に関する事務を行う（同法第125条第2項）。（上巻 p.53）

4　○　設問の通り。**都道府県の事務**である。介護保険審査会では審査請求に関する事務を行う（同法第184条）。（上巻 p.55）

5　×　**国民健康保険団体連合会の業務**である。介護給付費請求書および介護予防・日常生活支援総合事業費請求書の審査を行う（同法第179条）。（上巻 p.173）

〈都道府県の事務〉

- 介護保険審査会の設置・運営
- 財政安定化基金の設置・運営
- 介護支援専門員の登録・更新
- 介護支援専門員証の交付
- 介護サービス情報の公表　など

問題5　正解　1、3、4

1　○　設問の通り。**地域包括ケアシステムの深化推進**と**介護保険制度の持続可能性の確保**である。（参考：上巻 p.11、29）

2　×　**共生型サービス事業者**を創設した。児童福祉法に基づく指定障害児通所支援事業者、障害者総合支援法に基づく指定障害福祉サービス事業者が介護保険法の事業者の指定を受けやすくする特例を設けた。（上巻 p.29、130）

3　○　設問の通り。被保険者の**自立支援・介護予防と悪化防止、介護費用の適正化への取り組みとその目標**について、市町村介護保険事業計画に記載することとなった。（上巻 p.29、166）

4　○　設問の通り。**介護医療院**では、主として長期にわたり療養が必要である要介護者に対し、療養上の管理・看護・医学的管理下の介護および機能訓練等の医療や日常生活上の世話を行う。（上巻 p.29、142）

5　×　**第2号被保険者の保険料**に、**総報酬割**を導入した。（上巻 p.29、67）

問題6　正解　2、3、5

1　×　**要介護状態等の軽減**又は悪化の防止に資するよう行われる（介護保険法第2条第2項）。（上巻 p.41）

2　○　設問の通り。**被保険者の選択に基づき**、利用者本位の支援を行う（同法第2条第3項）。（上巻 p.41）

3　○　設問の通り。適切な保健医療サービス及び福祉サービスが、多様な事業者又は施設から、**総合的かつ効率的に提供されるよう**配慮して行う（同法第2条第3項）。（上巻 p.41）

4　×　**自立した日常生活**を営むことができるように配慮する（同法第2条第4

項）。（上巻 p.42）

5 ○ 設問の通り。被保険者の**要介護状態又は要支援状態**に関して、必要な保険給付を行う（同法第２条第１項）。（上巻 p.40）

問題７　　正解　1、3、4

1 ○ 設問の通り。**家計に与える影響を考慮**して、政令で定められる（介護保険法第 51 条第２項）。（上巻 p.105）

2 × 現物給付ではなく、**償還払いの方法**で支払われる。（上巻 p.105）

3 ○ 設問の通り。**世帯主と世帯員等の課税状況**によって算定される。（上巻 p.106）

4 ○ 設問の通り。対象となる。このほか、**居宅サービス**（特定福祉用具販売を除く）、**地域密着型サービス**も高額介護サービス費の対象である（同法第 51 条第１項）。（上巻 p.105）

5 × 医療保険と介護保険、**各保険の保険者が支給**する。（上巻 p.106）

問題８　　正解　1、2、4

1 ○ 設問の通り。**食費と居住費**（**滞在費**）については、所得と資産の状況に応じ段階的に負担限度額が設けられている（介護保険法第 51 条の３）。（上巻 p.109）

2 ○ 設問の通り。**所得**と現金、預貯金などの**その他の事情**を勘案し、負担限度額が設定される（同法第 51 条の３）。（上巻 p.109）

3 × **地域密着型介護老人福祉施設入所者生活介護**は含まれる。（同法第 51 条の３第１項）。（上巻 p.111）

4 ○ 設問の通り。含まれない。対象となるサービスは次の通りである。要介護者については、**指定介護福祉施設サービス**、**介護保健施設サービス**、**介護医療院サービス**、**地域密着型介護老人福祉施設入所者生活介護**、**短期入所生活介護**、**短期入所療養介護**、要支援者については、**介護予防短期入所生活介護**、**介護予防短期入所療養介護**である（同法第 51 条の３、同法第 61 条の３）。（上巻 p.111）

5 × **生活保護受給者も対象**である。（上巻 p.109）

問題９　　正解　3、5

市町村が減免（減額または免除）できる特別の理由は、次の通りである。

・震災、風水害、火災等で住宅等の財産が著しく損害を受けたこと
・世帯の生計を主として維持する者の死亡、心身の重大な障害や長期入院で収入が著しく減少したこと
・事業の休廃止や著しい損失、失業等で収入が著しく減少したこと
・干ばつ、冷害等による農作物の不作や不漁等で収入が著しく減少したこと

1 × 要介護度の著しい悪化は、**特別な理由に該当しない**。（上巻 p.105）

2 × 世帯が住民税非課税世帯になったことは、**特別な理由に該当しない**。（上巻 p.105）

3 ○ 設問の通り。減免される。（上巻 p.105）

4 × 同居する家族が心身に重大な障害を受けたことは、**特別な理由に該当しない**。（上巻 p.105）

5 ○ 設問の通り。減免される。（上巻 p.105）

問題 10　　正解　2、4、5

1 × 指定地域密着型通所介護では、

入浴、排せつ、食事等の介護その他の日常生活上の世話であって厚生労働省で定めるもの及び機能訓練を行う必要がある（介護保険法第8条第17項）。（上巻 p.623）

2 ○ 設問の通り。医師等の従業者は、介護予防通所リハビリテーション計画に基づくサービスの提供の開始時から少なくとも月に1回は、介護予防支援事業者にサービス提供状況を報告するとともに、実施状況の把握を行うものとする（指定介護予防サービス等の事業の人員、設備及び運営並びに指定介護予防サービス等に係る介護予防のための効果的な支援の方法に関する基準第125条第10号）。（参考：上巻 p.585）

3 × 市町村の保健・医療専門職による通所型サービスのほかに、雇用労働者とボランティアが実施するミニデイサービス、運動、レクリエーションと、ボランティアが主体となり実施する体操・運動等の活動、自主的な活動の場づくりがある。（上巻 p.154、155）

4 ○ 設問の通り。指定認知症対応型通所介護には、単独型、併設型、共用型があり、共用型では、指定認知症対応型共同生活介護事業所等の居間や食堂を活用できる。（上巻 p.636）

5 ○ 設問の通り。難病等（難病、認知症、脳血管疾患後遺症等）を有する重度要介護者又はがん末期の者のうち、常時看護師による観察が必要な者を対象とする。（上巻 p.631～632）

問題11　　正解　1、4

1 ○ 設問の通り。配偶者に連帯納付義務が課せられている（介護保険法第132条第3項）。（上巻 p.65）

2 × 第1号被保険者の保険料に係る特別徴収は、年金の支払いをする者（年金保険者）が行う（同法第131条）。（上巻 p.64）

3 × 国民健康保険に加入する第2号被保険者の保険料は、各医療保険者が徴収する。（上巻 p.67、69）

4 ○ 設問の通り。所得区分は、被保険者の個々の負担能力（所得水準）に応じた原則9段階の定額保険料である。市町村は、条例によりさらに所得区分を細分化することが可能である。（上巻 p.63）

5 × 第2号被保険者負担率は、政令で3年ごとに定められる（同法第125条第2項）。（上巻 p.61～63）

問題12　　正解　2、3、5

1 × 国の負担分は、施設等給付とそれ以外の給付で異なる。施設等給付については、国20％、都道府県17.5%、市町村12.5%となり、それ以外の給付については、国25%、都道府県12.5%、市町村12.5%である（介護保険法第121条第1項、第123条第1項、第124条第1項）。（上巻 p.61）

2 ○ 設問の通り。介護給付及び予防給付に要する費用の総額は、公費負担と保険料負担がそれぞれ50%ずつである。（上巻 p.61）

3 ○ 設問の通り。市町村の一般会計における負担分は、12.5%の一律の定率負担になるよう政令で定められて

いる（同法第 124 条）。（上巻 p.61）

4　×　第２号被保険者の保険料負担分は、**介護給付費交付金**（および地域支援事業支援交付金）として**社会保険診療報酬支払基金**から各市町村に交付される（同法第125条第1項）。（上巻 p.67 ～ 68）

5　○　設問の通り。保険料負担分の総額は、**第１号被保険者と第２号被保険者の一人あたりの平均的な保険料が同じ水準**になるよう、政令により３年ごとに定められる（同法第 125 条第２項、第 129 条）。（上巻 p.63、67）

問題 13　　正解　1、4、5

1　○　設問の通り。**地域支援事業の実施に関する基本的事項**を定める（介護保険法第 116 条第２項）。（上巻 p.165）

2　×　**厚生労働大臣**が定める（同法第 116 条第１項）。（上巻 p.165）

3　×　変更する際には、あらかじめ、**総務大臣その他関係行政機関の長に協議しなければならない**（同法第 116 条第３項）。（上巻 p.165）

4　○　設問の通り。**地域における医療及び介護の総合的な確保の促進に関する法律に規定する総合確保方針に即して**定める（同法第 116 条第１項）。（上巻 p.165）

5　○　設問の通り。**介護給付等対象サービスを提供する体制確保に関する基本的事項**を定める（同法第 116 条第２項）。（上巻 p.165）

問題 14　　正解　2、5

1　×　地域リハビリテーション活動支援事業は、**介護予防・日常生活支援総合事業の一般介護予防事業**に含まれる。（上巻 p.154、155）

2　○　設問の通り。**家族介護支援事業**は、家族に対して介護方法の指導および現に要介護者を介護する者を支援するために必要な事業を実施する。（上巻 p.159）

3　×　在宅医療・介護連携推進事業は、**包括的支援事業**に含まれる。（上巻 p.158）

4　×　地域ケア会議推進事業は、**包括的支援事業**に含まれる。（上巻 p.158）

5　○　設問の通り。**介護給付等費用適正化事業**は、介護サービス事業者等に対して適正化を支援するために必要な事業を実施する。（上巻 p.159）

問題 15　　正解　1、3

1　○　設問の通り。**保険給付に関する処分**として審査請求が認められる（介護保険法第 183 条）。（上巻 p.176）

2　×　審査請求の内容に含まれない（同法第 183 条）。（上巻 p.176）

3　○　設問の通り。**保険料その他介護保険法の規定による徴収金に関する処分**として、審査請求が認められる（同法第 183 条）。（上巻 p.176）

4　×　審査請求の内容に含まれない（同法第 183 条）。（上巻 p.176）

5　×　審査請求の内容に含まれない（同法第 183 条）。（上巻 p.176）

〈審査請求できる事項〉

- **保険給付**に関する処分（**被保険者証の交付**の請求に関する処分、**要介護認定又は要支援認定**に関する処分を含む）
- **保険料**その他介護保険法の規定による**徴収金**に関する処分

問題 16　　正解　1、2、4

1 ○　設問の通り。保険料に関する事務として、**市町村**が権限を有する（介護保険法第 203 条第 1 項）。（上巻 p.57）

2 ○　設問の通り。サービス提供事業者に関する事務として、**市町村**が権限を有する（同法第 23 条）。（上巻 p.57、119）

3 ×　**都道府県**が、医療保険者の行う介護給付費・地域支援事業支援納付金の納付関係業務に関する報告徴収・実地検査を行う（同法第 197 条第 4 項）。（上巻 p.55）

4 ○　設問の通り。保険料に関する事務として、**市町村**が権限を有する（同法第 203 条第 1 項）。（上巻 p.57）

5 ×　**都道府県**が、介護サービス情報について調査する（同法第 115 条の 35 第 3 項）。（上巻 p.55）

問題 17　　正解　2、5

1 ×　要介護認定の取り消しに該当しない(介護保険法第 31 条第 1 項)。(上巻 p.86）このような場合には、市町村は保険給付の一部又は全部を行わないことができる(同法第 64 条)。(上巻 p.121）

2 ○　設問の通り。**要介護者に該当しなくなったと認められた場合**は、市町村は被保険者に対して被保険者証の提出を求め、認定にかかる記載を削除し、被保険者証を被保険者に返還する(同法第 31 条第 1 項第 1 号)。(上巻 p.86）

3 ×　要介護認定の取り消しに該当しない（同法第 31 条第 1 項）。（上巻 p.86）このような場合には、市町村は保険給付の一部又は全部を制限することができる（同法第 65 条）。（上巻 p.121）

4 ×　要介護認定の取り消しに該当しない（同法第 31 条第 1 項）。（上巻 p.86）保険料滞納者に対する措置として保険給付の支払の一時差止めなどが行われる(同法第 66 条～ 69 条)。（上巻 p.66）

5 ○　設問の通り。このほかに、**主治医意見書のための診断命令に従わないとき**にも取り消すことができる（同法第 31 条第 1 項第 2 号)。(上巻 p.86）

問題 18　　正解　2、4、5

1 ×　**市町村が通知**する。被保険者証に、審査及び判定の結果、該当する要介護区分（要介護度）及び介護認定審査会の意見を記載し、被保険者に返還する（介護保険法第 27 条第 7 項)。(上巻 p.83）

2 ○　設問の通り。**任命は市町村長（特別区では区長）**が行う（同法第 15 条)。（上巻 p.82）

3 ×　有効期間は、**厚生労働省令**で定められている(同法第 28 条)。ただし、市町村が介護認定審査会の意見に基づき特に必要と認める場合は、市町村が定めることができる。（上巻 p.84）

4 ○　設問の通り。審査及び判定にあたって必要があると認められる場合は、**主治医の意見その他の関係者の意見、被保険者、その家族の意見**を聴くことができる（同法第 27 条第 6 項)。(上巻 p.82）

5 ○　設問の通り。任命された委員には、職務上知り得た秘密について守

秘義務が課せられている（同法第205条第1項）。（上巻 p.82）

問題 19　　　　　　正解　2、3、4

1　×　含まれない。主治医意見書に記載される項目は、**傷病に関する意見、特別な医療、心身の状態に関する意見、生活機能とサービスに関する意見、特記すべき事項**の5つである。（上巻 p.78）

2　○　設問の通り。短期記憶、日常の意思決定を行うための認知能力、自分の意思の伝達能力などの、**認知症の中核症状**に関する記載が含まれる。（上巻 p.78）

3　○　設問の通り。**サービス利用による生活機能の維持・改善の見通し**は、期待できる、期待できない、不明、の3つの中から選択して記載される。（上巻 p.78）

4　○　設問の通り。主治医意見書は**介護認定審査会の二次判定**の際に、参照される。（上巻 p.77、80）

5　×　申請書に添えるのは主治医意見書ではなく、**被保険者証**である。（上巻 p.73）

問題 20　　　　　　正解　1、2、5

1　○　設問の通り。速やかに適切な介護予防サービス計画の作成に着手できるよう、**必要な情報等を提供する等の連携を図る**こととしている（指定居宅介護支援等の事業の人員及び運営に関する基準第13条第25号）。（上巻 p.333）

2　○　設問の通り。**認定審査会意見又は居宅サービスもしくは地域密着型サービスの種類**について記載がある場合には、利用者の理解を得た上で、その内容に沿って居宅サービス計画を作成しなければならない（同基準第13条第24号）。（上巻 p.332）

3　×　継続して福祉用具貸与を受ける必要がある場合には、**その理由を居宅サービス計画に記載**しなければならない(同基準第13条第22号)。（上巻 p.331）

4　×　**厚生労働省令で定める回数**以上の訪問介護を位置付ける場合に、その利用の妥当性を検討し、居宅サービス計画に必要な理由を記載するとともに、居宅サービス計画を**市町村に届け出**なければならない（同基準第13条第18号の2）。（上巻 p.327）

5　○　設問の通り。訪問看護、通所リハビリテーション等の**医療サービスの利用を希望している場合**、利用者の同意を得て主治の医師等の意見を求めなければならない（同基準第13条第19号）。（上巻 p.329）

問題 21　　　　　　正解　2、4、5

1　×　必ずしも紹介するのではなく、利用者が**複数の指定居宅サービス事業者等を紹介するよう求めることができる**ことを、利用者に**説明**し、**理解を得なければならない**（指定居宅介護支援等の事業の人員及び運営に関する基準第4条第2項）。（上巻 p.312）

2　○　設問の通り。居宅支援事業者と入院先医療機関との早期からの連携を促進する観点から、**介護支援専門員の氏名と連絡先を伝えること**を、利用者や家族に協力を求める必要があると規定されている（同基準第4条第3項）。（上巻 p.312）

3 × **利用者の意思を踏まえ**、必要な協力を行わなければならない（同基準第 8 条第 2 項）。（上巻 p.312）
4 ○ 設問の通り。**正当な理由なくサービスの提供を拒否することを禁止**するものである（同基準第 5 条、第 6 条）。（上巻 p.312）
5 ○ 設問の通り。このほかの、**保険給付の対象となるサービスと明確に区分されないあいまいな名目による費用の支払いを受けることは認めない**としたものである（同基準第 10 条第 2 項）。（上巻 p.312）

問題 22 正解 1、2、3
1 ○ 設問の通り。家庭内暴力等、**利用者やその家族の参加が望ましくない場合**には、必ずしも参加を求めるものではない。（上巻 p.320）
2 ○ 設問の通り。このほかに、居宅サービス計画の変更であって、利用者の状態に大きな変化がみられない等における**軽微な変更の場合**等もサービス担当者への照会等により意見を求めることができる（同基準第 13 条第 9 号）。（上巻 p.320）
3 ○ 設問の通り。ここでいう主治の医師は、**利用者の最新の心身の状態、受診中の医療機関、投薬内容等を一元的に把握している医師**のことをさす。（上巻 p.321）
4 × 指定居宅介護支援の**提供完結の日から 2 年間保存**しなければならない（同基準第 29 条第 2 項）。（上巻 p.322）
5 × 要介護認定を受けている利用者が、**要介護更新認定を受けた**場合、**要介護状態区分の変更の認定を受けた場合には、区分の結果にかかわらず**、サービス担当者会議を開催しなければならない（同基準第 13 条第 15 号）。（上巻 p.325）

問題 23 正解 3、5
1 × **計画作成者が目標と具体策を提案し**、利用者と家族の意向とすり合わせながら合意された内容を記載する。（上巻 p.352）
2 × **利用者と家族の考え方の違いが大きい場合や、必要とされる社会資源が地域で不足している**場合に記載する。（上巻 p.352）
3 ○ 設問の通り。利用者の**生きがいや楽しみ、自己実現**につながる目標を設定する。（上巻 p.350）
4 × 機械的に期間を設定するのではなく、利用者個々の状況に応じ、利用者が**目標にむかって達成可能な期間**を設定する。（参考：上巻 p.350、357、367）
5 ○ 設問の通り。目標を達成するために**本人が行うこと、家族が行うこと、地域にあるインフォーマルサポートでできること**を記載する。（参考：上巻 p.355、367）

問題 24 正解 3、5
1 × 特別養護老人ホームにおいては、**必ず施設サービス計画の作成が必要**である。（上巻 p.705）
2 × 面接せずに支援を続けることは適切ではない。ターミナル期に入ると、気持ちが揺れ動くことがあるため、**ターミナル期に再度意思を確認**する必要がある。（上巻 p.710、下巻 p.325）
3 ○ 設問の通り。「最期まで施設で暮

らしたい」という意思を再度確認するため、ターミナル期と判断した嘱託医、施設職員、介護支援専門員と**話し合いの場を設ける**ことは適切である。（上巻 p.710、下巻 p.321）

4 × 単独ではなく**医師等が共同して看取り**介護を行った場合に、看取り介護加算が算定できる。（参照：上巻 p.708）

5 ○ 設問の通り。観察と記録を行い、こまめに**多職種による情報共有**を行う。（下巻 p.319、321）

問題 25　　正解　2、3、5

1 × いきなり説得するのは適切ではない。まず、介護支援専門員は長女をはじめとする家族の**介護に対する意向を確認**する。（参考：上巻 p.265）

2 ○ 設問の通り。まず、介護支援専門員は長女をはじめとする家族の介護に対する意向を確認するために、**話し合いの場を作ること**は適切である。（参考：上巻 p.287）

3 ○ 設問の通り。**育児介護休業規程等活用できる制度**について、長女と長女の夫の勤務先の体制を確認することは、今後の具体的な役割分担、今後の介護サービス利用検討時に活用できるため、適切である。（参考：上巻 p.265）

4 × 短期入所生活介護を早急に手配することは適切ではない。まず、介護支援専門員は長女をはじめとする家族の**介護に対する意向を確認**する。（参考：上巻 p.234、265）

5 ○ 設問の通り。介護者である孫の話をまず**傾聴**すること、**同じ悩みをもつ介護者の集まりへの参加を促す**ことは適切である。（参考：下巻 p.421）

問題 26　　正解　1、2、4

1 ○ 設問の通り。老年症候群は、高齢者に多くみられ、**生活機能低下とQOL 低下**を招く。（下巻 p.5）

2 ○ 設問の通り。高齢者には、**身体的、社会心理的な要因**のため、抑うつが高頻度にみられる。（下巻 p.7）

3 × 高齢者では、エネルギーの消費が少なくなるため、**食欲が低下**する。（下巻 p.8）

4 ○ 設問の通り。脱水が強くなると起立性低血圧、全身倦怠感、頭痛、吐き気、食欲不振、**意識障害**を起こす場合もある。（下巻 p.9）

5 × 本肢は、**感音性難聴**の説明である。伝音性難聴は、外耳や内耳に異常があり、内耳に音信号が伝わりにくくなるために生じる難聴のことである。（下巻 p.10）

問題 27　　正解　2、4、5

1 × 出血部位よりも**心臓に近い部位を圧迫し止血**する。（下巻 p.174）

2 ○ 設問の通り。**喉に手を当てる、手足をバタつかせる、唇が紫色になる（チアノーゼ状態）**などの症状が出現する。（下巻 p.175）

3 × **無理に吐かせない**。洗剤や漂白剤の刺激により窒息や誤嚥性肺炎を起こす可能性がある。（下巻 p.176）

4 ○ 設問の通り。衣服を無理に脱がすと**皮膚から出血**したり、**痛みが増強**する。（下巻 p.177）

5 ○ 設問の通り。吐物が気管や肺に入り、誤嚥性肺炎や窒息を起こさないよう、**横向き**にする。（下巻 p.175）

問題 28　　正解　1、3、5

1　○　設問の通り。高齢者に多く発症し、中でも最も多い部位が、**膝の変形性関節症**である。（下巻 p.114）

2　×　全身の骨格筋が萎縮して四肢の筋力低下が起こり、**運動障害が生じる**。（下巻 p.105）

3　○　設問の通り。このほかに、**思ったことと違う言葉を言ってしまう、文字が浮かばずに書くことができない、読んだ文字を理解できない**、などの症状が起きる。（下巻 p.100）

4　×　徐々に進行し、起立性低血圧、排尿障害などの**自律神経症状、認知症**、治療薬の副作用による幻覚妄想などの**精神症状**が起きやすくなる。（下巻 p.107）

5　○　設問の通り。骨粗鬆症により**骨が脆弱状態**となるため、骨折しやすくなる。（下巻 p121）

問題 29　　正解　2、4、5

1　×　本肢は、**間欠熱**の説明である。稽留熱は、解熱することなく**持続する発熱**のことである。（下巻 p.69）

2　○　設問の通り。心房細動では、心房全体が小刻みに震え、心房の正常な**収縮と拡張が困難**になる。高齢者に多くみられる不整脈である。（下巻 p.70）

3　×　**飲酒**や降圧薬、利尿剤、抗うつ薬、血管拡張剤などの**薬剤**は起立性低血圧の原因となる。（下巻 p.71）

4　○　設問の通り。ジャパン・コーマ・スケール（Japan Coma Scale）は、**3段階に覚醒度を分類**したものである。段階が上がるほど、意識レベルが低くなる。（下巻 p.71）

5　○　設問の通り。口すぼめ呼吸は、気管支が狭くなり呼吸が苦しくなった際に、口をすぼめ息を吐くことで**呼吸が楽になる方法**である。慢性気管支炎、肺気腫など**慢性閉塞性肺疾患の患者によくみられる**。（下巻 p.73）

問題 30　　正解　4、5

1　×　本来の値よりも**大きめの値**になる。（下巻 p.74）

2　×　体内で炎症が起きているときに**上昇**する。（下巻 p.77）

3　×　**過去1～2か月の平均血糖レベル**を反映している。（下巻 p.76）

4　○　設問の通り。また、上腕周囲長や下腿周囲長の計測により、**低栄養の判断**を行う。（下巻 p.75）

5　○　設問の通り。心電図は、**不整脈、心筋梗塞、狭心症**などの診断に不可欠な検査である。（下巻 p.77）

問題 31　　正解　2、3、4

1　×　本肢は、**先行期（認知期）**の説明である。口腔期では、食塊が舌と上顎に挟まれ、喉に運ばれる。口唇を閉じ、口の奥に食塊を送り込むため、舌を口蓋に押しつける。（下巻 p.386）

2　○　設問の通り。咽頭期には、**咽頭に食塊が残存しないよう確認**する。（下巻 p.386）

3　○　設問の通り。**つかむ、持つ、運ぶ**などの摂食動作が行えているか、確認する。（下巻 p.387）

4　○　設問の通り。食事栄養状態のアセスメントでは、**管理栄養士など**とアセスメントすることが有効である。（下巻 p.387）

5　×　食事の介護のアセスメントは、**医**

師、看護師、歯科医師、歯科衛生士、理学療法士、作業療法士、言語聴覚士、管理栄養士、薬剤師、福祉用具専門相談員などが関わる。（下巻 p.372、387）

問題 32　　　　　　正解　1、3、4

1　○　設問の通り。血流障害によって生じる**皮膚の潰瘍**である。（下巻 p.155）

2　×　半座位、座位の際でも、肩甲骨、肘の関節部、臀部など、**体圧のかかる部分に発生**しやすい。（下巻 p.395）

3　○　設問の通り。身体組織の耐久性の低下に加えて、**同じ姿勢を長時間続ける**ことで、体圧が一定の部分にかかり、持続して血流障害が起こることで生じる。（下巻 p.155、394）

4　○　設問の通り。**外から加わる力を少なくする**ため、体圧分散用具、クッションなどを活用する。（下巻 p.155、394）

5　×　一定の要件を満たした場合に、**褥瘡マネジメント加算が算定**できる。（下巻 p.396）

問題 33　　　　　　正解　1、2、4

1　○　設問の通り。高齢になると、通常食物を嚥下した際に行われる**嚥下反射の動き**がうまくいかなくなる。（下巻 p.12）

2　○　設問の通り。**歯の噛み合わせ、歯の喪失**は、咀嚼、嚥下の低下に影響する。（下巻 p.404）

3　×　唾液腺を刺激すると、**唾液が分泌される**。（参考：下巻 p.294、406）

4　○　設問の通り。**食物残渣、脱落した粘膜上皮細胞等**が、口臭の原因となる。（下巻 p.405、406）

5　×　主治医の指示に従って、**多職種で連携して行う**。（下巻 p.294）

問題 34　　　　　　正解 3、4、5

1　×　**市町村が配置**する。複数の専門職が、アセスメント、家族支援など初期の支援を包括的、集中的に行う。また初期とは認知症発症初期だけでなく、**かかわりの初期のこと**を指すので、認知症が進行して問題が生じてきたケースなども支援に含まれる。（上巻 p.158、下巻 p.254）

2　×　**主催者、開催頻度、活動内容はさまざま**である。定義としては、認知症の人と家族、地域住民、専門職等の誰もが参加でき、集う場とされている。（下巻 p.257）

3　○　設問の通り。加えて①**医療サービス、介護サービスを受けていない者又は中断している者**、②医療サービス、介護サービスを受けているが認知症の行動・心理症状が顕著なため**対応に苦慮している者**を対象とする。（下巻 p.255）

4　○　設問の通り。イギリスのトム・キットウッド（T.Kitwood）が提唱したケアの理念である。**その人らしさ**をケアの中心に置き、本人の意向に沿って尊厳を大切にしながら双方向でケアすることを提唱した。（下巻 p.243）

5　○　設問の通り。認知症施策推進大綱の**5つの柱**に含まれる。①普及啓発**・本人発信支援**、②予防、③医療・ケア・介護サービス・介護者への支援、④認知症バリアフリーの推進・若年性認知症の人への支援・社会参加支援、⑤研究開発・産業促進・国際展

開である。（下巻 p.202）

問題 35　　正解　2、3、5

1　×　心気的な訴えが多くなる。めまい、しびれ、排尿障害、便秘などの**自律神経症状が出現する**。（下巻 p.263）

2　○　設問の通り。不安、緊張、焦燥が目立ち、ひどくなると**自死を図ることもある**。（下巻 p.263）

3　○　設問の通り。一度発症すると、**生活環境の変化**などにより再発する可能性が高い。（下巻 p.265）

4　×　**認知症のほかに、糖尿病や高血圧**などの**身体症状を合併**する割合が高い。（下巻 p.267）

5　○　設問の通り。遅発パラフレニーとは、情緒面での障害がほとんどないが**著しい妄想を主症状とする精神病**のことである。（下巻 p.266）

問題 36　　正解　1、4

1　○　設問の通り。診断後の治療についても、患者は医師から説明を受けたうえで、治療についての**同意を行う**。（下巻 p.25）

2　×　本肢は、**エビデンス・ベースド・メディスン**の説明である。（下巻 p.25）

3　×　本肢は、**ナラティブ・ベースド・メディスン**の説明である。（下巻 p.25）

4　○　設問の通り。予後は、**診断された疾患に基づき判断**される。（下巻 p.27）

5　×　場合によっては、予後について**高齢者本人と家族に説明**する。（下巻 p.27）

問題 37　　正解　2、4、5

1　×　通所リハビリテーションに係る単位数は、①**事業所の規模**、②**介護の所要時間**、③**要介護度**に応じて設定されている（WAMNET 介護給付費単位数等サービスコード表（令和 5 年 4 月施行版））。（基本テキスト記載なし）

2　○　設問の通り。**利用者とその家族の参加を基本とするリハビリテーション会議**を開催し、利用者の状況などに関する情報を共有する。（上巻 p.502）

3　×　通所リハビリテーションの提供にあたっては、医師の指示のもとに作成された**通所リハビリテーション計画に基づき**行われなければならない。（上巻 p.499）

4　○　設問の通り。基本報酬を算定できる。ただし利用者に対して送迎を行わない場合は通所リハ送迎減算として**片道につき所定の単位数が減算**される（同サービスコード表）。（基本テキスト記載なし）

5　○　設問の通り。看護師のほか、**医師、理学療法士、作業療法士**もしくは**言語聴覚士**のうちからも選任できる。（上巻 p.503）

問題 38　　正解　2、5

1　×　栄養素の過剰、栄養素の不適切な摂取によって引き起こされる**過栄養状態**が、メタボリックシンドロームである。高齢者の場合、カロリー摂取の減少により**フレイル状態**になりやすい。（下巻 p.91、p.362）

2　○　設問の通り。パラパラ、パサパサした食品、繊維の固い食品や弾力性のある食品が食べにくくなるため、

摂食・嚥下機能レベルに応じた食材の選択、調理方法の工夫が必要である。（下巻 p.366）

3　×　◆出題時、介護保険の**施設サービスにおいて算定**でき、短期入所療養介護は、**居宅サービス**に含まれるため、算定できなかった。2021（令和 3）年の介護報酬改定により、栄養マネジメント加算は廃止されたため、現在では本肢は成立しない。（下巻 p.374）

4　×　摂食・嚥下障害があり誤嚥が認められる入所者が、**経口からの摂取を維持するために経口摂取計画**をたてて支援するものである。（下巻 p.375）

5　○　◆出題時、医師、歯科医師、管理栄養士、看護師、介護支援専門員等の専門職が共同して**栄養ケア計画**を作成するなど**継続的に入所者ごとの栄養管理**をした場合に算定できた。2021（令和 3）年の介護報酬改定により、栄養マネジメント加算は廃止されたため、現在では本肢は成立しない。（下巻 p.374）

問題 39　　　　　　正解　1、2、4

1　○　設問の通り。**あらゆる人の血液、すべての体液、分泌物、排せつ物、創傷のある皮膚、粘膜には感染性があると考えて取り扱う**ことが基盤となる考えである。（下巻 p.189）

2　○　設問の通り。このほかに、**微生物が病原巣から排出しないよう**予防すること、**微生物が宿主に侵入しないよう**予防することが大切である。（下巻 p.189）

3　×　手指衛生は必ず必要である。手袋を廃棄したあとに、**石鹸と流水による手洗い又はアルコール製剤による手指消毒**を行う。（下巻 p.190、193、195）

4　○　設問の通り。接触感染、飛沫感染、空気感染のうち、**飛沫感染**が主な感染経路とされている。（下巻 p.191）

5　×　**肺炎球菌ワクチン**と、**インフルエンザワクチン**の予防接種をすることで、肺炎などの予防効果が高まる。（下巻 p.194）

問題 40　　　　　　正解　1、3、5

1　○　設問の通り。医療処置として、**点滴栄養剤を直接体内にいれる方法**である。（下巻 p.51）

2　×　長期に異物が体内に入ることになるため、**細菌感染を引き起こす**ことがある。（下巻 p.52）

3　○　設問の通り。ストーマは、消化管や尿路の障害によって肛門や膀胱を通じた通常の排せつができなくなったときに人工的に造設する便や尿の排せつ口で、**消化管ストーマと尿路ストーマ**がある。（下巻 p.59）

4　×　腹膜透析では、在宅において**医療的な作業を利用者や家族が行うことができる**。（下巻 p.50、51）

5　○　設問の通り。**外出時や災害（停電）時**などには、**携帯用酸素ボンベ**を使用する。（下巻 p.57）

問題 41　　　　　　正解　2、3、4

1　×　本人の人生観、生命観、健康観などの情報は、**意思決定支援の場面において重要な情報となるため、関係者で共有するべき**である。（参考：下巻 p.37、326）

2　○　設問の通り。どのような医療や介

護を望むかについて、**あらかじめ本人の意向を確認**しておくことである。**本人の尊厳を大切にするため**の重要な手順となる。（参考：下巻 p.37、327）

3 ○ 設問の通り。家族や第三者が単独で方針を決定することに倫理的葛藤が生じかねないため、**関係者の総意に基づいて方針を決めておく**ことである。（参考：下巻 p.326、327）

4 ○ 設問の通り。医学的観点だけに基づく診療方針の決定では、**本人の尊厳を重視する立場と相反する結果**となる場合がある。（参考：下巻 p.37、325）

5 × **介護保険の特定施設**においても、**ターミナルケア**は行われる。一定の要件を満たした場合に、**看取り介護加算**を算定できる。（下巻 p.328）

問題 42 正解 3、4、5

1 × **14 日間**まで医療保険による訪問看護を提供できる。また①気管カニューレを使用している状態、②真皮を越える褥瘡の状態の患者は、1 か月に 2 回(28 日間)まで提供できる。（上巻 p.461）

2 × **指定訪問看護ステーション**と**病院又は診療所**から訪問看護を提供する指定訪問看護事業所の **2 種類**がある（指定居宅サービス等の事業の人員、設備及び運営に関する基準第 60 条第 1 項）。（上巻 p.463）

3 ○ 設問の通り。事業者は、訪問看護の提供の開始に際し、**主治の医師の指示を文書で受ける**とともに、**主治の医師に訪問看護計画書および訪問看護報告書を提出**しなければならない（同基準第 69 条第 3 項）。（上巻 p.461、465）

4 ○ 設問の通り。訪問看護を提供する際の根拠法には、**介護保険法**以外に、**健康保険法**と**高齢者の医療の確保に関する法律**がある。（上巻 p.463）

5 ○ 設問の通り。短期入所療養介護を利用している場合には、入所先の施設での看護を受ける。訪問看護は、訪問看護ステーション等から、看護師などが**生活の場へ訪問し**看護ケアを提供するものであり、短期入所療養介護を利用している間は、訪問看護費を算定できない（指定居宅サービスに要する費用の額の算定に関する基準及び指定居宅介護支援に要する費用の額の算定に関する基準の制定に伴う実施上の留意事項について第 2 の 1 の (2)）。（参考：上巻 p.453）

問題 43 正解 1、3、4

1 ○ 設問の通り。事業所の登録定員は、**29 人以下**である。サテライト型看護小規模多機能型居宅介護の場合は、18 人以下である（指定地域密着型サービスの事業の人員、設備及び運営に関する基準第 174 条）。（上巻 p.675）

2 × 複数の医師ではなく**主治医の指示**に基づいて看護サービスは提供される。看護サービス提供開始時には文書にて主治医の指示を受ける（同基準第 178 条第 1 項、第 2 項）。（上巻 p.676）

3 ○ 設問の通り。管理者となる要件は、**事業所などで 3 年以上認知症ケアに従事した経験**があり、**厚生労働大臣が定める研修修了者**又は**保健師、**

看護師である（同基準第 172 条第 3 項）。（上巻 p.674）

4 ○ 設問の通り。看護小規模多機能型居宅介護を受けている期間は、**重複して訪問介護費を算定できない**。ただし、居宅療養管理指導、訪問リハビリテーション費と福祉用具貸与費は算定できる（地域密着型サービスに要する費用の額の算定に関する基準及び指定地域密着型介護予防サービスに要する費用の額の算定に関する基準の制定に伴う実施上の留意事項について第 2 の 1 の（2））。（上巻 p.671）

5 × 厚生労働大臣が定める研修を修了している**介護支援専門員**の配置が必要である（同基準第 171 条第 11 項、第 12 項）。（上巻 p.674）

問題 44 正解 3、4

1 × 要介護者であって、**主としてその心身の機能の維持回復を図り、居宅における生活を営むことができるようにするための支援が必要である者**に対して、看護、医学的管理の下における介護及び機能訓練その他必要な医療並びに日常生活上の世話を行うことを目的とする。（上巻 p.714）

2 × **超強化型**、**在宅強化型**、**加算型**、**基本型**、**その他**の 5 類型がある。（上巻 p.718）

3 ○ 設問の通り。**配置される職種は幅が広い**。医師、薬剤師、看護職員、介護職員、支援相談員、理学療法士、作業療法士又は言語聴覚士、栄養士、介護支援専門員、調理員、事務員などである。（上巻 p.722）

4 ○ 設問の通り。利用者の平均要介護度は、介護老人福祉施設、介護療養型医療施設等と比較して**要介護度の低い利用者が多い**。（上巻 p.717）

5 × **終末期**を介護老人保健施設で迎える**利用者は増加**している。（上巻 p.718）

問題 45 正解 2、4、5

1 × 要介護者であって、**主として長期にわたり療養が必要である者に対して**、療養上の管理、看護、医学的管理の下における介護及び機能訓練その他必要な医療並びに日常生活上の世話を行うものである。（上巻 p.726）

2 ○ 設問の通り。**身体合併症を有する認知症高齢者、重篤な身体疾患を有する者**を対象としている。（上巻 p.727）

3 × **2024 年 3 月で介護療養型医療施設が廃止されることを考慮**して創設された。（上巻 p.726）

4 ○ 設問の通り。利用者 100 人に対し、**常勤換算で 1 人の医師の配置**が必要である。（上巻 p.730）

5 ○ 設問の通り。入所者 1 人あたりの床面積は、**8m² 以上で**、療養室の定員は、4 人以下とされている。（上巻 p.732）

問題 46 正解 3、4

1 × チェックリストに従って質問するなど、**「はい」「いいえ」で答えられる質問**のことを**クローズドクエスチョン**（閉じられた質問）という。（下巻 p.441）

2 × 面接を一方通行にしないためには、**オープンクエスチョン**（開かれた質問）を用いて、**相手が自分自身の**

選択や決定による答えをみつけることを促していく。（下巻 p.441）

3 ○ 設問の通り。ジェスチャー、表情、姿勢、うなずきなどの非言語的なメッセージも、言語的コミュニケーションとともに観察に活用する。（下巻 p.436）

4 ○ 設問の通り。相手の話す内容を受け止める側が自分の理解のなかで要約し、要約したものを相手に戻す焦点化の技能を活用することで、効果的に面接を実施できる。（下巻 p.442）

5 × 明確化とは、はっきり伝わらない話の内容や感情を質問によってはっきりとさせることである。（下巻 p.441）

問題 47 正解 2、3、4

1 × 地域において排除の倫理が働く場合もある。高齢者と家族が地域社会のなかで孤立することなく、相互に支え合う関係性を構築していく。（下巻 p.448）

2 ○ 設問の通り。支援を拒否している高齢者や家族であっても、特定の信頼できる人からの助言や支援を受け入れることがあるため、キーパーソンを探し支援につなげていくことが有効である。（下巻 p.447、454）

3 ○ 設問の通り。アウトリーチとは、積極的に対象者のいる場所に出向き、働きかけることである。（下巻 p.420）関連する専門職やチーム、機関と協働しネットワークを構築することも含まれる。（参考：上巻 p.158、163、下巻 p.462）

4 ○ 設問の通り。援助活動の見直しとして、自己評価、チームによる検討、スーパービジョンを依頼する方法がある。（下巻 p.433）地域包括支援センターでは、社会福祉士、主任介護支援専門員、保健師が介護支援専門員への日常的個別指導と相談、支援困難事例等への指導と助言を行う。（上巻 p.161、下巻 p.450）

5 × 親族による介護放棄（ネグレクト）は含まれない。セルフ・ネグレクトは、自分の衣服の清潔を保たない、ほとんど食事や水分を摂らず脱水状態や栄養不良に陥るなど自己放任のことである。ゴミ屋敷などに象徴される。（下巻 p.446）

問題 48 正解 3、5

1 × 情報の多い少ないにかかわらず、援助の内容について、記録する必要がある。援助の過程を評価する際、事後評価の際に重要となる。（下巻 p.430、433）

2 × 援助計画は、アセスメントと事前評価を基礎として行う。この過程では、クライエントの積極的な参加が重要となる。（下巻 p.432、433）

3 ○ 設問の通り。援助活動の見直し、過程の評価を常におこない、評価を重ねていく。（下巻 p.433）

4 × 多職種連携の際は、役割をできるだけ明確化しておく。（下巻 p.433）

5 ○ 設問の通り。クライエントとワーカーの間の対人関係が進展したことを示す行為である。（下巻 p.432）

問題 49 正解 1、4

1 ○ 設問の通り。人々が集団となって活動することで、一人ひとりの成長発

達や抱えている問題の解決を目指すことができる。ソーシャルワークにおける**集団援助**に含まれる。（下巻 p.421）

2 × **個人・家族に対するソーシャルワーク（個別援助）**に含まれる。個人・家族に対し心理社会的な働きかけを行い、多様な社会資源の活用や調整を通じ生活課題を個別的に解決する方法である。（下巻 p.419）

3 × **地域におけるソーシャルワーク（地域援助）**に含まれる。地域社会における社会関係に働きかけ、個人や集団に対する支援が有効に機能するように社会資源を調整開発するほか、地域の多様な資源のネットワーキングを行っていく。（下巻 p.421）

4 ○ 設問の通り。選択肢 1 の解説を参照。（下巻 p.421）

5 × **地域におけるソーシャルワーク（地域援助）**に含まれる。選択肢 3 の解説を参照。（下巻 p.421、422）

<ソーシャルワークの種類>

ミクロ・レベル（個別援助）	個人や家族を対象とし、個別に援助する
メゾ・レベル（集団援助）	集団場面や集団関係を対象とし、あるいは媒介して援助する
マクロ・レベル（地域援助）	地域社会を対象とし、あるいは媒介して援助する

問題 50　　正解　4、5

1 × 管理者は事業所ごとに**専従の常勤**とされている（指定居宅サービス等の事業の人員、設備及び運営に関する基準第 122 条）。（上巻 p.513）

2 × 利用者 20 人未満の併設事業所の場合は、**非常勤でもよい**（同基準第 121 条第 5 項）。（上巻 p.513）

3 × 機能訓練指導員は、**他の職務との兼務が可能**である（同基準第 121 条第 7 項）。（上巻 p.513）

4 ○ 設問の通り。栄養士は 1 人以上配置しなければならないが、利用者 40 人以下の事業所であって、**他施設との連携があり利用者の処遇に支障がない場合**には配置しなくてもよい（同基準第 121 条第 1 項）。（上巻 p.513）

5 ○ 設問の通り。**基準の面積**を満たしていれば、食堂および機能訓練室は同一の場所とすることができる（同基準第 124 条第 6 項第 2 号ロ）。（上巻 p.513）

問題 51　　正解　1、5

1 ○ 設問の通り。福祉用具**貸与**の対象である。（上巻 p.537、543）

2 × 特定福祉用具**販売**の対象である。（上巻 p.537、547）

3 × 特定福祉用具**販売**の対象である。（上巻 p.537、547）

4 × 特定福祉用具**販売**の対象である。（上巻 p.537、546）

5 ○ 設問の通り。福祉用具**貸与**の対象である。（上巻 p.537、542）

問題 52　　正解　1、3、4

1 ○ 設問の通り。**職務に専従する常勤の者 1 名**とされ、**特定の専門資格は不要**である（指定居宅サービス等の事業の人員、設備及び運営に関する基準第 6 条）。（上巻 p.440）

2 × **介護福祉士、実務者研修修了者、旧介護職員基礎研修修了者、旧訪問介護員養成研修 1 級課程修了者**である（同基準第 5 条第 4 項）。（上巻

p.440）

3 ○ 設問の通り。利用者の自立支援・重度化防止や地域社会資源を有効活用する観点から、厚生労働省が要介護度ごとに一定の回数を定めている。**一定回数を超える場合には介護支援専門員は市町村に届け出る**（指定居宅介護支援等の事業の人員及び運営に関する基準第13条第18号の2）。（上巻 p.440、327）

4 ○ 設問の通り。利用者が保険給付の範囲外のサービス利用を希望する場合には、求められた内容が介護保険の給付対象となるサービスとしては適切でない旨を説明するとともに、訪問介護員は**居宅介護支援事業所又は市町村に連絡すること**（指定訪問介護事業所の事業運営の取扱等について）。さらに、希望する内容に応じ、地域支援事業、有償サービス、ボランティアなどの活用を助言・検討する。（上巻 p.436）

5 × **正当な理由なく**サービス提供を拒んではならない（指定居宅サービス等の事業の人員、設備及び運営に関する基準第9条）。なお、正当な理由とは①現在の人員では申込みに応じられない、②通常の事業の実施地域外である、③適切なサービスを提供することが困難である、の**3つ**である。（上巻 p.424）

問題53 正解 4、5

1 × 通所介護費は、①**事業所の規模**、②**介護の所要時間**、③**要介護度別**の3つに分けて設定されている（WAMNET介護給付費単位数サービスコード表）。（基本テキスト記載なし）

2 × 通所介護費は、①事業所の規模、②介護の所要時間、③要介護度別の3つに分けて設定されている。なお、**事業所規模は3区分、介護の所要時間は6区分、要介護度別は5区分**である（同サービスコード表）。（基本テキスト記載なし）

3 × 同じ区分であっても、Aの車で送迎を行って10時からサービス提供開始される場合、Bの車で送迎を行って10時半からサービス提供開始される場合など、**利用者ごとにサービス提供開始時刻が異なる**。（基本テキスト記載なし）

4 ○ 設問の通り。通所介護等における居宅内介助については、独居など一人で身の回りの支度ができず、介助が必要となる場合など個別に必要性を判断の上、**居宅サービス計画及び個別サービス計画に位置付けて実施**するものである（厚生労働省「平成27年度介護報酬改定に関するQ＆A」）。（基本テキスト記載なし）

5 ○ 設問の通り。法定代理受領サービスに該当しない支払いとしては、このほかに、**通常の時間を超えるサービス（預かりサービス）の費用、食事の費用、おむつ代、日常生活費**の支払い等がある。あらかじめ利用者や家族に内容を説明し同意を得たうえで、支払いを受けた場合は、その内容費用を記載したサービス提供証明書を利用者に交付する。（上巻 p.490）

問題54 正解 1、2、3

1 ○ 設問の通り。**家族や自宅浴室の有無にかかわらず**、居宅にある浴室での入浴や地域の入浴施設の利用が困難な場合などに浴槽等の設備、備品を搬入し、提供するものである（介護保険法第8条第3項）。（上巻p.442、451）

2 ○ 設問の通り。この場合、同一建物として**介護報酬が所定の率又は単位数から減算**される（WAM-NET介護給付費単位数等サービスコード表）。（基本テキスト記載なし）

3 ○ 設問の通り。自宅浴槽での入浴が困難な居宅要介護者に対して、**居宅で提供するサービス**である。短期入所生活介護では入所先の浴室で施設職員による入浴が提供される。重複して受けることはできない。（上巻p.442）

4 × **運営規程**にあらかじめ、通常の**事業の実施地域を定める**（指定居宅サービス等の事業の人員、設備及び運営基準第53条第5号）。（上巻p.425）

5 × 原則として看護職員1人、介護職員2人の計3人でサービスを提供し、**そのうちの1人がサービス提供の責任者**を務める。看護職員、介護職員のうち1人以上は**常勤**であることとされている（同基準第45条第1項、第2項）。（上巻p.451）

問題55 正解 3、4

1 × **居宅又は通い、宿泊を組み合わせて**サービスを提供するものである。（上巻p.640）

2 × **介護などに対する知識、経験を有する者**で、次のうち**1人は看護師又は准看護師**でなければならない。①通いサービスの提供にあたる者②訪問サービスの提供にあたる者③夜間および深夜の勤務にあたる者。（上巻p.645）

3 ○ 設問の通り。このほか、条件として1つの本体事業所につき、**サテライト事業所は2か所まで**とされている。（上巻p.645）

4 ○ 設問の通り。**利用者は1つの事業所に限って登録できる**。利用者と従業者が**なじみの関係を築きながら**サービスを提供していくためである。（上巻p.642）

5 × **小規模多機能型居宅介護事業所が設置**する。運営推進会議に対して、通いサービスおよび宿泊サービスの提供回数等の活動状況を報告し、評価を受け、評価、要望、助言について記録を作成し、公表する。（上巻p.648）

問題56 正解 2、3

1 × **住宅地又は住宅地と同程度**の場所であることとされている。利用者の家族や地域住民との交流の機会が確保されることを目的としている。（上巻p.655）

2 ○ 設問の通り。入居定員は、**5人以上9人以下**である（指定地域密着型サービスの事業の人員、設備及び運営に関する基準第93条第2項）。事業所に設けることができる共同生活の住居は3つまでとされている。（上巻p.655）

3 ○ 設問の通り（同基準第90条第7項）。介護支援専門員は、介護支援専門員以外の者が計画作成した場合の**業務監督を担う**。（上巻p.655）

4 × 認知症対応型共同生活介護計画

と、居宅サービス計画は**重複して作成できない**。比較的安定した状態にある認知症のある高齢者が、**居宅を離れ**共同生活を営む住居である。当初は**居宅サービス**の一つとして位置付けられていたが、地域密着型サービスの創設に伴い、地域密着型サービスに移行した。（参考：上巻 p.651、653、655）

5 × **定期的に外部評価**を受けるとともに、**自らもサービス提供に対する質の評価**を行う（同基準第 97 条第 8 項）。（上巻 p.657）

問題 57 正解 2、3、5

1 × **身体的拘束等の適正化を図るための委員会の開催、指針の整備、従業者研修**を行う（指定介護老人福祉施設の人員、設備及び運営に関する基準第 11 条第 6 項）。（上巻 p.697）

2 ○ 設問の通り。介護支援専門員が開催するサービス担当者会議等を通じて、**定期的に協議**する（同基準第 7 条第 4 項、第 5 項）。（上巻 p.701）

3 ○ 設問の通り。優先的に入所させる場合は、**介護の必要の程度、家族などの状況を勘案**して行う（同基準第 7 条第 2 項）。（上巻 p.697）

4 × 介護職員は**夜間を含めて常時 1 人以上**の常勤の職員を配置することとされている(同基準第 13 条第 7 項)。（上巻 p.711）

5 ○ 設問の通り。原則として居室の定員は 1 人であるが、**必要と認められる場合には 2 人にすることができる**(同基準第 3 条第 1 項第 1 号イ)。（上巻 p.712）

問題 58 正解 2、3、5

1 × 要介護認定は、**介護保険法で行われる**。生活保護制度における介護扶助の対象者は、介護保険法に規定される要介護者と要支援者である。（下巻 p.473、471）

2 ○ 設問の通り。生活に困窮する外国人に対しては**一般国民に対する生活保護の決定実施の取扱いに準じて**保護を受けることができる。（下巻 p.469）

3 ○ 設問の通り。**生活保護法による指定**を受けた居宅介護支援事業所により、**居宅介護支援計画が作成**される。（下巻 p.473）

4 × 原則として、**金銭給付**である。扶助の種類は 8 種類あり、給付の形態には**金銭給付**の扶助と**現物給付**の扶助がある（生活保護法第 37 条第 1 項）。（下巻 p.470）

5 ○ 設問の通り（社会福祉法第 15 条第 1 項、第 6 項）。なお、生活保護の実施機関は、**都道府県知事、市長および福祉事務所を管理する町村長**である。（下巻 p.469）

問題 59 正解 1、3、5

1 ○ 設問の通り。必ず**本人の同意が必要**である。その上で四親等内の親族などの請求により補助開始の審判を行える（民法第 15 条第 1 項、第 2 項）。（下巻 p.508）

2 × 本人の住所地を管轄する**家庭裁判所**に行う（同法第 7 条）。（下巻 p.508）

3 ○ 設問の通り。成年後見制度の利用促進など、**後見などにかかる体制整備**が**市町村の努力義務**として位置

付けられている（成年後見制度の利用の促進に関する法律第 14 条第 1 項)。(参考：下巻 p.514）

4　×　請求できない。後見開始の審判を行えるのは、**本人、配偶者、四親等内の家族、検察官**などである（民法第 7 条)。(下巻 p.508）

5　○　設問の通り。**本人とその近い親族**（本人の配偶者、直系血族及び兄弟姉妹）は任意後見監督人になれない。(下巻 p.511）

問題 60　　　　　　　　正解　1、2

1　○　設問の通り。高齢者虐待の 5 つの定義のうち、**ネグレクト（介護・世話の放棄・放任）**に含まれる（高齢者虐待の防止、高齢者の養護者に対する支援等に関する法律第 2 条第 4 項第 1 号ロ)。(下巻 p.498）

2　○　設問の通り。市町村又は市町村長は、老人居宅介護等事業や養護老人ホーム入所の措置等を講ずる（同法第 9 条第 2 項)。(下巻 p.500）

3　×　養介護施設に含まれる。ほかに**介護老人福祉施設、介護老人保健施設、介護医療院、地域密着型介護老人福祉施設、老人福祉施設、有料老人ホーム**が養介護施設に含まれる（同法第 2 条第 5 項)。(下巻 p.499）

4　×　地域包括支援センターの職員その他の高齢者の福祉に従事する職員は、**高齢者の居宅への立ち入り、調査、質問**をすることができる（同法第 11 条第 1 項)。(下巻 p.501）

5　×　市町村が行う（同法第 14 条第 1 項)。養護者の心身の状態に照らし、高齢者が**短期間養護を受けるため**に必要となる**居室を確保**するための措置を講ずる(同法第 14 条第 2 項)。(下巻 p.501）

第22回再試験
（令和元年度）

問題1　　　　　　　　正解　2、5

1　×　被保険者期間ではなく、**被保険者の状態**によって、介護給付、予防給付、市町村特別給付の3種類がある（介護保険法第18条）。（上巻 p.88）
2　○　設問の通り。**市町村及び特別区**が、介護保険を行う保険者である（同法第3条）。（上巻 p.43）
3　×　保険料を滞納している場合、**給付率が引き下げられることがある**ため、常に一定ではない（同法第66～68条）。（上巻 p.66）
4　×　介護保険の財源は、保険料と、**公費負担**（租税を財源とする国及び地方公共団体の負担分）で賄われている(同法第121条～第124条)。（上巻 p.61）
5　○　設問の通り。一定の要件を満たすことで、居宅介護サービス費、地域密着型介護サービス費、居宅介護サービス計画費、施設介護サービス費、特定入所者介護サービス費については法定代理受領方式で**現物給付化**を行っている(同法第41条第6項、第7項)。（上巻 p.102、89）

問題2　　　　　　　　正解　1、2、4

1　○　設問の通り。第1条に、要介護者がその有する能力に応じ**自立した日常生活**を営むことができるよう保険給付を行うと規定されている。（上巻 p.40）
2　○　設問の通り。第1条に、**国民の共同連帯**の理念に基づき介護保険制度を設け、国民の保健医療の向上及び福祉の増進を図ると規定されている。（上巻 p.40）
3　×　「利用者主体」という文言はなく、保険給付は、**被保険者の選択**に基づき行われなければならないと、第2条第3項に規定されている。（上巻 p.41）
4　○　設問の通り。第2条第2項に、保険給付は**医療との連携**に十分配慮して行われなければならないと規定されている。（上巻 p.41）
5　×　「介護の社会化」という文言はなく、必要な保健医療サービス及び福祉サービスに係る給付を行うため、**国民の共同連帯**の理念に基づき介護保険制度を設けると、第1条（目的）に規定されている。（上巻 p.40）

問題3　　　　　　　　正解　1、3

1　○　設問の通り。医療保険の保険料と一体的に徴収した介護保険料は、**介護給付費・地域支援事業支援納付金**として社会保険診療報酬支払基金に納付する（介護保険法第150条）。（上巻 p.68）
2　×　医療保険者には、特定疾病の基準を定めるための助言を行う責務はない。**各種基準等の設定等に関する事務**は、国が行う。（上巻 p.53）
3　○　設問の通り。医療保険者は、**介護保険事業が健全かつ円滑に行われるよう協力**しなければならない（同法第6条）。（上巻 p.59）
4　×　**第2号被保険者の保険料**は**医療保険者**が保険料の一部として**徴収する**。第1号被保険者の特別徴収の保

険料は年金保険者が徴収する（同法第135条第5項、第150条）。（上巻p.64、68）

5 × 年金保険者には、介護保険事業に要する費用の一部を補助する責務はない。**財政支援に関する事務**は、**都道府県**が行う。（上巻p.55）

問題4　　　　　　正解　3、4、5

1 × 40歳は第2号被保険者である。第2号被保険者の場合、**特定疾病**を原因として要介護になったものに限り保険給付の対象となる（介護保険法第7条第3項第2号、同条第4項第2号）が、**うつ病は特定疾病に含まれていない**（同法施行令第2条）。（上巻p.45、72）

2 × 業務上の事故には、**労働者災害補償保険（労災保険）**が適用される。さらに、介護保険では、**他の法令による給付との調整**が行われるため（同法第20条）、労働者災害補償保険による給付が優先される。（上巻p.116）

3 ○ 設問の通り。60歳は第2号被保険者である。**末期のがんは特定疾病に含まれている**（同法施行令第2条）ため、保険給付の対象となる。（上巻p.45、72）

4 ○ 設問の通り。65歳以上の人は第1号被保険者であり、**要介護となった原因の如何を問わず**、保険給付の対象となる（同法第7条第3項第1号、同条第4項第1号）。（上巻p.45）

5 ○ 設問の通り。65歳以上の人は第1号被保険者であり、**要介護となった原因の如何を問わず**、保険給付の対象となる（同法第7条第3項第1号、同条第4項第1号）。（上巻p.45）

問題5　　　　　　正解　1、2、5

1 ○ 設問の通り。養護老人ホームは、**住所地特例対象施設**として規定されている特定施設である（介護保険法第13条）。（上巻p.48、49）

2 ○ 設問の通り。介護医療院は、**住所地特例対象施設**として規定されている介護保険施設である（同法第13条）。（上巻p.48、49）

3 × 認知症対応型共同生活介護は**地域密着型施設**であり、住所地特例の対象ではない。（上巻p.48、49）

4 × 地域密着型介護老人福祉施設などの**地域密着型施設**は、住所地特例の対象ではない。（上巻p.48、49）

5 ○ 設問の通り。有料老人ホームは、**住所地特例対象施設**として規定されている特定施設である（同法第13条）。（上巻p.48、49）

〈住所地特例の参考例〉

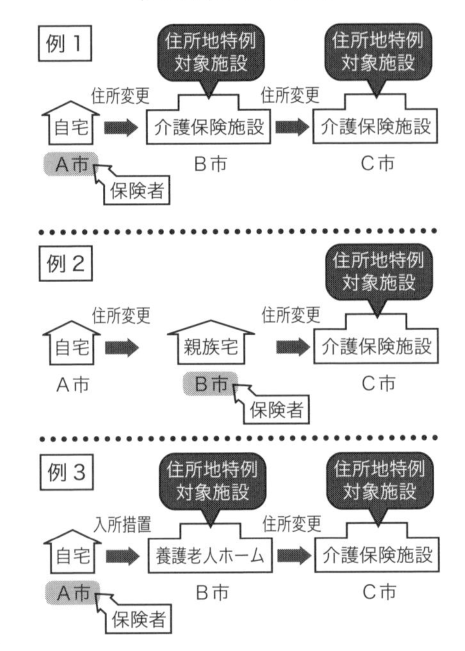

問題6　　　　　　　　正解　3、4

1　×　誕生日当日ではなく、**誕生日の前日**である(介護保険法第10条第4号)。第25回問題5選択肢4の解説を参照。(上巻p.44、47)

2　×　生活保護受給者は、**医療保険**に加入していれば第2号被保険者となる。(上巻p.44、47)

3　○　設問の通り。日本国籍を持つ人であっても、海外に長期滞在しており、**日本に住民票がない**（住所を有さない）場合は被保険者とならない（同法第9条)。(上巻p.45)

4　○　設問の通り。65歳以上の者は、**医療保険の加入の有無にかかわらず**第1号被保険者となる（同法第9条第1号)。(上巻p.44)

5　×　刑事施設は、介護保険の適用除外施設に含まれていないため、**刑事施設に拘禁されている者も被保険者となる**（同法施行規則第170条第2項)。(上巻p.46)

問題7　　　　　　　　正解　2、4

現物給付は、利用者が**利用者負担分のみを**事業者、施設に**支払う**ものである。償還払いは、利用者が**全額を**事業者、施設に**支払い、後で保険者から支給を受ける**ものである。

1　×　居宅介護福祉用具購入費の支給は現物給付化が認められておらず、**償還払い**となる。(上巻p.89、103)

2　○　設問の通り。施設介護サービス費の支給は、法定代理受領方式による**現物給付化**がされている(介護保険法第48条第4項)。(上巻p.89、102)

3　×　居宅介護住宅改修費の支給は現物給付化が認められておらず、**償還払い**となる。(上巻p.89、103)

4　○　設問の通り。特定入所者介護サービス費の支給は法定代理受領方式による**現物給付化**がされている（同法第51条の3第4項)。(上巻p.89、102)

5　×　高額介護サービス費の支給は現物給付化が認められておらず、**償還払い**となる。(上巻p.89、103)

問題8　　　　　　　　正解　1、4、5

1　○　設問の通り。勧告に従わないときは、市町村長は、事業者名、勧告に至った経緯、当該勧告に対する対応等を**公表**することができる（介護保険法第115条の28)。(上巻p.370)

2　×　指定介護予防支援事業者は、事業所ごとに**常勤の管理者**を置かなければならない（指定介護予防支援等の事業の人員及び運営並びに指定介護予防支援等に係る介護予防のための効果的な支援の方法に関する基準第3条第1項)。ただし、支障がない場合は兼務も可能である（同基準第3条第2項)。(上巻p.371)

3　×　事業所ごとに、**保健師その他の指定介護予防支援に関する知識を有する職員**を置かなければならない（同基準第2条)。(上巻p.371)

4　○　設問の通り。住民による自発的な活動であるインフォーマルサポートを含めた、地域における様々な取組みを行う者等との**連携**に努めなければならない（同基準第1条の2第4項)。(上巻p.371)

5　○　設問の通り。委託する場合には、中立性及び公正性の確保を図るため、

地域包括支援センター運営協議会の議を経なければならない（同基準第12条第1号）。（上巻 p.372）

問題 9　　　　　　　　正解　2、3、4

1　×　指定介護老人福祉施設は、入所定員が**30人以上**の特別養護老人ホームである（介護保険法第8条第27項）。（上巻 p.140、703）

2　○　設問の通り。**都道府県、市町村、地方独立行政法人、社会福祉法人**に限って設置運営が認められている（老人福祉法第15条）。（上巻 p.140）

3　○　設問の通り。**施設サービス計画**に基づき、入所者が有する能力に応じ自立した日常生活を送れることを目指して、日常生活上の世話や機能訓練、療養上の世話等のサービスを行う（介護保険法第8条第27項）。（上巻 p.703、705）

4　○　設問の通り。介護支援専門員は、1人以上配置し、**100人又はその端数を増すごとに1人**を標準とする。常勤の者を配置しなければならないが、他の職務との兼務可とされている（指定介護老人福祉施設の人員、設備及び運営に関する基準第2条第1項第6号、第9項）。（上巻 p.711）

5　×　管理者は、もっぱら施設の職務に従事する常勤の者である。ただし、施設の管理上支障がない場合は、同一敷地内にある事業所・施設等の職務と兼務可とされているが、**医師でなければならないとはされていない**（同基準第21条）。（上巻 p.711）

問題 10　　　　　　　　正解　1、4、5

1　○　設問の通り。介護サービス情報の公表に関する事項は、都道府県介護保険事業支援計画で**定めるよう努める事項**として明記されている（介護保険法第118条第3項）。（上巻 p.167）

2　×　地域支援事業の量の見込みは、**市町村介護保険事業計画**で定めるべき事項と明記されている（同法第117条第2項第2号）。（上巻 p.166）

3　×　認知症対応型共同生活介護の必要利用定員総数の見込みは、**市町村介護保険事業計画**で定めるべき事項と明記されている（同法第117条第2項第1号）。（上巻 p.166）

4　○　設問の通り。介護保険施設の種類ごとの必要入所定員総数の見込みは、都道府県介護保険事業支援計画で**定めるべき事項**として明記されている(同法第118条第2項第1号)。(上巻 p.167）

5　○　設問の通り。介護専用型特定施設入居者生活介護の必要利用定員総数の見込みは、都道府県介護保険事業支援計画で**定めるべき事項**として明記されている（同法第118条第2項第1号）。（上巻 p.167）

問題 11　　　　　　　　正解　4、5

1　×　第1号被保険者の保険料率は、各市町村のサービス供給見込み量等をふまえて、**3年に一度**設定される（介護保険法第129条第2項、第3項）。（上巻 p.63）

2　×　介護保険事業の事務費は、**国庫補助金や一般会計からの繰入金等**で賄われる。（上巻 p.63）

3　×　市町村特別給付に要する費用には**第1号被保険者の保険料**が充てら

れ、第２号被保険者の保険料は充当されない。（上巻 p.61）

4 ○ 設問の通り。財政安定化基金は、**市町村における介護保険の財政の安定化**に資する事業に必要な費用に充てるため、都道府県に設置される（同法第 147 条第１項）。（上巻 p.69）

5 ○ 設問の通り。調整交付金は、**市町村間の財政的な格差を是正する**ために国から市町村に交付される交付金である。（上巻 p.61）

問題 12 正解 1、2

1 ○ 設問の通り。保険料の負担は、第１号被保険者と第２号被保険者が**公平に負担する**という観点から、両者における一人当たりの平均保険料水準が等しくなるように振り分けられる。（上巻 p.61）

2 ○ 設問の通り。第１号被保険者の保険料は、被保険者の負担能力（所得水準）に応じた、**9 段階の所得段階別の定額保険料**となっている（介護保険法施行令第 38 条、同法施行規則第 143 条～第 143 条の 3）。（上巻 p.64）

3 × 市町村は、保険料率の設定にあたっては、介護保険の対象サービスの見込量等を勘案して、政令で定める基準に従い**市町村の条例**で定めるところにより算定している。（上巻 p.63）

4 × 第２号被保険者の保険料については、健康保険組合等では、一般保険料と同様、介護保険料分についても事業主負担があるが、**国民健康保険では事業主負担はない**。（上巻 p.69）

5 × 福祉事務所等の保護の実施機関は、保護の目的を達成するために必要があるときは被保護者に代わって**直接市町村に介護保険料を支払うことができる**（生活保護法第 37 条の 2）。（上巻 p.65）

問題 13 正解 2、4、5

1 × 生活支援体制整備事業は、**包括的支援事業（社会保障充実分）**に含まれている。（上巻 p.158）

2 ○ 設問の通り。介護予防・日常生活支援総合事業の財源には、**第 2 号被保険者の保険料が 27%含まれている**（2021 ～ 2023 年度）。（上巻 p.150）

3 × 包括的支援事業のうち地域包括支援センターの運営については、**社会福祉法人や特定非営利活動法人等、その他市町村が適当と認められる法人**に委託できる。社会保障充実分については、地域の実情に応じてそれぞれの**事業の実施要項に定めるところによって**委託できる。（上巻 p.156）

4 ○ 設問の通り。一般介護予防事業には、ほかに介護予防把握事業、介護予防普及啓発事業、地域介護予防活動支援事業、一般介護予防事業評価事業がある。（上巻 p.154、155）

5 ○ 設問の通り。一般介護予防事業には、**地域介護予防活動支援事業**として、介護予防に関するボランティア等の人材の育成が含まれている。（上巻 p.154、155）

問題 14 正解 1、2

1 ○ 設問の通り。介護保険法の審査

請求については、**介護保険審査会が指名する委員で構成する合議体**により行われる（介護保険法第189条）。（上巻 p.177）

2 ○ 設問の通り。審査請求の対象となるのは、**保険給付に関する処分、保険料その他介護保険法の規定による徴収金に関する処分**である（同法第183条）。（上巻 p.176）

3 × 介護保険審査会は、各都道府県に設置され（同法第184条）、市町村の行った処分に対する不服申立の審理・裁決の事務を行う機関である。**中立性・公平性**が求められるため、審理・裁決は、**介護保険審査会が指名する委員で構成される合議体**により行われる（同法第189条）。（上巻 p.176、177）

4 × 介護保険審査会の専門調査員は、**保健・医療・福祉の学識経験者**のうちから任命される（同法第188条）。（上巻 p.177）

5 × 審査請求の対象となるのは選択肢2の解説の通りであり、居宅介護支援の契約解除は、**審査請求の対象とならない**。（上巻 p.176）

問題15　　　　正解　3、4、5

1 × 報告された内容が事実かどうかを調査するのは、**都道府県知事又は都道府県知事が指定した指定調査機関**である（介護保険法第115条の36第1項、第2項）。（上巻 p.146）

2 × 市町村長ではなく、**都道府県知事**に報告しなければならない。指定地域密着型サービス事業者であっても、他の指定居宅サービス事業者や指定居宅介護支援事業者等と同様である（同法第115条の35第1項）。（上巻 p.144）

3 ○ 設問の通り。都道府県知事は、介護サービス事業者が**相談・苦情等の対応のために講じている措置**について公表しなければならない（同法施行規則第140条の46）。（上巻 p.145）

4 ○ 設問の通り。都道府県知事は、介護サービス事業者が**介護サービスの質の確保のために総合的に講じている措置**について公表しなければならない（同法施行規則第140条の46）。（上巻 p.145）

5 ○ 設問の通り。都道府県知事は、介護サービス事業者が**利用者の権利擁護等のために講じている措置**について公表しなければならない（同法施行規則第140条の46）。（上巻 p.145）

問題16　　　　正解　1、4、5

1 ○ 設問の通り。第1号被保険者は、要介護認定又は要支援認定を受ければ、**要介護状態・要支援状態になった原因を問わない**（介護保険法第7条第3項第1号､同条第4項第1号）。（上巻 p.45）

2 × 要介護状態に該当するとは、身体上又は精神上の障害があるために、入浴、排せつ、食事等の日常生活における基本的な動作の全部又は一部について、6か月にわたり継続して、常時介護を要すると**見込まれる状態**をいう（同法第7条第1項）。（上巻 p.71）

3 × 要支援状態に該当するとは、身体上若しくは精神上の障害があるために入浴、排せつ、食事等の日常生活における基本的な動作の全部若しくは一部について6か月にわたり継続して常時介護を要する状態の軽減若しくは悪化の防止に特に資する支援を要すると**見込まれる状態**をいう（同法第7条第2項）。（上巻 p.71）

4　○　設問の通り。第2号被保険者については、要介護状態が**政令で定められた16の特定疾病に起因する場合に限られる**（同法第7条第3項第2号）。（上巻 p.45）

5　○　設問の通り。第2号被保険者については、要支援状態が**政令で定められた16の特定疾病に起因する場合に限られる**（同法第7条第4項第2号）。（上巻 p.45）

問題 17　　正解　3、4

1　×　点滴の管理は、認定調査票の「**特別な医療に関連する項目**」に含まれる。（上巻 p.76）

2　×　徘徊は、認定調査票の「**認知機能に関連する項目**」に含まれる。（上巻 p.76）

3　○　買い物は、認定調査票の「**社会生活への適応に関連する項目**」に含まれる。（上巻 p.76）

4　○　外出頻度は、認定調査票の「**生活機能に関連する項目**」に含まれる。（上巻 p.76）

5　×　障害高齢者の日常生活自立度は、認定調査票の「日常生活自立度に関連する項目」に含まれるが、**身体障害者障害程度等級は認定調査票には含まれない**。（上巻 p.76）

問題 18　　正解　1、3、5

1　○　設問の通り。介護認定審査会の委員は、**保健・医療・福祉に関する学識経験者**によって構成される（介護保険法第15条第2項）。（上巻 p.82）

2　×　介護認定審査会の委員の定数は、**政令で定める基準に従い市町村長が条例で定める数**とする（同法第15条第1項）。（上巻 p.58）

3　○　設問の通り。介護認定審査会の委員は、**市町村長**が任命する（同法第15条第2項）。（上巻 p.82）

4　×　介護認定審査会は、複数の市町村で**共同設置することができる**（同法第16条第1項）。（上巻 p.87）

5　○　設問の通り。必要があると認めるときは、審査対象者の家族のほか、**審査対象者、主治医等の関係者**から意見を聴くことができる（同法第27条第6項）。（上巻 p.82）

問題 19　　正解　2、4、5

1　×　介護保険の保険料その他介護保険法の規定に基づく徴収金の先取特権は、**国税および地方税に次ぐ**ものとされている（介護保険法第199条）。（上巻 p.179）

2　○　設問の通り。保険料を徴収する権利は、これらを行使することができる時から**2年を経過したときは時効によって消滅**する（同法第200条第1項）。（上巻 p.179）

3　×　被保険者の資格を喪失するのではなく、**介護保険の保険の給付を受ける権利**が、時効によって消滅する（同法第200条第1項）。（上巻 p.179）

4　○　設問の通り。市町村は、保険料

のほか、被保険者の資格、保険給付、地域支援事業に関して必要があると認めるときは、**被保険者等に対し、文書その他の物件の提出・提示を命じ**、又は職員に質問させることができる（同法第202条）。（上巻 p.181）

5 ○ 設問の通り。市町村からの保険料の督促は、**時効中断の効力を生ずる**（同法第200条第2項）。なお、改正民法の施行により、2020（令和2）年4月より「時効の中断の効力」は「時効の更新の効力」に用語変更となった。（上巻 p.180）

問題20 正解 2、3、5

1 × 指定介護予防支援事業者の管理者は、**担当職員**に介護予防サービス計画の作成に関する業務を担当させる（指定介護予防支援等の事業の人員及び運営並びに指定介護予防支援等に係る介護予防支援のための効果的な支援の方法に関する基準第30条第1号）。（上巻 p.373）

2 ○ 設問の通り。介護予防サービス計画には、**利用者が目標とする生活**を記載しなければならない（同基準第30条第8号）。（上巻 p.366）

3 ○ 設問の通り。介護予防サービス計画には、**専門的観点からの目標と具体策**を記載しなければならない（同基準第30条第8号）。（上巻 p.366）

4 × 「運動及び移動」の状況の把握は、介護予防サービス計画にかかる**アセスメントに含まれる**。アセスメントには、ほかに「**家庭生活を含む日常生活**」「**社会参加、対人関係、コミュニケーション**」「**健康管理**」がある（同基準第30条第6号）。（上巻 p.366）

5 ○ 選択肢4の解説の通り、「家庭生活を含む日常生活」は、介護予防サービス計画にかかる**アセスメントに含まれる**。（上巻 p.366）

問題21 正解 1、5

1 ○ 課題分析標準項目には、介護者の有無や介護者の介護意思等の**介護力に関する項目**が含まれる。（上巻 p.274）

2 × 課題分析標準項目には、日常の意思決定を行うための**認知能力の程度に関する項目**が含まれる。（上巻 p.274）

3 × 課題分析標準項目には、**認定情報として、利用者の認定結果**について記載する項目が含まれる。（上巻 p.274）

4 × 課題分析は、**計画担当介護支援専門員**が担う。（上巻 p.698）

5 ○ 課題を客観的に抽出するための手法として合理的なものと認められる**適切な方法**であれば、施設独自のアセスメント表を使用することができる。（上巻 p.699）なお、適切な方法として、国は、**課題分析標準項目**を示している（平成11年老企第29号）。（上巻 p.274）

問題22 正解 1、3、4

1 ○ モニタリングでは、**居宅サービス計画の実施状況の把握**（利用者についての継続的なアセスメントを含む）を行う（指定居宅介護支援等の事業の人員及び運営に関する基準第13条第13号）。（上巻 p.324）

2 × 居宅サービス計画と個別サービス計画の連動性、整合性の点検については、居宅サービス計画を担当者に交付したときやその他**必要に応じて行われることが望ましい**（同基準第13条第12号）。（上巻 p.323）

3 ○ 居宅サービス計画に盛り込んだ長期的な目標及びそれを達成するための短期的な目標について、**達成時期には評価を行えるようにする**ことが重要である（同基準第13条第8号）。（上巻 p.319）

4 ○ 指定居宅介護支援においては、利用者の有する解決すべき課題に則した適切なサービスを組み合わせて利用者に提供し続けることが重要である。そのために、**利用者の解決すべき課題の変化を確認する**（同基準第13条第13号）。（上巻 p.324）

5 × サービス事業者の第三者評価の内容の確認は、**利用者がサービスの選択をする際に**主に行われる。利用者又はその家族に対して居住する地域の指定居宅サービス事業者等に関する情報を適正に提供することが望ましい（同基準第13条第5号）。（上巻 p.318）

問題23 正解 1、2、4

1 ○ 設問の通り。利用者が訪問看護や通所リハビリテーション等の医療サービスの利用を希望する場合には、**利用者の同意を得て主治の医師等の意見を求めなければならない**（指定居宅介護支援等の事業の人員及び運営に関する基準第13条第19号）。（上巻 p.329）

2 ○ 設問の通り。アセスメントに当たっては、**利用者の居宅を訪問し、利用者及びその家族に面接して行わなければならない**（同基準第13条第7号）。（上巻 p.319）

3 × サービス担当者会議を開催しなくてもよいのは、利用者（末期の悪性腫瘍の患者に限る）の心身の状況等により、**主治の医師等の意見を勘案して必要と認める場合その他のやむを得ない理由がある場合**である（同基準第13条第9号）。（上巻 p.320）

4 ○ 設問の通り。居宅サービス計画の作成に当たっては、利用者の日常生活全般を支援する観点から、**住民による自発的な活動によるサービス**等、介護給付等対象サービス以外のサービスも含めた総合的な居宅サービス計画の作成が求められる（同基準第13条第4号）。（上巻 p.317）

5 × モニタリングは、**少なくとも1か月に1回行わなければならない**（同基準第13条第14号）。少なくとも3か月に1回のモニタリングを行うとしているのは、指定介護予防支援である。（上巻 p.325）

問題24 正解 2、4

1 × サービス事業者と同行するのは、初回面接とアセスメントを実施し、計画原案を作成した後の、**計画原案を確認する際**である。訪問入浴サービス事業者とでなく、Bさんから**相談を受けた民生委員とともにAさんの居宅を訪問**し、AさんとBさんの意向を確認しながらアセスメントを実施し、必要なサービスの調整を行うことが望ましい。（上巻 p.267、281）

2 ○ 介護支援専門員は、**利用者本位を徹底し、利用者の暮らしを知ろうとすること**から支援を開始する。初回訪問にはまず、入浴という一部分だけではなく、Aさんの暮らし全般について、利用者本人であるAさんと、主介護者であるBさんに確認をする必要がある。（上巻 p.267、273）

3 × 介護支援専門員は、初回面接において、利用者の主訴に耳を傾け、利用者との信頼関係を構築する。Bさんへいきなり助言する前に、これまで自宅で介護を続けてきた**Bさんの気持ちをまず受容し、信頼関係を構築すること**が適切である。（上巻 p.267、273）

4 ○ 介護支援専門員は、**利用者本位を徹底し、利用者の暮らしを知ろうとすること**から支援を開始する。AさんとBさんの了承を得た上で、すでに関わりを持っている専門職からこれまでの関わりについての情報を得ることでアセスメントをより深めることができる。（上巻 p.267、280）

5 × 情緒的支援とは、励ます、話相手になる、愚痴を聴く、相談役になるなど、**情緒面における支援**である。家族だからといって、長女に情緒的支援を一方的に促すのではなく、**利用者、家族に自らの思いや希望を語ってもらい**、様々な提案や工夫を話し合うことが適切である。（参考：上巻 p.212）

問題 25　　正解 3、4

1 × 区分変更申請は、要介護1の**区分限度支給基準額以上の介護サービスが必要になった場合**に検討するものである。この場合、介護サービスによる支援とともに、友人、近隣住民などのインフォーマルな社会資源も含めた**多職種による支援**も検討することが望ましい。（上巻 p.243）

2 × 長女の仕事を減らすよう提案する前に、まずはAさん親子の**現在の生活や今後の希望**について確認することが適切である。その上で、必要な社会資源を調整する。（上巻 p.212、288）

3 ○ まずは支援の目標となる、**Aさん親子が望む生活を聴き取る**ことが望ましい。**利用者が望む生活が実現されるよう**、利用者が複数持ち合わせているニーズに対し、それぞれのニーズが満たされるよう必要な社会資源を調整する。（上巻 p.289、306）

4 ○ まず、Aさんの**地域での行動を確認すること**は適切である。その上で介護保険制度内の社会資源だけではなく、友人、近隣住民などのインフォーマルな社会資源も含めた**多職種による支援**を検討する。（上巻 p.243）

5 × 一覧からサービス事業所を選択してもらうのは適切だが、サービスや支援を依頼するにあたり、介護支援専門員として、地域の介護保険サービス事業所に対し、利用者が望む生活と支援の目標をしっかりと伝え、**連絡・調整を行う**必要がある。（上巻 p.243、293）

問題 26　　正解 1、2、3

1 ○ 設問の通り。加齢黄斑変性は、老化に伴い網膜の中心部の黄斑部が変性し、歪んで見えたり中心暗点となったりして**視力低下**を起こす。**進行すると視力が失われる**重篤な病気である。（下巻 p.10、162、163）

2 ○ 設問の通り。高齢者のめまいの

原因はいろいろあり、内耳の障害ではぐるぐる回る**回転性のめまい**、高血圧や起立性低血圧では**眼前暗黒感**、脳腫瘍ではふわふわと**浮動感のめまい**が起きる。（下巻 p.9、165、166）

3　○　設問の通り。高齢者の難聴では、加齢により内耳の感覚細胞の機能低下をきたす**感音性難聴**が多い。感音性難聴では、音が歪み言葉がはっきりと聞こえなくなる。（下巻 p.10、163）

4　×　心房細動では心臓の拍動が不規則になり、不整脈の症状が出る。血流が一定でないと**血栓ができやすく**、それが脳動脈に流れ込んで血管をふさぎ、**脳梗塞を発症しやすくなる**。（下巻 p.128）

5　×　加齢により肝機能・腎機能が低下すると、**薬物の代謝や排泄が減少**する。そのため、高齢者では、服用した薬効が体内に長くとどまり、**副作用のリスクが増大**しやすくなる。（下巻 p.95）

＜高齢者の身体的・精神的特徴＞

身体的特徴	特徴的な精神症状
・加齢により機能が低下するが、個人差が大きい ・病気によって機能が低下 ・症状が顕著には現れにくく、病気の発見がしにくい	・抑うつ ・せん妄 ・認知症 ・不眠症

問題 27　　正解　2、3

1　×　高齢者のてんかんは、脳血管障害やアルツハイマー病といった脳の障害による発病が多く、発作の**再発率は高い**。そのため、発作後から治療を始めることが多い。（基本テキスト記載なし）

2　○　設問の通り。てんかん発作の間は、**意識障害**を起こすこともある。けがをしないように寝かせ、顔を横に向けて誤嚥を予防する。また、衣服をゆるめて見守ることが大切である。（参考：下巻 p.175）

3　○　設問の通り。高齢者のてんかんは複雑部分発作が多いという特徴があるため、意識障害、しびれ、発汗、けいれん、自動症（口をもぐもぐするなど）、記憶障害など**多様な症状**を呈する。（基本テキスト記載なし）

4　×　高齢者のてんかんの原因として最も多いのは**脳血管障害**（30～40％）で、次いで頭部外傷、アルツハイマー病（神経変性疾患）、脳腫瘍などが挙げられるが、原因は不明なことも多い。（基本テキスト記載なし）

5　×　高齢者のてんかんの治療は、抗てんかん薬による**薬剤療法**が中心となる。一般的なてんかんよりも高齢者のてんかんの方が、薬による治療効果が高いといわれている。（下巻 p.166）

問題 28　　正解　1、5

1　○　設問の通り。認知症の中核症状とは、認知機能障害のことで、認知症であれば必ず起こる症状である。**記憶障害**、**見当識障害**、実行機能障害、失行、失認、失語などがある。（下巻 p.232）

2　×　家族の不適切な対応とは限らない。認知症の行動・心理症状（BPSD）の悪化要因には、**脳病変**、**生活障害**、**居住環境**、**薬剤**、**ケア技術**など多様な因子がある。悪化要因として最も多いのは薬剤である。（参考：下巻 p.233、235）

3　×　措置入院とは、都道府県知事の権限で、入院しなければ自傷他害のおそれのある患者に対する緊急的な入院であり、**精神保健指定医**の診断が必要である（精神保健福祉法第29条）。（基本テキスト記載なし）

4　×　自立支援医療制度は、認知症や精神疾患を有する者が、**通院による精神医療**が必要となった場合に医療費の自己負担額が軽減されるもので、入院の場合は対象外である。（下巻p.467）

5　○　設問の通り。認知症初期集中支援チームでいう**「初期」とは、チームでかかわりを持つことが初めて**、という意味である。そのため、認知症がかなり進行している場合もある。（下巻p.255）

問題29　　　　　　正解　2、5

1　×　薬疹の作用機序には、アレルギー性と非アレルギー性があり、非アレルギー性では、**長期間摂取による蓄積作用**、**過剰投与**、他の薬剤との相互作用など原因はさまざまである。（下巻p.154）

2　○　寝たきりで関節拘縮があると、自分で身体を動かすことが難しく、同一部位に圧力が加わるため褥瘡が生じやすい。**体圧分散用具**を使用し、定期的に**体位変換**を行うようにする。（下巻p.155）

3　×　皮脂欠乏症は皮脂分泌の低下により皮膚が乾燥するものである。幹部を清潔に保つことは悪化予防になるが、ナイロンタオルは皮膚のバリア機能を低下させて**乾燥の原因となる**ため、**木綿**などの皮膚刺激が少ないタオルを使うとよい。（下巻p.157）

4　×　白癬は、**白癬菌**という真菌による感染症で、最も頻度が高い足白癬（水虫）は、家庭内のスリッパや足ふきマット、**爪切り**等を共用することで感染する。（下巻p.156）

5　○　脂漏性湿疹は頭部や顔面にフケ様の付着物を伴う湿疹であり、マラセチアという真菌が関与することもある。**抗真菌薬**などを使用し、清潔を保ち、生活リズムを整えていくようにする。（下巻p.158）

問題30　　　　　　正解　1、2、5

1　○　設問の通り。虚血性心疾患は、心臓の冠動脈が**動脈硬化**を起こして血液が十分に供給されない状態である。**喫煙や脂質異常症、高血圧症によって動脈硬化が進行**し、心臓への負担が増加する。（参考：下巻p.125）

2　○　設問の通り。健康日本21（第二次）では国民の健康づくり運動を推進しており、**健康寿命**（日常生活に制限のない期間）を延ばし、**健康格差**（都道府県格差）を縮小することを目標に掲げている。（下巻p.89）

3　×　老年期うつ病は、対人関係で**攻撃性を表出できない人**に多いとされている。老年期うつ病では、特に心気的な訴えが多くなり、ひどくなると妄想（自責妄想、貧困妄想など）を抱き、**自死を図ることがある**。（下巻p.7、263）

4　×　老年発症型のアルコール依存症は、死別などの**喪失体験**や退職などによる**社会的孤立**といった環境変化によって発症することが多い。家族歴や遺伝的要因が関与するのは、**若年**

発生型のアルコール依存症である。（下巻 p.267）

5　○　設問の通り。離脱症状の遷延化とは、**アルコールの効果が減弱しても不快な気分や自律神経症状などが長引く**ことで、原因は老化による脳神経細胞の機能低下や栄養障害により、**自律神経等の調節が困難となる**ためである。（下巻 p.267）

問題 31　　　正解　1、2、4

1　○　設問の通り。ヘモグロビン A1c（糖化ヘモグロビン）の値は、**過去1～2か月の血糖レベル**が反映されるため、血糖値と併せて測定することで、その時点での血糖レベルと過去 1 ～ 2 か月の血糖レベルの両方を評価することができる。（下巻 p.76）

2　○　設問の通り。大動脈疾患、片麻痺、進行した動脈硬化がある場合は、**左右の上肢の血圧に差がみられる**ことがあるため、片腕だけでなく両腕で血圧測定する必要がある。（下巻 p.70）

3　×　ノロウイルスは、下痢などの症状がおさまった後でも、**1週間程度、長い場合は1か月にわたって便中にウイルスが排泄される**ため、感染力はなくならない。（参考：下巻 p.180、189）

4　○　設問の通り。CRP（C 反応性たんぱく質）は、炎症や、体の組織に障害が起きたり免疫反応が起きたときに血液中に増えるたんぱく質で、**炎症の有無や程度**を調べることができる。感染症のほか、**悪性腫瘍、関節リウマチなどの膠原病、心筋梗塞などでも高値**になる。（下巻 p.77）

5　×　24 時間心電図（ホルター心電図）検査は、小型の検査機器を体に装着して 24 時間の心電図を記録し、解析する検査である。食事、仕事、家事、運動など普段どおりの日常生活における状態を測定するものであり、**入院する必要はない**。（参考：下巻 p.77）

問題 32　　　正解　1、3、5

1　○　設問の通り。悪性症候群は、主に精神神経用薬の服薬に伴う副作用であり、発熱、意識障害、錐体外路症状、自律神経症状を主徴とし、放置すると重篤な転帰をたどることもある。パーキンソン病の治療薬であるドーパミン製剤の服用を突然中止すると、**悪性症候群を生じる恐れ**がある。（参考：下巻 p.108、109、337）

2　×　高齢者は、加齢に伴い腎機能が低下しているため、**薬の作用が強く現れやすく**、若年時と比べて**副作用を生じるリスクが高くなる**。（下巻 p.337）

3　○　設問の通り。錠剤の中には、ゆっくりと成分を放出するように作られた**徐放性製剤**もあり、粉砕したり微温湯で溶解させてよいかについて、それぞれの薬剤について確認する必要がある。（下巻 p.348）

4　×　OD 錠（口腔内崩壊錠）は、口腔内の唾液で速やかに溶けるが、薬の成分は口腔粘膜からそのまま吸収されるのではなく、**消化管**で吸収される。（下巻 p.348）

5　○　設問の通り。自己判断で内服を中断すると離脱症状を生じるなどの危険があるため、**内服状況を確認することは重要である**。（下巻 p.343）

問題33　　　　　　　　正解　4、5

1　×　胃ろうがあっても、原則として**入浴は可能**である（胃ろうの造設後数日間を除く）。入浴するときは胃ろうをビニールで覆ったりせず、そのまま浴槽に入り、入浴後は乾いたタオルで水気をふき取り清潔にする。（参考：下巻 p.55）

2　×　終末期においては、嚥下機能が低下して肺炎を起こしやすいので、口腔ケアを行って**口腔内を清潔に保つ**ことが大切である。（下巻 p.407）

3　×　膀胱留置カテーテル使用中の膀胱洗浄は、かつては広く行われていた処置であるが、現在では**尿路感染を起こすリスクが高い**とされており、毎日行うことは誤りである。（参考：下巻 p.63）

4　○　設問の通り。糖尿病の治療薬には、食事の直前に服用すると食後に効果が表れて血糖値の上昇を抑えるものがあり、服用時間を誤ると**血糖値が高くない時間に効果が表れて低血糖となる**場合がある。（下巻 p.142、343）

5　○　設問の通り。経皮吸収型の薬剤（貼付剤）は、背部、上腕部、胸部などの正常で健康な**皮膚に貼付して使用する**もので、嚥下困難のある高齢者でも使用できる。（参考：下巻 p.237）

問題34　　　　　　　　正解　1、2

1　○　設問の通り。体調不良時（シックデイ）には、**インスリンの自己注射の効果が強く出る**ことがあるため、対応策等について多職種間で情報を共有しておくことが必要である。（下巻 p.46）

2　○　設問の通り。悪性腫瘍の疼痛管理のための麻薬の投与経路には、**経口**（飲み薬、舌下錠など）、**経皮**（貼り薬）、**経腸**（座薬）、**注射**（注射薬）がある。（下巻 p.48）

3　×　人工透析を行っている場合には、シャントを傷つけないように注意し、**シャント側の腕で血圧測定を行わない**ようにする。（下巻 p.49）

4　×　侵襲的陽圧換気法（IPPV）による人工呼吸は、**気管切開をして気管の中に管を入れて行う**もので、マスクは装着しない。マスクを装着して行う人工呼吸法は、気管切開を伴わない**非侵襲的陽圧換気法（NPPV）**である。（下巻 p.56）

5　×　酸素マスクによる在宅酸素療法より、**鼻カニューレによる在宅酸素療法**の方が食事や会話がしやすい。（下巻 p.58）

問題35　　　　　　　　正解　1、3、4

1　○　設問の通り。血液透析は、透析施設に**週2～3日通院**して行うが、自己腹膜灌流法（CAPD）による人工透析は、**月に1～2回程度通院**しながら、在宅で本人や家族が行う。（下巻 p.49）

2　×　終末期リハビリテーションは、終末期患者がQOL（生活の質）を維持して**最期までその人らしい人生を全うできるように働きかける**ものである。介護負担軽減のためにも、安らかに看取りを迎える意味でも大切なものである。（下巻 p.316、317）

3　○　設問の通り。スピーチカニューレは、気管内に留置される本体部分に空気孔があり、スピーチバルブを装着することで、吐いた空気が空気孔を通過（空気が声門を通過）する。気管切開されていない場合と同様に**発声することができる**。（参考：下巻 p.56）

4 ○ 設問の通り。慢性閉塞性肺疾患（COPD）の増悪を避けるためには、**インフルエンザワクチン**や肺炎球菌ワクチンの**接種が推奨**される。（下巻 p.149）

5 × 在宅酸素療法（HOT）は低酸素血症を伴う慢性呼吸不全患者に在宅で酸素投与を行う治療である。医師により処方されるが、導入にあたって**必ずしも入院を必要としない**。（参考：下巻 p.57）

問題 36 正解 1、4、5

1 ○ 設問の通り。転倒による骨折をきっかけとして寝たきり状態になってしまうことがあるため、複数回転倒した場合には、**再度の転倒を防ぐ対策**を検討する必要がある。（下巻 p.121）

2 × 選択肢 1 のとおり、**再度の転倒を防ぐ対策**をすることが望ましい。また向精神薬などの薬物を長期間服用することによって、**様々な副作用がみられる**ため、服用には留意が必要である。（下巻 p.277）

3 × 転倒により頭部を強く打った場合には、意識障害などがなくても、しばらくの間は**経過観察が必要**である。（下巻 p.174）

4 ○ 設問の通り。骨粗鬆症の危険因子として、閉経などによる**女性ホルモンの低下**、カルシウム摂取不足、運動不足、日光浴不足などがある。（下巻 p.121）

5 ○ 設問の通り。夜間にトイレへ行くことには危険が伴うため、**就寝前に水分をとりすぎない**ように注意する。また、不穏状態にあるときは、様子を見守り、危険を回避するように配慮する必要がある。（下巻 p.294）

問題 37 正解 2、3、5

1 × 通所リハビリテーション計画は、医師、理学療法士、作業療法士等の**多職種が共同で作成**する。（上巻 p.493、503）

2 ○ 設問の通り。急性期に続いて行われる回復期リハビリテーションは、最大限の**機能回復、ADL の向上及び早期の社会復帰**を目指すものである。（下巻 p.283）

3 ○ 設問の通り。指定訪問リハビリテーションは、居宅要介護者の居宅において、**心身の機能の維持回復**を図り、日常生活の自立を助けるために行われる理学療法、作業療法その他のリハビリテーションである（介護保険法第 8 条第 5 項）。（上巻 p.466、469）

4 × 変形性膝関節症は、減量や大腿四頭筋等の筋肉を鍛えて膝関節にかかる負担を減らすことで、その**発症リスクを低下**させたり、進行を防ぐことができる。（下巻 p.114）

5 ○ 左片麻痺でみられる半側空間失認におけるリハビリテーションでは、**失認される左半分の空間に注意を向ける**（左側から話しかける、右手に持った輪などを右側から左側に移動させて左手に持ち替えるなど）ように工夫する。（下巻 p.101）

問題38　　　　　　正解　3、4、5

1　×　腹圧性尿失禁は、咳やくしゃみなどで腹圧がかかったときに尿が漏れるもので、骨盤底筋群の筋力低下により起こる。症状を改善するためには、骨盤底筋体操を行って**骨盤底筋群を鍛えることが有効**である。（参考：下巻 p.12、390）

2　×　便失禁は、消化器などの疾病によって起きる場合もあるが、トイレに間に合わずに漏らす**機能性便失禁**などもあり、すべてが医療的治療の対象となるわけではない。（下巻 p.390）

3　○　設問の通り。ポータブルトイレの導入にあたっては、多職種と連携して排泄行動（1日の排尿回数、排尿量、排尿間隔、排尿姿勢、失禁の状況など）をよく観察した上で、**日常生活動作に適合したもの**を選択する。（下巻 p.294、391、392）

4　○　設問の通り。日常生活動作の低下により機能性失禁が生じている場合には、トイレまでの移動動作に時間がかかりすぎるのか、下着をおろす動作に手間取っているのかなど、排泄に関する**一連の日常生活動作の問題点を見極める**ことが重要である。（下巻 p.294、390）

5　○　設問の通り。排便コントロールでは、排便間隔を把握し、食事内容（食物繊維の摂取状況、咀嚼状況）や水分摂取量、日中の活動量、服薬状況などを確認した上で、**生活リズムを整える**ように働きかけることが大切である。（下巻 p.391）

問題39　　　　　　正解　4、5

1　×　福祉避難所とは、一般避難所では避難生活が困難な**要援護者**（高齢者、障害者、妊婦、乳幼児その他援護が必要な人たち）に配慮した市町村指定の避難施設で、**要援護者の家族も対象**に含まれる。（下巻 p.198）

2　×　**人の生命、身体又は財産の保護のために必要がある場合**（災害時における被災者情報等の自治体への提供など）であって、本人の同意を得ることが困難な場合は、要援護者の個人情報の提供及び共有を行うことができる（個人情報保護法第27条第1項第2号）。（下巻 p.492）

3　×　災害時における避難所生活では、活動量の減少によって身体機能が低下し、生活不活発病を生じる恐れがある。これは、**要介護者のみならず、すべての人**に起こりうる。（下巻 p.12）

4　○　設問の通り。深部静脈血栓症／肺塞栓症（いわゆるエコノミークラス症候群）を予防するためには、**定期的に軽い体操やストレッチ運動**を行い、**十分にこまめに水分を摂る**ようにする。また、体を締めつける服装を避けたり、足を高くして眠ることなども有効である。（参考：下巻 p.12、288）

5　○　設問の通り。停電により人工呼吸器が停止すると生命に危険が及ぶことがあるため、非常用電源の確保など、停電時の対応については**平時より**主治の医師等と話し合っておく。（下巻 p.55、200）

問題40　　　　　　正解　1、2、4

1　○　設問の通り。高齢者では、若年者と比べて、がん（悪性腫瘍）の**発生頻度は増加**する。（下巻 p.138）

2　○　設問の通り。死前喘鳴とは、唾液や痰などが咽頭や喉頭に貯留して、呼吸のたびに喉元でゴロゴロと音がする状態である。**首を横に向けることで軽減する**こともあり、口腔内の分泌物を拭い取ったり吸引を行うことも有効である。（下巻 p.330）

3　×　臨死期にみられる下顎呼吸は顎だけが弱々しく動く状態で、**呼吸が停止する間際**にみられるものである。通常の場合、正常な呼吸に戻ることはない。（下巻 p.331）

4　○　設問の通り。呼吸困難や疼痛に対しては、原因疾患に対する投薬のほか、安楽な体勢をとったりマッサージなどを行って、**苦痛の緩和を図る**ことが大切である。（下巻 p.330）

5　×　高齢者のがん（悪性腫瘍）であっても、その治療法は基本的に若年者と変わらず、必要に応じて**侵襲性の高い外科手術**も行われる。（下巻 p.139）

問題 41　　　　　　正解　1、4、5

1　○　設問の通り。真皮を越える褥瘡の状態にある者は、厚生労働省が定める「**特別管理加算の対象者**」に含まれており、**特別訪問看護指示書**が発行される。その特別訪問看護指示期間において、**医療保険**による訪問看護を**週 4 回以上**受けることができる。（上巻 p.454）

2　×　介護保険による訪問看護利用者の疾患別分類では、**循環器系の疾患**（高血圧性疾患、虚血性心疾患、脳血管疾患等）が最も多い。（上巻 p.456）

3　×　訪問看護の内容には、病状の観察、療養上の世話、診療の補助、家族支援、**リハビリテーション**などが含まれる。（上巻 p.456）

4　○　設問の通り。指定訪問看護ステーションには、看護職員（保健師、看護師・准看護師）を**常勤換算で 2.5 人以上**置かなければならず、そのうちの **1 人は常勤**でなければならない（指定訪問看護の事業の人員及び運営に関する基準第 2 条）。（上巻 p.464）

5　○　設問の通り。問題文のような体制にある場合、**緊急時訪問看護加算**として、1か月につき所定の単位数が算定できる。（上巻 p.460）

問題 42　　　　　　正解　1、2、4

1　○　設問の通り。在宅における家族に対する看取りの支援は、**主治医**や**訪問看護師、介護支援専門員**などが密に連携して行う。（下巻 p.321）

2　○　設問の通り。終末期においては、生命予後の予測や**今後予想される経過**（身体の変化など）、**緊急時の連絡方法、死亡確認の方法**などについて、家族に対して説明する必要がある。（下巻 p.329）

3　×　家族が在宅で看取る意向であっても、臨死期を迎えると現れるさまざまな症状に**不安を抱く**ことも多いため、後方支援の病院で家族が看取ることもできることを伝え、**家族の負担が過重にならないように**配慮するべきである。（下巻 p.321、326）

4　○　設問の通り。**最後の診察から 24 時間以内**に当該診療に関連した疾病で死亡したことが判定できる場合、改めて診察を行うことなく死亡診断書を交付することができる（医師法第 20

条）。（参考：下巻 p.332）

5 × 死亡診断書に記載される死亡時刻は、死亡確認時刻ではなく、原則として、**生物学的な死亡時刻**である（厚生労働省「死亡診断書記入マニュアル」）。（参考：下巻 p.332）

問題 43　　正解　1、2、4

1 ○ 設問の通り。事業者は、**通常の事業の実施地域であるか否かにかかわらず**、交通費（実費）を受け取ることができる（指定居宅サービス等の事業の人員、設備及び運営に関する基準第 87 条第 3 項）。（上巻 p.481）

2 ○ 設問の通り。保険医療機関の指定を受けている病院は、介護保険法に基づく指定事業者の指定申請をすることなく、**居宅サービス事業者の指定があったものとみなされる**（介護保険法第 71 条）。（上巻 p.479）

3 × 薬剤師が行う居宅療養管理指導は、**医師又は歯科医師の指示に基づいて**、要介護者の居宅で薬学的な管理・指導を実施するものである（同法施行規則第 9 条の 2 第 2 項）。提供したサービスの内容について、速やかに診療記録を作成し、医師又は歯科医師に報告する。（上巻 p.480）

4 ○ 設問の通り。薬局の薬剤師が行う居宅療養管理指導は、医師又は歯科医師の指示を受けて作成した**薬学的管理指導計画**に基づいて、妥当適切に実施する（同法施行規則第 9 条の 2 第 2 項）。（上巻 p.480）

5 × 居宅療養管理指導は、医師、歯科医師、薬剤師、看護職員、**管理栄養士**、**歯科衛生士**が行うことができる（指定居宅サービス等の事業の人員、設備及び運営に関する基準第 84 条）。（上巻 p.479）

問題 44　　正解　1、4

1 ○ 設問の通り。事故の状況や事故に際してとった措置を記録する。また、賠償すべき事故が発生した場合は、損害賠償を速やかに行わなければならない。（上巻 p.702）

2 × 介護医療院が対象とする入所者は**要介護者**であり、空きがあっても要支援の者はサービスを利用できない（介護保険法第 8 条第 29 項）。（上巻 p.726）

3 × 介護医療院には、介護支援専門員を**1 人以上置くこと**とされている（介護医療院の人員、施設及び設備並びに運営に関する基準第 4 条第 1 項第 7 号）。（上巻 p.731）

4 ○ 設問の通り。介護老人保健施設における緊急時施設療養費は、入所者の病状が著しく変化した場合に、**緊急その他やむを得ない事情により行われる医療行為**（緊急時治療管理、特定治療）について算定できる。（基本テキスト記載なし）

5 × 介護老人保健施設には医師が配置されているが、感染症又は食中毒の予防及びまん延防止のための委員会を設置し、**定期的に開催する**必要がある（介護老人保健施設の人員、施設及び設備並びに運営に関する基準第 29 条第 2 項第 1 号）。（参考：上巻 p.702）

問題 45　　正解　1、2、5

◆ 2021（令和 3）年の介護報酬改定により、栄養マネジメント加算は廃止され、加算ではなく基本サービスとして計画的な栄養管理を行うこととされた。以下では栄養マネジメントとして解説する。

1 ○ 出題時、栄養マネジメント加算の算定要件として栄養士を1名以上配置することとされていたが、2021（令和3）年の介護報酬改定により、加算ではなく基本サービスとして計画的な栄養管理を行うよう、**栄養士に加え管理栄養士を1名以上配置すること**とされた（3年間の経過措置あり）（指定介護老人福祉施設の人員、設備及び運営に関する基準について第2の2）。（基本テキスト記載なし）

2 ○ 栄養スクリーニングにおいて入所者の栄養状態を的確に把握した後、それを踏まえて解決すべき課題を把握することを、**栄養アセスメント**という。（参考：下巻 p.374）

3 × 栄養ケア計画は、栄養アセスメントを踏まえ、医師、歯科医師、管理栄養士、看護師、介護支援専門員などの**専門職が共同して**作成する。（参考：上巻 p.698）

4 × 2021（令和3）年の介護報酬改定により、低栄養マネジメント加算は廃止され、**入所者全員への**丁寧な栄養ケアの実施や**体制を強化する加算**が新設された（同基準について第2の17）。（基本テキスト記載なし）

5 ○ アクシデントは「不慮の事故」を意味する言葉で、実際に生じた事故を指す。インシデントは、アクシデントには至らなかったものの、その危険があった小さな事件を指す。管理栄養士は、多職種でのカンファレンス、食事の観察（ミールラウンド）などを通じ、**アクシデントとインシデントについて把握**しておく必要がある。（参考：下巻 p.375）

問題46 正解 1、3、5

1 ○ 設問の通り。相談援助者が、面接場面において、**クライエントの反応に合わせて**自らの態度や言葉遣いなどを修正していくことを、波長合わせという。（参考：下巻 p.439）

2 × 面接場面においては、**非言語コミュニケーションや補助機器**などの多様な表現方法を活用しながら、クライエントの意向を明確化する。（下巻 p.437）

3 ○ 設問の通り。予備的共感は、傾聴の技術のひとつで、面接の前の情報をもとに、クライエントやクライエントの家族の立場に立った見方を**予測して共感的な姿勢を準備しておく**ことである。（参考：下巻 p.440）

4 × クローズドクエスチョンとは、「はい」「いいえ」又は一語か二語で答えられる、**閉じられた質問**のことである。多く用いるとクライエントの意向を制限してしまうこともあるが、上手に活用することでクライエントの語ることに**焦点を当てる**ことができ、クライエントの**意向を明確化**することができる。（下巻 p.441）

5 ○ 設問の通り。**励まし**とは「なるほど」「そうですか」などの相づちを伴ううなずきによりクライエントの話を引き出していく方法である。**明確化**とは、クライエントの言葉をそのまま繰り返し言い換えることで、正確に聴き取ることである。**要約**とは、クライエントが表現した言葉全体をまとめてカバーするものである。これらの**傾聴の技術を活用し**、クライエントのかかえる課題を明確にする。(下巻 p.439、441、442)

問題 47　　　　　　　　正解　2、3、5

1　×　インテーク面接は、1回の面接で終わらせるのではなく、その後もモニタリングを重ねてクライエントの情報を**継続的に収集**する。(上巻 p.268、275、下巻 p.431)

2　○　設問の通り。インテーク面接では、援助機関で支援できる内容について、契約書などを用いて**説明**を行い、その**同意**を得られるか確認するため、クライエントの反応を注意深く観察する。(上巻 p.268、下巻 p.431)

3　○　設問の通り。援助者は、ときにクライエントに情報を提供しながら助言と提案を行い、**クライエントと協働作業**で面接を進めていく。(下巻 p.430)

4　×　面接はアセスメント項目の順番に従ってすべて質問するのではなく、クライエントの応答に合わせながら、ときに**項目を前後しながら**進めていく。1回で情報収集できなかった項目は、次回モニタリング時などに情報を収集する。(上巻 p.268、下巻 p.431)

5　○　設問の通り。インテーク面接では、まず、クライエント自身が援助機関に紹介された理由を理解しているかどうかについて確認し、クライエントの主訴を傾聴しながら**クライエントと共通理解**を図ることが重要である。(下巻 p.430)

問題 48　　　　　　　　正解　2、3、5

1　×　複数の問題を抱えている支援困難事例については、個々で対応するのではなく、**多職種で協働して**取り組むことが望ましい。(下巻 p.443)

2　○　設問の通り。支援が必要であるにもかかわらず届いていない人に対して、行政や支援機関などが**積極的に働きかけて情報や支援を届ける**ことをアウトリーチといい、地域から孤立している場合には、有効な方法である。(下巻 p.420)

3　○　設問の通り。アウトリーチについては、選択肢2の通り。支援困難事例のなかには、家族との関係によって問題が生じていることもあるため、本人のみならず家族もアウトリーチの対象となる。(下巻 p.420、448)

4　×　経済的負担からサービス利用を拒否する場合には、直ちに支援を中止するのではなく、経済的負担が軽減されるような支援を検討するなど、**必要なサービスを継続出来るよう支援**する。(下巻 p.446)

5　○　設問の通り。社会資源の開発としては、地域ケア会議などを通じて、社会資源の不足を**地域課題として行政に伝えていく**方法などがある。(下巻 p.449)

問題 49　　　　　　　　正解　2、4、5

1　×　高齢者を虐待する家族への面接は、ソーシャルワークにおける**個別援助技術**である。個別援助技術は、個の心理面に働きかけ、生活課題を個別に解決する方法である。(下巻 p.420)

2　○　設問の通り。地域住民とともに行う地域開発は、**地域援助技術**である。地域住民との協働作業を通じて

地域および地域住民の主体性を促す。（下巻 p.422）

3 × 特別養護老人ホームの入所者に対するグループ活動は、ソーシャルワークにおける**集団援助技術**である。集団援助技術は、集団の力を活用し、個の抱えている課題を解決する方法である。（下巻 p.421）

4 ○ 設問の通り。地域住民のための認知症サポーター養成講座の開催は、**地域援助技術**である。継続的な啓発活動を通じて地域および地域住民の主体性を促す。（下巻 p.422）

5 ○ 設問の通り。地域住民を支援するためのボランティア等の社会資源を組織化するのは、**地域援助技術**のひとつである。（下巻 p.422）

問題 50 正解 1、3、4

1 ○ 設問の通り。介護職員又は看護職員のうち1人は常勤とされているが、**利用定員が 20 人未満**の併設事業所は**非常勤でもよい**とされる（指定居宅サービス等の事業の人員、設備及び運営に関する基準第 121 条第 5 項）。（上巻 p.513）

2 × 家族の結婚式への出席や趣味活動への参加のほか、家族の休養や旅行などを理由とした**利用もできる**。（上巻 p.505、508）

3 ○ 設問の通り。居宅サービス計画に位置付けられていない、緊急やむを得ない短期入所生活介護を提供する場合であって、**利用者や他の利用者の処遇に支障がない場合**は、利用者数を超えて、静養室においてサービスを提供することができる（同基準第 138 条第 2 項）。（参考：上巻 p.513）

4 ○ 設問の通り。利用期間がおおむね**4日以上**継続する場合、事業者は短期入所生活介護計画を作成しなければならない。（上巻 p.509）

5 × 緊急短期入所受入加算と認知症行動・心理症状緊急対応加算は、**同時に算定することはできない**。（基本テキスト記載なし）

問題 51 正解 1、3

1 ○ 設問の通り。福祉用具貸与のうち、車いす、車いす付属品、特殊寝台、特殊寝台付属品、床ずれ防止用具、体位変換器、認知症老人徘徊感知機器、移動用リフトは**要介護 2 以上**、自動排泄処理装置は**要介護 4 以上**の者が対象である。（上巻 p.548）

2 × 福祉用具専門相談員は、福祉用具貸与事業所に**2 名以上**置くことが義務付けられている（指定居宅サービス等の事業の人員、設備及び運営に関する基準第 194 条第 1 項）。（上巻 p.550）

3 ○ 設問の通り。福祉用具専門相談員は、利用者に福祉用具を販売する場合は、利用者ごとに「特定福祉用具販売計画」を**作成しなければならない**（同基準第214条の2第1項）。（上巻 p.553）

4 × 自動排泄処理装置の交換可能部品は福祉用具販売の対象であるが、自動排泄処理装置本体は**福祉用具貸与の対象**となる。（上巻 p.546）

5 × 取り付けに工事が必要なスロープは、段差の解消として**住宅改修費の支給対象**となる。（上巻 p.543）

<福祉用具貸与と販売の違い>

貸与	使用後に消毒や点検・整備されて再利用できるもの
販売	・使用すると元の形状や品質が変化するもの ・入浴や排せつに関するもの

問題 52　　　　　　　　正解　3、5

1　×　サービス提供責任者は、利用者の**利用回数にかかわらず**、訪問介護計画を**作成しなければならない**（指定居宅サービス等の事業の人員、設備及び運営に関する基準第 24 条第 1 項）。（上巻 p.441）

2　×　**サービス提供責任者**は、サービス担当者会議への出席等により、居宅介護支援事業者等との連携を図ることが業務として位置付けられている（同基準第 28 条第 3 項第 3 号）。（上巻 p.424）

3　○　利用者が居宅サービス計画の変更を希望する場合は、事業者は**担当の居宅介護支援事業者**に連絡しなければならない（同基準第 17 条）。（上巻 p.424）

4　×　緊急時訪問介護加算は、居宅サービス計画にない訪問介護（身体介護に限る）を、原則として担当の介護支援専門員と連携を図り、必要であると判断され、**利用者からの要請を受けてから 24 時間以内に行った場合**に算定できる。（基本テキスト記載なし）

5　○　サービスの提供により事故が発生した場合には、**市町村、利用者の家族、担当の居宅介護支援事業者等**に連絡を行わなければならない（同基準第 37 条第 1 項）。（上巻 p.426）

問題 53　　　　　　　　正解　3、5

1　×　通所介護計画の作成にあたり、その内容について利用者又はその家族に対して説明し利用者の同意を得なければならない。また、作成した通所介護計画は**利用者に交付**しなければならない（指定居宅サービス等の事業の人員、設備及び運営に関する基準第 99 条第 3 項、第 4 項）。（上巻 p.483、487）

2　×　通所介護計画の作成は、**事業所の管理者**が行うとされている（同基準第 99 条第 1 項）。なお、通所介護事業所の管理者については、資格要件はない。（上巻 p.490）

3　○　設問の通り。9 時間以上のサービスを提供した場合は、**5 時間を限度として延長加算を算定**できる。（参考：上巻 p.485）

4　×　若年性認知症利用者受入加算は、認知症加算を算定している場合は**算定できない**。若年性認知症の利用者受入加算の算定にあたっては、**若年性認知症患者ごとに担当者を定める**こと、**若年性認知症患者の特性やニーズに応じてサービス提供する**ことが要件である。（基本テキスト記載なし）

5　○　利用者は、通所介護計画が適切に作成され、利用者にとって必要なサービスが提供される場合に、**利用日ごとに提供時間数の異なるサービス**を受けることが**可能**である。（参考：上巻 p.488、490）

問題 54　　　　　　　　正解　1、3、5

1　○　設問の通り。利用者の心身状況により全身入浴が困難な場合は、利

用者の希望により**清拭や部分浴に変更**することができる。（上巻 p.448）

2　×　利用者に病状の急変が生じた場合は、**速やかに**主治の医師に連絡しなければならない（指定居宅サービス等の事業の人員、設備及び運営に関する基準第 51 条）。（上巻 p.448）

3　○　設問の通り。サービス提供にあたり、特に利用者の身体に接触する設備、器具その他の用品については、**サービスの提供ごとに消毒したもの**を使用する（同基準第 50 条第 5 号）。（上巻 p.452）

4　×　訪問入浴介護事業者の管理者は、その**職務に従事する常勤の者**であればよく、看護師でなければならないという規定はない(同基準第 46 条)。（上巻 p.451）

5　○　設問の通り。訪問入浴介護事業者は、**サービスの質の評価を行い、常にその改善を図ること**が義務付けられている（同基準第 49 条第 2 項）。（上巻 p.425）

問題 55　　　　　　　　正解　1、3、4

1　○　設問の通り。若年性認知症の者も対象とする事業所の設置市町村は、他市町村から指定の同意の申し出があった場合は、若年性認知症の者の利用について、**原則として、同意を行う**こととし、プログラムが不足している若年性認知症の者へのサービス提供を実施する（指定地域密着型サービス及び指定地域密着型介護予防サービスに関する基準について三 1 ③）。（基本テキスト記載なし）

2　×　送迎時に実施した居宅内での介助等に要した時間は、**1 日 30 分以内を限度**としてサービス提供時間に含まれる。なお、送迎に要する時間は、サービス提供時間に含まれない。第 23 回問題 53 選択肢 4 の解説を参照。（基本テキスト記載なし）

3　○　設問の通り。パーティションなどを使用し、職員、利用者及びサービスを提供する空間を**明確に区別**すれば、通所介護と同じ事業所で同じ時間帯にサービスを行うことができる（同基準について三 1 ②）。（基本テキスト記載なし）

4　○　設問の通り。認知症対応型通所介護では、入浴や排せつ、食事などの介護のほか、機能訓練指導員による**機能訓練**を行う（指定地域密着型サービスの事業の人員、設備及び運営に関する基準第 41 条）。（上巻 p.634）

5　×　認知症の原因となる疾患が急性の状態にある者は**対象外**である（同基準第 41 条）。（上巻 p.634）

問題 56　　　　　　　　正解　2、4、5

1　×　利用者の処遇上必要と認められている場合には、**2 人部屋も可**とされている（指定地域密着型サービスの事業の人員、設備及び運営に関する基準第 93 条第 3 項）。（上巻 p.655）

2　○　設問の通り。事業者は、共同生活住居ごとに、**非常災害対策**などの事業の運営についての**重要事項に関する規程**を定めておかなければならない（同基準第 102 条）。（参考：上巻 p.423、606、655）

3　×　事業者は、当該共同生活住居の介護従業者以外の者による介護を**受けさせてはならない**（同基準第 99 条

第2項)。(上巻 p.657)

4 ○ 設問の通り。管理者は、事業所などで3年以上認知症ケアに従事した経験と、**厚生労働大臣が定める研修を修了した者**でなければならない(同基準第91条第3項)。(上巻 p.655)

5 ○ 設問の通り。事業者は、**共同生活住居ごと**に計画作成担当者を置かなければならない(同基準第90条第5項)。(上巻 p.655)

問題57 正解 2、3

1 × 介護老人福祉施設に配置される介護支援専門員は、**常勤の者**でなければならない(指定介護老人福祉施設の人員、設備及び運営に関する基準第2条第9項)。(上巻 p.711)

2 ○ 設問の通り。入所者数が30人以上50人未満の場合、看護職員の数は**常勤換算方法で2名以上配置**する(同基準第2条第1項第3号ロ(2))。(上巻 p.711)

3 ○ 設問の通り。医務室は**医療法に規定する診療所**でなければならない。入所者を診療するための医薬品及び医療機器等を備える(同基準第3条第1項第6号)。(上巻 p.712)

4 × 入所者が入院する場合、**3か月以内に退院できる見込みのとき**は、原則、退院後に当該施設に入所できるようにしておく(同基準第19条)。(上巻 p.713)

5 × 入所者に対し、利用者の負担により、当該施設の従業者以外の者による介護を**受けさせてはならない**(同基準第13条第8項)。(上巻 p.713)

問題58 正解 1、3、5

1 ○ 設問の通り。自立支援医療費の支給は、**自立支援給付のひとつ**であり(障害者総合支援法第6条)、精神通院医療、更生医療、育成医療などの医療費の自己負担を軽減する公費負担医療制度である。(下巻 p.467)

2 × 市町村は、介護給付費等の支給決定を行うにあたり、**障害支援区分**の認定を行う(同法第21条第1項)。(下巻 p.464)

3 ○ 設問の通り。障害者総合支援法が対象とする障害者は、身体障害者、知的障害者、精神障害者(発達障害者を含む)と、**難病等**(治療方法が確立していない疾病その他の特殊の疾病であって政令で定めるものによる障害の程度が厚生労働大臣が定める程度である者)である(同法第4条第1項)。(下巻 p.464)

4 × 成年後見制度利用支援事業は、市町村の**必須事業**である地域生活支援事業のひとつである(同法第77条第1項第4号)。(下巻 p.466)

5 ○ 設問の通り。行動援護は、**介護給付費の支給のひとつ**であり(同法第28条第1項第4号)、行動に著しい困難を有する知的障害者や精神障害のある常時介護を要する者に、外出時における移動の介護、食事等の介護、行動する際の必要な援助を行う。(下巻 p.466)

問題59 正解 2、4、5

1 × 医療扶助は、原則として**現物給付**によって行われる(生活保護法第34条第1項)。(下巻 p.470)

2 ○ 介護施設入所者基本生活費は、

介護施設に入所している被保護者に対し、身の回りの必需的な日常生活費を補填するもので、**生活扶助**として給付される。（下巻 p.472）

3 × 生活保護は、原則として、**世帯を単位**として行われる(同法第10条)。（基本テキスト記載なし）

4 ○ 被保護者が介護保険の被保険者である場合には、保護の補足性の原理により**介護保険による保険給付が優先**され、自己負担分が介護扶助の対象となる(同法第4条第2項)。（上巻 p.117）

5 ○ **申請保護の原則**により、保護は申請に基づいて開始する。ただし、**要保護者が急迫した状況にあるときは、保護の申請がなくても**、必要な保護を行うことができる（同法第7条）。（下巻 p.469）

問題 60　正解　1、2、5

1 ○ 設問の通り。高額療養費及び高額介護合算療養費は、後期高齢者医療給付に**含まれる**（高齢者の医療の確保に関する法律第56条第2号）。（下巻 p.481）

2 ○ 設問の通り。患者の一部負担金の割合は、**原則として1割**であるが、**現役並み所得者は3割**である（同法第67条第1項）。（下巻 p.480）なお、2022（令和4）年10月から、一定の所得のある75歳以上の者の負担割合は、1割から2割に引き上げられた（全世代対応型の持続可能な社会保障制度を構築するための健康保険法等の一部を改正する法律）。

3 × 入院時食事療養費及び移送費は、後期高齢者医療給付に**含まれる**（同法第56条第1号）。（下巻 p.481）

4 × 生活保護世帯に属している者（生活保護を受けている者）は、後期高齢者医療制度の**被保険者とならない**(同法第51条第1号)。（下巻 p.480）

5 ○ 設問の通り。運営主体は、都道府県ごとにすべての市町村が加入して設立する**後期高齢者医療広域連合**である（同法第48条）。（下巻 p.479）

第26回（令和5年度） 解答一覧

問題					
問題1	①	②	❸	④	❺
問題2	①	❷	❸	④	❺
問題3	①	②	❸	④	❺
問題4	❶	②	❸	❹	⑤
問題5	❶	②	❸	❹	⑤
問題6	①	❷	③	❹	⑤
問題7	❶	❷	❸	④	⑤
問題8	❶	❷	③	④	⑤
問題9	①	❷	❸	④	❺
問題10	❶	②	③	❹	❺
問題11	❶	②	❸	❹	⑤
問題12	❶	②	③	❹	⑤
問題13	①	②	❸	④	❺
問題14	❶	❷	❸	④	⑤
問題15	①	❷	③	❹	❺
問題16	①	②	③	❹	❺
問題17	①	❷	③	❹	❺
問題18	①	❷	③	④	❺
問題19	❶	❷	③	④	⑤
問題20	❶	❷	❸	④	⑤
問題21	①	❷	❸	❹	⑤
問題22	①	❷	③	❹	⑤
問題23	❶	②	❸	④	❺
問題24	①	②	③	❹	❺
問題25	❶	②	③	❹	❺
問題26	❶	❷	③	④	❺
問題27	①	②	❸	❹	❺
問題28	❶	❷	③	❹	⑤
問題29	❶	❷	③	❹	⑤
問題30	❶	②	❸	❹	⑤
問題31	❶	②	❸	④	❺
問題32	①	❷	❸	❹	⑤
問題33	①	❷	❸	❹	⑤
問題34	❶	❷	❸	④	⑤
問題35	❶	②	③	❹	❺
問題36	❶	❷	③	④	⑤
問題37	❶	❷	❸	④	⑤
問題38	①	❷	③	❹	❺
問題39	❶	②	❸	④	❺
問題40	❶	❷	③	④	❺
問題41	❶	②	③	❹	❺
問題42	❶	②	③	④	❺
問題43	①	❷	③	❹	❺
問題44	①	❷	❸	❹	⑤
問題45	❶	②	❸	④	⑤
問題46	❶	❷	③	❹	⑤
問題47	❶	❷	③	④	⑤
問題48	①	❷	❸	④	❺
問題49	❶	②	③	④	❺
問題50	①	❷	❸	❹	⑤
問題51	❶	②	③	❹	⑤
問題52	①	❷	③	④	❺
問題53	❶	❷	③	❹	⑤
問題54	❶	②	❸	④	❺
問題55	❶	❷	③	④	❺
問題56	①	❷	❸	④	❺
問題57	❶	②	❸	❹	⑤
問題58	❶	②	❸	④	❺
問題59	①	❷	③	❹	❺
問題60	❶	❷	③	④	❺

第25回（令和4年度）解答一覧

問題	解答	問題	解答	問題	解答
問題1	❶❷③④❺	問題26	①❷❸❹⑤	問題46	①❷❸④❺
問題2	①❷❸❹⑤	問題27	①②❸④❺	問題47	①②❸❹❺
問題3	❶❷❸④⑤	問題28	❶②❸❹⑤	問題48	❶②❸④⑤
問題4	①❷③④❺	問題29	①❷❸❹⑤	問題49	❶②❸④❺
問題5	❶②③④❺	問題30	❶❷❸④⑤	問題50	①❷❸❹⑤
問題6	❶②❸④❺	問題31	❶❷③④❺	問題51	❶②❸❹⑤
問題7	①❷③❹⑤	問題32	①❷③④❺	問題52	①②❸④❺
問題8	❶❷③❹⑤	問題33	❶❷❸④⑤	問題53	①②❸❹⑤
問題9	①❷③❹❺	問題34	❶②❸④❺	問題54	①❷❸❹⑤
問題10	❶②❸④❺	問題35	❶❷③❹⑤	問題55	❶❷③④❺
問題11	❶②③❹⑤	問題36	①❷❸❹⑤	問題56	❶❷❸④⑤
問題12	❶②❸❹⑤	問題37	①②❸❹❺	問題57	❶②❸❹⑤
問題13	①❷❸④❺	問題38	❶②❸④❺	問題58	❶❷③④❺
問題14	❶②③❹❺	問題39	❶②③❹❺	問題59	①②③❹❺
問題15	①②❸❹❺	問題40	❶②❸④❺	問題60	❶❷③❹⑤
問題16	❶②③❹⑤	問題41	①❷❸❹⑤		
問題17	❶②③❹❺	問題42	❶②③❹❺		
問題18	❶②❸④⑤	問題43	❶❷③❹⑤		
問題19	❶❷③④❺	問題44	❶②③❹❺		
問題20	①❷❸❹⑤	問題45	❶②❸④⑤		
問題21	❶❷❸④⑤				
問題22	❶②❸❹⑤				
問題23	①❷❸④❺				
問題24	❶②❸④❺				
問題25	①❷❸④❺				

第24回（令和3年度） 解答一覧

問題 1	❶②③❹⑤
問題 2	①❷③❹❺
問題 3	❶❷③❹⑤
問題 4	①❷③❹⑤
問題 5	❶❷③❹⑤
問題 6	①❷❸④❺
問題 7	❶❷③④❺
問題 8	❶❷③❹⑤
問題 9	❶②③❹⑤
問題 10	❶②❸④❺
問題 11	①②❸④❺
問題 12	❶❷❸④⑤
問題 13	①❷❸④❺
問題 14	❶❷③❹⑤
問題 15	❶❷③❹⑤
問題 16	①❷❸❹⑤
問題 17	①❷③❹⑤
問題 18	①②❸❹❺
問題 19	❶②③④❺
問題 20	①❷③④❺
問題 21	①②❸❹⑤
問題 22	❶②❸④❺
問題 23	❶②❸④❺
問題 24	①②❸❹⑤
問題 25	❶❷③❹⑤
問題 26	①❷❸④❺
問題 27	❶❷③④❺
問題 28	①②❸❹⑤
問題 29	❶②③❹❺
問題 30	①❷❸❹⑤
問題 31	❶②❸④❺
問題 32	❶❷③④❺
問題 33	①❷❸④⑤
問題 34	①❷❸❹⑤
問題 35	①❷❸❹⑤
問題 36	❶②❸④❺
問題 37	❶②③❹❺
問題 38	❶②③❹❺
問題 39	①②❸❹❺
問題 40	❶❷③❹⑤
問題 41	❶❷③④❺
問題 42	❶❷③④❺
問題 43	❶②❸④❺
問題 44	❶②❸④⑤
問題 45	①②③❹❺
問題 46	❶②❸❹⑤
問題 47	❶②③❹❺
問題 48	❶❷③❹⑤
問題 49	❶②❸❹⑤
問題 50	①②❸④❺
問題 51	❶②❸❹⑤
問題 52	①❷❸❹⑤
問題 53	①②③❹❺
問題 54	❶②③❹❺
問題 55	❶②❸❹⑤
問題 56	①❷③④❺
問題 57	①❷❸④❺
問題 58	①❷❸④❺
問題 59	❶②❸④❺
問題 60	❶②❸④❺

第23回（令和2年度） 解答一覧

問題1	① ❷ ③ ❹ ⑤
問題2	❶ ❷ ③ ④ ❺
問題3	❶ ❷ ❸ ④ ⑤
問題4	❶ ② ③ ❹ ⑤
問題5	❶ ② ❸ ❹ ⑤
問題6	① ❷ ❸ ④ ❺
問題7	❶ ② ❸ ❹ ⑤
問題8	❶ ❷ ③ ❹ ⑤
問題9	① ② ❸ ④ ❺
問題10	① ❷ ③ ❹ ❺
問題11	❶ ② ③ ❹ ⑤
問題12	① ❷ ❸ ④ ❺
問題13	❶ ② ③ ❹ ❺
問題14	① ❷ ③ ④ ❺
問題15	❶ ② ❸ ④ ⑤
問題16	❶ ❷ ③ ❹ ⑤
問題17	① ❷ ③ ④ ❺
問題18	① ❷ ③ ❹ ❺
問題19	① ❷ ❸ ❹ ⑤
問題20	❶ ❷ ③ ④ ❺
問題21	① ❷ ③ ❹ ❺
問題22	❶ ❷ ❸ ④ ⑤
問題23	① ② ❸ ④ ❺
問題24	① ② ❸ ④ ❺
問題25	① ❷ ❸ ④ ❺
問題26	❶ ❷ ③ ❹ ⑤
問題27	① ❷ ③ ❹ ❺
問題28	❶ ② ❸ ④ ❺
問題29	① ❷ ③ ❹ ❺
問題30	① ② ③ ❹ ❺
問題31	① ❷ ❸ ❹ ⑤
問題32	❶ ② ❸ ❹ ⑤
問題33	❶ ❷ ③ ❹ ⑤
問題34	① ② ❸ ❹ ❺
問題35	① ❷ ❸ ④ ❺
問題36	❶ ② ③ ❹ ⑤
問題37	① ❷ ③ ❹ ❺
問題38	① ❷ ③ ④ ❺
問題39	❶ ❷ ③ ❹ ⑤
問題40	❶ ② ❸ ④ ❺
問題41	① ❷ ❸ ❹ ⑤
問題42	① ② ❸ ❹ ❺
問題43	❶ ② ❸ ❹ ⑤
問題44	① ② ❸ ❹ ⑤
問題45	① ❷ ③ ❹ ❺
問題46	① ② ❸ ❹ ⑤
問題47	① ❷ ❸ ❹ ⑤
問題48	① ② ❸ ④ ❺
問題49	❶ ② ③ ❹ ⑤
問題50	① ② ③ ❹ ❺
問題51	❶ ② ③ ④ ❺
問題52	❶ ② ❸ ❹ ⑤
問題53	① ② ③ ❹ ❺
問題54	❶ ❷ ❸ ④ ⑤
問題55	① ② ❸ ❹ ⑤
問題56	① ❷ ❸ ④ ⑤
問題57	① ❷ ❸ ④ ❺
問題58	① ❷ ❸ ④ ❺
問題59	❶ ② ❸ ④ ❺
問題60	❶ ❷ ③ ④ ⑤

第 22 回再試験（令和元年度） 解 答 一 覧

問題	解答	問題	解答	問題	解答
問題 1	① ❷ ③ ④ ❺	問題 26	❶ ❷ ❸ ④ ⑤	問題 46	❶ ② ❸ ④ ❺
問題 2	❶ ❷ ③ ❹ ⑤	問題 27	① ❷ ❸ ④ ⑤	問題 47	① ❷ ❸ ④ ❺
問題 3	❶ ② ❸ ④ ⑤	問題 28	❶ ② ③ ④ ❺	問題 48	① ❷ ❸ ④ ❺
問題 4	① ② ❸ ❹ ❺	問題 29	① ❷ ③ ④ ❺	問題 49	① ❷ ③ ❹ ❺
問題 5	❶ ❷ ③ ④ ❺	問題 30	❶ ❷ ③ ④ ❺	問題 50	❶ ② ❸ ❹ ⑤
問題 6	① ② ❸ ❹ ⑤	問題 31	❶ ❷ ③ ❹ ⑤	問題 51	❶ ② ❸ ④ ⑤
問題 7	① ❷ ③ ❹ ⑤	問題 32	❶ ② ❸ ④ ❺	問題 52	① ② ❸ ④ ❺
問題 8	❶ ② ③ ❹ ❺	問題 33	① ② ③ ❹ ❺	問題 53	① ② ❸ ④ ❺
問題 9	① ❷ ❸ ❹ ⑤	問題 34	❶ ❷ ③ ④ ⑤	問題 54	❶ ② ❸ ④ ❺
問題 10	❶ ② ③ ❹ ❺	問題 35	❶ ② ❸ ❹ ⑤	問題 55	❶ ② ❸ ❹ ⑤
問題 11	① ② ③ ❹ ❺	問題 36	❶ ② ③ ❹ ❺	問題 56	① ❷ ③ ❹ ❺
問題 12	❶ ❷ ③ ④ ⑤	問題 37	① ❷ ❸ ④ ❺	問題 57	① ❷ ❸ ④ ⑤
問題 13	① ❷ ③ ❹ ❺	問題 38	① ② ❸ ❹ ❺	問題 58	❶ ② ❸ ④ ❺
問題 14	❶ ❷ ③ ④ ⑤	問題 39	① ② ③ ❹ ❺	問題 59	① ❷ ③ ❹ ❺
問題 15	① ② ❸ ❹ ❺	問題 40	❶ ❷ ③ ❹ ⑤	問題 60	❶ ❷ ③ ④ ❺
問題 16	❶ ② ③ ❹ ❺	問題 41	❶ ② ③ ❹ ❺		
問題 17	① ② ❸ ❹ ⑤	問題 42	❶ ❷ ③ ❹ ⑤		
問題 18	❶ ② ❸ ④ ❺	問題 43	❶ ❷ ③ ❹ ⑤		
問題 19	① ❷ ③ ❹ ❺	問題 44	❶ ② ③ ❹ ⑤		
問題 20	① ❷ ❸ ④ ❺	問題 45	❶ ❷ ③ ④ ❺		
問題 21	❶ ② ③ ④ ❺				
問題 22	❶ ② ❸ ❹ ⑤				
問題 23	❶ ❷ ③ ❹ ⑤				
問題 24	① ❷ ③ ❹ ⑤				
問題 25	① ② ❸ ❹ ⑤				

MEMO

MEMO

※矢印の方向に引くと
解答・解説が切り離せます。